SONHOS

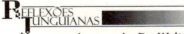

Assessoria: Dr. Walter Boechat

Veja todos os livros da coleção em

livrariavozes.com.br/colecoes/reflexoes-junguianas
ou pelo Qr Code

Dados Internacionais de Catalogação na Publicação (CIP)
(Câmara Brasileira do Livro, SP, Brasil)

Franz, Marie-Louise von, 1915-1998
   Sonhos : um estudo dos sonhos de Jung, Descartes, Sócrates e outras figuras históricas / Marie-Louise von Franz ; tradução de Reinaldo Orth. – Petrópolis, RJ: Vozes, 2011. – (Coleção Reflexões Junguianas)

   Título original: Dreams : a study of the dreams of Jung, Descartes, Socrates, and other historical figures
   Bibliografia.

   1ª reimpressão, 2025.

   ISBN 978-85-326-4195-3

   1. Psicologia junguiana 2. Sonhos 3. Sonhos – Interpretação I. Título. II. Série.

11-07366	CDD-154.63

Índices para catálogo sistemático:
1. Sonhos : Interpretação : Psicologia junguiana   154.63

Marie-Louise von Franz

SONHOS
Um estudo dos sonhos de Jung, Descartes, Sócrates e outras figuras históricas

Tradução de Reinaldo Orth

EDITORA VOZES

Petrópolis

© Daimon Verlag, Einsiedeln 1985
Título original alemão: *Träume*
Traduzido da edição norte-americana: *Dreams – A study of the dreams of Jung, Descartes, Socrates, and other historical figures*

Direitos de publicação em língua portuguesa – Brasil:
2014, Editora Vozes Ltda.
Rua Frei Luís, 100
25689-900 Petrópolis, RJ
www.vozes.com.br
Brasil

Todos os direitos reservados. Nenhuma parte desta obra poderá ser reproduzida ou transmitida por qualquer forma e/ou quaisquer meios (eletrônico ou mecânico, incluindo fotocópia e gravação) ou arquivada em qualquer sistema ou banco de dados sem permissão escrita da editora.

CONSELHO EDITORIAL

Diretor
Volney J. Berkenbrock

Editores
Aline dos Santos Carneiro
Edrian Josué Pasini
Marilac Loraine Oleniki
Welder Lancieri Marchini

Conselheiros
Elói Dionísio Piva
Francisco Morás
Teobaldo Heidemann
Thiago Alexandre Hayakawa

Secretário executivo
Leonardo A.R.T. dos Santos

PRODUÇÃO EDITORIAL

Anna Catharina Miranda
Eric Parrot
Jailson Scota
Marcelo Telles
Mirela de Oliveira
Natália França
Priscilla A.F. Alves
Rafael de Oliveira
Samuel Rezende
Verônica M. Guedes

Editoração: Dora Beatriz V. Noronha
Diagramação: Sheilandre Desenv. Gráfico
Capa: Omar Santos
Ilustração de capa: Mandala produzida por uma paciente de Jung e reproduzida por ele em *Os arquétipos e o inconsciente coletivo*, vol. 9/1 da Obra Completa. 5. ed. Petrópolis: Vozes, 2007, p. 341, nota 182.

ISBN 978-85-326-4195-3 (edição brasileira)
ISBN 1-57062-035-0 (edição norte-americana)

Este livro foi composto e impresso pela Editora Vozes Ltda.

Sumário

Prefácio, 7
1 A fonte oculta do autoconhecimento, 11
2 Como C.G. Jung vivia com seus sonhos, 37
3 O sonho de Sócrates, 53
4 Os sonhos de Temístocles e de Aníbal, 89
5 Mônica, mãe de Santo Agostinho, 111
6 A mãe de São Bernardo de Claraval e a mãe de São Domingos, 125
7 O sonho de Descartes, 139
Glossário, 235

Prefácio

Marie-Louise von Franz é uma das últimas do círculo fechado de associados de C.G. Jung que ainda vivem hoje. Ela colaborou com Jung de 1934 até a morte dele e, subsequentemente, tornou-se uma autoridade internacionalmente respeitada por mérito próprio. Suas numerosas obras publicadas sobre temas psicológicos e uma variedade de entrevistas conduzidas nos últimos anos revelam a experiência extraordinariamente abrangente e a vigorosa perspicácia dela. Essa analista de setenta e seis anos também se distinguiu como uma palestrante notável e escreveu dúzias de artigos para periódicos, antologias e congressos. Infelizmente, entretanto, muitos de seus artigos e manuscritos de palestras de anos passados se perderam de vista; as edições de periódicos e atas se esgotam e normalmente não se tem acesso a anotações de palestras mesmo.

O presente volume é o primeiro de uma série de compilações cuja intenção é reunir tal material em várias categorias temáticas e disponibilizá-lo em forma de livro para os leitores interessados. Cada volume vai ser dedicado a um tema geral, como sonhos, psique e matéria, e psicoterapia.

O tema deste primeiro volume da série, que foi publicado em alemão em 1985 por ocasião do aniversário de setenta anos da autora, são os sonhos. Nos dois primeiros capítulos Marie-Louise von Franz oferece explicações gerais sobre a natureza dos sonhos e sobre os papéis que eles podem representar no decorrer da análise. No primeiro, publicado originalmente como um artigo da revista *Schleswig-Holsteinisches Ärzteblatt* (1973), ela aborda a questão do desenvolvimento do autoconhecimento, que pode acompanhar uma atitude de levar os sonhos a sério. O capítulo seguinte descreve o modo com que Jung se preocupava com os próprios sonhos, e mostra as formas fatídicas pelas quais os sonhos estavam entrelaçados ao curso da vida dele.

Na segunda parte deste livro os sonhos de personagens históricos, filósofos e políticos são registrados e interpretados. Alguns desses artigos são baseados em palestras dadas por Marie-Louise von Franz há muitos anos no Instituto C.G. Jung de Zurique ("O sonho de Sócrates", "Os sonhos de Temístocles e de Aníbal" e "A mãe de São Bernardo de Claraval e a mãe de Santo Agostinho"). O capítulo detalhado sobre um sonho de Descartes foi originalmente publicado em um volume da série "Studies in Junguian Thought" (Northwestern, 1968), esgotada há muito tempo. Essa seção de *Sonhos* é informativa, não apenas em termos psicológicos, mas também sob os pontos de vista histórico, religioso e filosófico. São reveladas ligações entre a história pessoal e familiar dos sonhadores, e as tradições individuais e coletivas da época deles. Essa perspectiva mais ampla permeia toda a obra da autora e propicia *insights* fascinantes, como vai comprovar o leitor ao longo desta compilação.

Deve ser enfatizado que os vários artigos reunidos para este volume não foram originalmente escritos como capítulos de um livro. Com isso em mente, colocamos os artigos com conteúdo mais geral no início, seguidos daquelas palestras especificamente endereçadas a analistas em treinamento. Para auxiliar os leitores não familiarizados com a psicologia junguiana incluímos um glossário que fornece explicações de alguns dos termos mais frequentemente usados.

Somos gratos a Marie-Louise von Franz, que revisou seus artigos para serem publicados em livro, apesar de sua doença debilitante; a Lela Fischli por sua revisão incansável; e ao Dr. René Malamud, cuja iniciativa e cujo apoio generoso tornaram este volume possível.

Robert Hinshaw
Daimon Verlag
Einsiedeln, Suíça

1 A fonte oculta do autoconhecimento

A expressão délfica *gnothi sauton* ("Conheça a si mesmo"), atribuída a Pitágoras, tem uma longa história no mundo ocidental. Ela se tornou famosa por meio dos ensinamentos de Sócrates e Platão e, consequentemente, a busca pela aquisição de autoconhecimento foi, desde então, mais uma preocupação da filosofia do que da religião. Nas religiões o homem ocidental fez esforços maiores no sentido de compreender a natureza e o significado do mundo como um todo, e no sentido da redenção do sofrimento do que no sentido da *compreensão empírica de sua própria natureza*. Na história da filosofia, por outro lado, vemos que os pensadores posteriores a Platão têm se concentrado mais em um entendimento do pensamento consciente do que na *elucidação do ser humano como um todo*. Na história da filosofia foram especialmente os pensadores introvertidos que tentaram, por assim dizer, examinar por meio da reflexão as bases interiores dos processos mentais em uma busca apaixonada por suas origens. Santo Agostinho, Descartes e Kant são exemplos instrutivos dessa linha de pensamento. Todos os que se aprofundaram o suficiente no estudo das bases da consciência chegaram, de uma forma ou de outra, a algo irracional que eles geralmente denominaram "Deus".

Por outro lado, uma psicologia objetiva na forma de uma observação experimental impessoal da psique humana começou com Aristóteles e levou a várias teorias sobre a chamada *pathé* do homem, as emoções, os sentimentos e por aí vai, e também sobre suas motivações sociais. O resultado desse direcionamento na investigação da natureza humana pode ser visto no behaviorismo contemporâneo em suas muitas gradações diversas.

Todos esses esforços de explicar a natureza humana revelaram muita coisa de valor. No entanto, repetidas vezes, ficamos surpresos que, nesse processo, é especialmente *a* fonte do autoconhecimento que pouco tem sido levada em consideração ou, na maioria dos casos, nem tem sido, e que hoje nós consideramos o mais valioso tesouro de informações sobre nós mesmos: *o inconsciente, principalmente em sua manifestação nos sonhos*. Sigmund Freud, como sabemos, chamava os sonhos de a *via regia* ("o caminho real") para o inconsciente e usava os sonhos de seus pacientes para ajudá-los a ficarem conscientes de suas aflições sexuais reprimidas, repressão essa que, segundo a teoria dele, determinava a natureza de todos os distúrbios neuróticos. Os sonhos, na visão dele, contêm, de forma oculta, alusões a desejos instintivos que podem também ter sido conscientes e que Freud acreditava ter "satisfeito" (no sentido de "dar uma satisfação" a respeito deles) com base em seu sistema. Jung, por outro lado, não aceitou a teoria de Freud, mas manteve o modo de analisar os sonhos que ele adotara quando começara a estudá-los, isto é, que eles contêm *algo essencialmente desconhecido* que emerge criativamente a partir do segundo plano inconsciente e que deve ser examinado sob uma nova forma, experimental e objetivamente, em cada caso individualmente, o tanto quanto possível sem preconceitos. Até hoje, o sonho permanece um fenômeno de vida inexplicado, estando profundamente enraizado nos processos fisiológicos da vida. É uma manifestação normal e universal em todos os animais mais evoluídos. Todos nós sonhamos aproximadamente quatro vezes por noite e, se alguém nos impede de sonhar, os resultados são sérias perturbações psíquicas e somáticas. C.G. Jung provisoriamente identificou como fatos relativamente certos os seguintes aspectos do sonho[1]:

O sonho tem duas raízes, uma nos conteúdos conscientes e nas impressões do dia anterior e, assim por diante, outra nos conteúdos constelados do inconsciente. Os últimos consistem em duas categorias: 1) constelações que têm sua fonte nos conteúdos conscientes; 2) constelações originadas a partir de processos criativos do inconsciente.

O significado de um sonho pode ser formulado como se segue:

1) um sonho representa uma reação inconsciente a uma situação consciente;

2) descreve uma situação que surgiu como resultado de algum conflito entre a consciência e o inconsciente;

3) representa uma tendência no inconsciente cujo objetivo é efetuar uma mudança em uma atitude consciente;

4) representa processos inconscientes que não têm nenhuma relação reconhecível com a consciência.

Esses processos podem ser determinados somaticamente ou podem surgir a partir de forças criativas na psique. Finalmente, tais processos podem também ser baseados em eventos físicos ou psíquicos no ambiente, sejam passados ou futuros. Tirando os chamados sonhos de impacto (o impacto de uma granada etc.), um sonho nunca simplesmente repete uma experiência prévia. Normalmente, é *depois* do evento que a pessoa é capaz de reconhecer a relação de um sonho com algum evento ambiental físico ou psíquico, ou com algum acontecimento futuro; tais sonhos são relativamente mais raros do que aqueles que contêm uma reação

---

[1]. JUNG, C.G. *Kinderträume* [Seminário apresentado no Eidgenössische Technische Hochschule. Zurique, 1936/1937, não publicado, p. 6-7].

inconsciente a uma situação consciente – a representação de um conflito entre o consciente e o inconsciente, ou uma tendência direcionada a uma mudança no consciente. Os últimos três tipos de sonhos descrevem processos psíquicos que estão mais intimamente relacionados ao tema vivenciado.

Para nossa pesquisa, somente esse último aspecto do sonho é o mais importante.

O sonho como expressão de um drama interior

Podemos compreender todo sonho como um drama no qual nós mesmos somos *tudo*, ou seja, o autor, o diretor, os atores, o ponto e também os espectadores. Se tentarmos entender o sonho desse modo, o resultado é uma compreensão surpreendente para o sonhador do que está ocorrendo nele fisicamente, "pelas suas costas", por assim dizer. A surpresa pode ser vivenciada como dolorosa, prazerosa ou esclarecedora, dependendo de como ele aceita a atividade do sonho na consciência. O momento da surpresa está no que Jung chamou de *função compensatória ou complementar do sonho*. Isso significa que o sonho quase nunca representa algo que já é consciente, mas, em vez disso, traz conteúdos que ou equilibram uma atitude unilateral da consciência (compensatória), ou completam o que está faltando naqueles conteúdos da consciência que são limitados demais, ou que não são considerados suficientemente valiosos (complementar). Como exemplo do primeiro caso, podemos pensar em alguém que sofre de sentimentos de insegurança e inferioridade, e que, em um sonho, vê-se no papel de um herói; no segundo caso, podemos pensar, por exemplo, em alguém que nutre apenas uma solidariedade superficial por um parceiro do sexo oposto e que, à noite, sonha com uma cena de amor passional com aquela pessoa. No último caso, o sonho complementa a importância emocional mais forte do que foi reconhecido conscientemente, uma importância que foi negligenciada. *A compreensão de tais sonhos leva o ipso a uma mudança na visão consciente de eventos vivenciados no exterior pela pessoa*, assim como – e é isto que nos interessa – a uma mudança na visão que temos de nós mesmos.

Jung relata o caso de uma mulher que era muito conhecida por seus preconceitos burros e por sua resistência teimosa a argumentos ponderados. Uma noite, ela sonhou que era convidada para um importante compromisso social. O anfitrião a cumprimentou com as seguintes palavras: "Oh! Que bom que você veio! Todos os seus amigos já chegaram e estão esperando você". O anfitrião, então, a levou em direção a uma porta. Ele a abriu, e a sonhadora entrou num estábulo! "A mulher não admitiu de início a relevância de um sonho que feria tão diretamente a importância que ela se dava; mas a mensagem, entretanto, foi passada"[2]. Muitas outras atrações e distrações, como Jung ressalta mais detalhadamente, nos seduzem a seguir caminhos que são inapropriados para a nossa individualidade. Isso é especialmente verdadeiro no caso de pessoas que têm uma postura extrovertida e enlouquecida ou que fomentam sentimentos de inferioridade e de dúvida em relação a elas mesmas; elas cedem àquelas marés da vida que alteram a natureza delas. No entanto, os sonhos corrigem essas impressões falsas e, consequentemente, levam a uma compreensão do *que* a pessoa é, do que está de acordo com a natureza dela, e do que ela não é e deveria, portanto, evitar.

Sendo assim, se a pessoa os levar a sério como dramas subjetivos, os sonhos constantemente nos fornecem novos *insights* em relação a nós mesmos. Alguns ofícios intuitivos, como a horosco-

---

2. JUNG, C.G. (org.). *Man and His Symbols*. Nova York: Doubleday, 1964 [*O homem e seus símbolos*. Rio de Janeiro: Nova Fronteira, 1964, p. 49].

pia, a grafologia, a quiromancia, a frenologia e outros do tipo podem também muitas vezes nos fornecer porções surpreendentes de autoconhecimento, mas os sonhos têm uma grande vantagem em relação a essas técnicas, já que nos proporcionam um autodiagnóstico dinâmico e contínuo, e também esclarecem flutuações menores, e atitudes momentâneas e equivocadas, ou modos específicos de reação. Por exemplo, uma pessoa pode, em princípio, ser modesta e nunca se supervalorizar, mas pode se tornar momentaneamente orgulhosa por consequência de algum êxito. Um sonho corrige isso imediatamente, e, ao fazer isso, informa o sonhador não só que ele ou ela pode, como regra geral, ser de certa maneira, mas que "no dia anterior, no que diz respeito àquele assunto, estava no caminho errado de tal forma". Quando constantemente levamos os sonhos em consideração, produz-se algo que remete a um contínuo diálogo do eu consciente com os antecedentes irracionais da personalidade, um diálogo por meio do qual o eu é constantemente revelado a partir do outro lado, como se houvesse um espelho, como se ele fosse um espelho, no qual o sonhador pode examinar a sua própria natureza.

Quem "compõe" uma série de imagens oníricas?

Agora, vamos refletir sobre o grande prodígio, o fato impressionante que está por trás de cada sonho examinado deste modo: *Quem ou o que é esse elemento miraculoso que compõe uma série de imagens oníricas?* Quem, por exemplo, é o espírito tão cheio de bom humor que criou dentro daquela mulher a cena com o estábulo? Em geral, quem ou o que nos observa mais clara e implacavelmente do que qualquer melhor amigo ou qualquer inimigo pudesse fazer? Deve ser um ser da mais superior inteligência – a julgar pela profundidade e a esperteza dos sonhos. Mas será que é um ser mesmo? Ele tem uma personalidade ou é mais parecido com um objeto, uma luz ou a superfície de um espelho? Em *Memórias, sonhos, reflexões*, Jung chama esse elemento de "Personalidade nº 2". Ele a conheceu primeiro como um ser de aspecto pessoal ou, pelo menos, semipersonificado. "Sempre houve, bem lá no fundo, o sentimento de que algo que não eu mesmo estava presente. Era como se um sopro do grande universo de estrelas e espaço infinito houvessem me tocado, ou como se um espírito houvesse entrado no recinto sem ter sido notado – o espírito de alguém que estava morto havia muito tempo, mas, mesmo assim, estava perpetuamente presente na atemporalidade até o futuro distante"[3]. Esse ser tem a ver com a "criação dos sonhos", "um espírito que conseguia manter seu poder contra o mundo das trevas". Era um tipo de personalidade autônoma, mas que não tinha "qualquer individualidade definida [...] A única característica distinta desse espírito era o seu caráter histórico, seu prolongamento no tempo, ou melhor, sua atemporalidade"[4].

A Personalidade nº 2 é o *inconsciente coletivo*, que Jung também chamou mais adiante de "psique objetiva", pois nós a vivenciamos como se ela não nos pertencesse. (No passado histórico, tais fenômenos eram considerados "poderes espirituais".) É um "elemento" que é vivenciado, pelo eu sujeito a ele, como o seu oposto, como um olho, por assim dizer, que observa alguém das profundezas da alma. Em *Philosophia meditativa*, Gerhard Dorn, um seguidor de Paracelso, deu uma descrição muito esclarecedora em vários aspectos dessa experiência da psique objetiva e da transformação da personalidade resultante dessa experiência. Na

---

3. JUNG, C.G. *Memories, Dreams, Reflections*. Nova York: Random House, 1989 [org. por Aniela Jaffé] [*Memórias, sonhos, reflexões*. Rio de Janeiro: Nova Fronteira, 1975, p. 66].
4. Ibid., p. 89-90.

visão dele, o *opus* alquímico é baseado em um ato de autoconhecimento. Esse autoconhecimento, no entanto, não é o que o eu pensa de si mesmo, mas algo bem diferente. Dorn afirma: "Nenhum homem pode se conhecer verdadeiramente a não ser que ele primeiro veja e conheça por meio de zelosa meditação [...] *o que*, em vez de *quem*, ele é, de quem ele depende, de quem ele é, com que finalidade ele foi feito e criado, por quem, e por meio de quem"[5].

Com a ênfase em "o quê" (em vez de "quem"), Dorn enfatiza um parceiro real não subjetivo que ele busca em sua meditação e em seu autoconhecimento, e com isso se refere a nada mais do que a imagem de Deus incrustada na alma do homem. Quem quer que observe isso e liberte sua mente de todas as preocupações e distrações mundanas, "pouco a pouco e dia após dia, vai perceber com seus olhos mentais e com a maior alegria algumas centelhas de iluminação divina"[6]. A pessoa que, dessa forma, reconhecer Deus nela mesma vai também reconhecer seu irmão. Jung chamou isso de centro interior, que Dorn equipara à imagem-Deus, o *Si-mesmo*. Segundo a visão de Paracelso, o homem trava contato com sua luz interior por meio de seus sonhos: "Como a luz da natureza não pode falar, ela produz formas durante o sono a partir do poder da palavra"[7].

Outros alquimistas compararam essa luz interior com os olhos de um peixe – ou como um único olho de peixe – que começam a se destacar da *prima materia* preparada. Nicholas Flamel, um alquimista do século XVII, equiparou esse tema com os olhos

---

5. Apud JUNG, C.G. *Mysterium coniunctionis*, CW 14, p. 684 [*Mysterium coniunctionis*. Petrópolis: Vozes, 2011 (OC 14/2)].

6. Ibid., p. 685.

7. Apud JUNG, C.G. *On the Nature of the Psyche*, CW 8, p. 391: Considerações teóricas sobre a natureza do psíquico [*A natureza da psique*. Petrópolis: Vozes, 2011 (OC 8/2)]. • *Liber de caducis*. Huser, vol. 4, p. 274; ou Sudhoff, vol. 7, p. 224.

de Deus mencionados em Zc 4,10: "Essas sete [...] são os olhos do Senhor, que percorrem toda a terra" (cf. tb. Zc 3,9: "sobre essa única pedra há sete olhos" etc.)[8].

O inconsciente coletivo e seus conteúdos se expressam por meio dos sonhos e, cada vez que conseguimos entender um sonho e moralmente assimilar sua mensagem, nós "começamos a ver (a luz)" – e, portanto, o tema do olho! Uma pessoa se vê por um momento por meio dos olhos de outra, de algo objetivo que vê a pessoa do exterior, como ela é. Paracelso, Dorn e muitos outros descrevem então muitos olhos gradualmente se unindo em *uma* grande luz; essa luz única é para eles a luz da Natureza e ao mesmo tempo vem de Deus. Dorn afirma, por exemplo, que "a vida, a luz do homem, brilha em nós, ainda que fracamente. Ela não pode ser retirada de nós, e ainda que esteja dentro de nós, não é nossa, mas dele, a quem ela pertence, que permite que ela faça de nós a sua morada. [...] Ele implantou essa luz em nós para que nós vejamos *nessa* luz [...] *a* luz. [...] Portanto, a verdade deve ser buscada não em nós mesmos, mas na imagem de Deus que está dentro de nós"[9]. Essa luz interior, segundo Paracelso, "é o que nos dá fé"[10]. Eu compreendo 1Cor 13,12 ("No presente conheço só em parte; então conhecerei como sou conhecido.") como uma alusão a essa experiência. Esse olho primeiro nos vê e por meio dele, então, nós vemos Deus.

O olho interior

A equiparidade dessa luz ou do olho do peixe que existe no inconsciente como o olho de Deus, que nos vê a partir de dentro, e em cuja luz se encontra ao mesmo tempo a única fonte não subje-

---

8. Cf. JUNG, C.G. *On the Nature of the Psyche*. Op. cit., p. 394.
9. Ibid., p. 389.
10. Ibid., p. 390.

tiva de autoconhecimento, é uma imagem arquetípica muito conhecida[11]. Ela é descrita como um olho interior imaterial no ser humano, cercado de luz, ou sendo ela própria uma luz[12]. Platão, e também muitos cristãos místicos, chamam-na de o olho da alma[13]. Outros a chamaram de olho da inteligência, da intuição da fé, da simplicidade de pensamento etc. Somente por meio desse olho o homem pode se ver e ver a natureza de Deus, que é ela mesma um olho. Sinésio de Cirene (Hino III) até fala de Deus como "o olho da própria pessoa"[14] e, à medida que um homem abre seu olho interior, ele toma parte da luz de Deus. Quando um homem fecha seus olhos físicos durante o sono, sua alma "vê" a verdade no sonho. Ésquilo diz que "enquanto dormimos, a alma é totalmente iluminada por muitos olhos; com eles podemos ver tudo que não podíamos ver durante o dia"[15]. E um filósofo hermético declara: "O ato de dormir do meu corpo criou a iluminação da alma; meus olhos fechados viram a verdade"[16].

Esse olho que nos olha a partir de dentro tem a ver com o que costumamos chamar de consciência. Um poema de Victor Hugo descreve isso de modo incomparavelmente impressionante[17]. Quando Caim matou seu irmão Abel, ele se afastou de Deus. Junto com a família, ele descansou perto de uma montanha, mas não conseguiu dormir. "Ele viu um olho, bem aberto na escuridão, encarando-o no

---

11. Ibid., p. 394.
12. Cf. DEONNA, W. *Le symbolisme de l'oeil*. Paris: [s.e.], 1965, p. 46ss.
13. Ibid., p. 47n.
14. Ibid., p. 49.
15. *The Eumenides* (*Eumênides*), versos 104-105.
16. DEONNA, W. *Le symbolism de l'oeil*. Op. cit., p. 51.
17. "La conscience". Cf. SENSINE, H. *Chiréstomathie française du XIX siècle*. Lausanne: [s.e.], 1899, p. 99s. [originalmente de *La légende des siècles*].

escuro." "Eu ainda estou perto demais", ele gritou, tremendo, e continuou sua jornada. Ele andou depressa durante trinta dias e trinta noites, até chegar ao litoral, mas, quando se instalou lá, ele viu o olho nos céus novamente. Berrando, ele implorou à família que o escondesse de Deus, que montassem uma tenda para ele; mesmo assim Caim via o olho. Finalmente, a pedido dele, a família cavou uma cova profunda para ele na terra; ele se sentou em um banquinho dentro da cova, e a família colocou uma lápide sobre ele. Entretanto, quando a cova foi fechada e ele estava sentado no escuro, "o olho estava dentro da cova e olhou para Caim" ("L'oeil était dans la tombe et regardait Cain"). Esse olho nem sempre é reconhecido como o olho de Deus; ele também pode ser o "deus da escuridão", que nos encara dessa forma. Um bispo – segundo uma Lenda de São Galo – uma vez quebrou o jejum antes da Páscoa. Um mendigo foi até ele pedir ajuda. Quando o bispo tocou no mendigo, ele descobriu um olho imenso no peito do homem. Apavorado, ele se benzeu e, naquele momento, o diabo (pois o mendigo era o diabo) se dissolveu em fumaça e, conforme desaparecia, gritou: "Esse olho observou você de perto enquanto você estava comendo carne durante a Quaresma!" Muitos deuses e demônios de vários grupos culturais mitológicos têm um olho grande no peito; portanto, eles veem tudo que se passa na terra[18]. Esse tema aponta para o fato – que volta e meia podemos observar na análise dos sonhos de pacientes – de que o inconsciente em nós, muitas vezes, parece possuir um conhecimento de coisas que eram previamente inexplicáveis e que, do ponto de vista *racional*, nós não podemos conhecer. Tais termos como "telepatia" não explicam o fenômeno. Mas nós somos capazes de reconhecer todo dia que os sonhos falam com as pesso-

---

18. Cf. DEONNA, W. *Le symbolism de l'oeil.* Op. cit., p. 64-65.

as sobre coisas que elas obviamente não podem saber. O inconsciente parece ter algo como um conhecimento intuitivo extenso que alcança o que está à nossa volta, e que Jung chamava de "conhecimento absoluto" (já que está separado da consciência) ou de "luminosidade" do inconsciente.

Às vezes, nós vivenciamos o inconsciente como se fôssemos ativa e sinistramente observados por um ser personificado; outras vezes, como se fôssemos observados em um fundo não personificado, em um espelho que, sem intenção, simplesmente reflete a nossa natureza. O próprio olho, no qual, como sabemos, também podemos nos ver refletidos, às vezes age de modo bastante impessoal, não como o olho de outro ser vivo. Jung afirma, consequentemente, que o tema do olho ou o do mandala representam *um reflexo de* insight *em relação a nós mesmos*.

O que isso significa em termos práticos pode ser melhor ilustrado com um exemplo de sonho que Jung cita em *O homem e seus símbolos*[19]. Um jovem muito cauteloso e introvertido sonhou que ele e dois outros rapazes estavam cavalgando por um campo vasto. O sonhador lidera o grupo, e eles pulam sobre uma vala cheia de água. Os dois companheiros caem dentro da vala, mas o sonhador consegue pular sobre ela sem se machucar. Esse foi exatamente o mesmo sonho que teve um senhor idoso que estava doente em um hospital e que, devido ao seu espírito empreendedor demais, dava ao médico e às enfermeiras muito trabalho. No primeiro caso é mais apropriado entender o sonho como um encorajamento ao jovem hesitante a tomar a liderança e ousar tomar alguma atitude; no segundo caso, o sonho mostra ao idoso o que ele ainda faz, sendo que ele não deveria fazer mais naquela idade.

---

19. Cf. p.. 66.

Rigorosamente falando, entretanto, essas são conclusões que *nós* tiramos da imagem do sonho; a imagem por si só não encoraja nem alerta, ela simplesmente representa um fato psíquico – tão impessoalmente quanto um espelho. Sendo assim, os sonhos são simplesmente como a natureza. Se um médico encontra açúcar na urina de um paciente, a natureza não decide comentar o fato de modo algum; o médico deve tirar a conclusão de que o paciente tem diabetes, prescrever uma dieta e aconselhar o paciente que exercite sua disciplina para seguir essa dieta – senão, o médico não pode ajudá-lo. O mesmo vale para os sonhos. Eles nos mostram um fato psíquico; é tarefa *nossa* interpretá-lo corretamente e extrair a conclusão moral dele.

Às vezes, no entanto, nós nos deparamos com o oposto, ou seja, que um sonho dá conselhos como uma *pessoa* bem-intencionada. Eu tinha uma analisanda rica e idosa que havia sido alcoólatra e havia parado de beber. Mas os problemas neuróticos que estavam por trás do alcoolismo dela, especialmente uma desmoralização e um relaxamento generalizados, ainda precisavam ser resolvidos. Uma vez, ela sonhou que uma voz dizia a ela: "Você precisa usar espartilho durante o café da manhã". Eu perguntei a ela que horas ela tomava café da manhã, que tipo de espartilho ela usava, quando ela o vestia etc. Eu descobri então que, por vaidade, ela usava um espartilho bastante justo, mas nunca o vestia de manhã; em vez disso, ela tomava café da manhã de robe, vadiava pelo apartamento de robe o resto da manhã e vestia o espartilho por volta de meio-dia. Só então o dia dela realmente começava. Depois dessa informação, o sonho não precisava mais de interpretação; nós duas rimos entusiasticamente. De vez em quando, entretanto, eu perguntava a ela: "Como você está se saindo com o espartilho no café da manhã?"

Frente a esses fatos, é compreensível que o inconsciente ou o espírito do sonho que cria os sonhos apareça para nós, às vezes, mais como um ser consciente cheio de intenções e, outras, mais como um espelho impessoal. O *tema do olho* se localiza, da mesma forma, no meio; ele é como uma *pessoa* e ao mesmo tempo um *espelho*. O fato de que quase todas as religiões da terra contêm uma imagem de Deus parcialmente personificada ou uma ordem universal não personificada (como o Tao chinês) e também o fato de que, em períodos históricos da mesma cultura, a ênfase, às vezes, era dada mais sobre uma imagem de Deus pessoal e, outras, sobre um princípio universal impessoal estão provavelmente ligados às experiências citadas anteriormente. Na tradição judaico-cristã temos uma imagem de Deus predominantemente pessoal, mas a definição de Deus como "uma esfera inteligível cujo centro está em toda parte e cuja circunferência não está em parte alguma" exerceu um papel soberano no pensamento de muitos grandes teólogos, místicos e teólogos ocidentais. No que diz respeito a essa ligação, eu gostaria de indicar ao leitor o excelente livro de Dietrich Mahnke, *Unendliche Sphäre und Allmittelpunkt* (Darmstadt, 1966).

O surgimento de um ser interior personificado, ou seja, uma imagem de Deus personificada, observando-nos ou falando conosco, ajuda o desenvolvimento do *sentimento* e do comportamento ético – no caso daquela mulher, havia realmente uma questão de problema moral. A imagem de um centro da alma impessoal ou psicograma cósmico, como Giuseppe Tucci chama o mandala, satisfaz mais o *conhecimento* ou a intuição do homem como uma imagem de um grande centro universal unificado e divino ou de um significado suprapessoal por trás do mundo das aparências. Entretanto, não devemos ficar animados supondo que isso forneça alguma prova no que diz respeito à existência de Deus; trata-se, em vez disso, de uma questão das *imagens* de Deus se manifestando espontaneamente na alma do homem, que são, portanto, antropomórficas e não dizem nada definitivo em relação a uma existência metafísica definitiva da alma ou da divindade. Essas imagens são simplesmente as únicas que podemos observar empiricamente em nosso trabalho diário e cujo efeito sobre a personalidade de quem sonha pode ser reconhecido.

Na psicoterapia junguiana nós usamos os sonhos, na maioria das vezes, para levar o analisando a certos *insights* ou ao autoconhecimento, pois não há cura psíquica nem progresso sem autoconhecimento – autoconhecimento, no entanto, no sentido de reconhecer *o que a pessoa é* (como descreve Gerhard Dorn), não o conceito superficial que o eu tem de si ou a ideia que o analista faz do analisando. Esse é também o motivo pelo qual, na prática, nós não damos ao analisando um diagnóstico, mas, na maioria das vezes, dizemos apenas: "Vamos ver como a sua própria alma vê a sua situação" – a saber, o que os sonhos dizem. Desse modo, qualquer interferência pessoal do analista na vida do analisando é restrita, pelo menos o máximo possível. Uma vez eu tive um analisando que teve que abdicar do álcool, o que ele fez bravamente durante alguns meses. Então, ele me disse: "Ouça, você não acha que eu poderia ousar agora tomar *um* copo de cerveja à noite no Hotel Sternen com a Betty? Só *um* copo? Eu sempre fico tão perdido à noite, tão solitário". Apesar de saber que não era aconselhável, eu disse: "Não sei; não quero ser sua babá. Experimente e veremos como o inconsciente reage". Ele fez isso, bebeu o copo de cerveja e foi para casa. Naquela noite, ele sonhou que estava subindo uma montanha de carro até o cume, mas, ao chegar até lá, ele não freou direito, e o carro voltou todo o percurso abaixo até que ele chegou de volta ao ponto de onde havia partido. Sorrindo, eu apenas disse: "Que confusão!" Imediatamente, ele percebeu que "só *um* copo de cerveja" não funcionaria. O "olho interior" dele havia visto a situação da noite anterior desse modo e não de outro.

O Si-mesmo: O centro da alma no inconsciente

Jung escolheu o termo *Si-mesmo* para o centro da alma no inconsciente, tomando-o emprestado da filosofia oriental da Índia. Apesar da possibilidade de confundirmos Si-mesmo com o eu, é importante que o que esteja subentendido seja a sua relação com o indivíduo humano, pois é assim que nós o encontramos representado nos sonhos.

O filho de um pároco teve um pesadelo que se repetiu por toda a vida dele, mas que foi se modificando ao longo do tempo. Nesse sonho, ele atravessava um vasto deserto à noite, quando ele ouvia passos atrás dele. Com medo, ele andava mais rápido; os passos também se aceleravam. Ele começava a correr, com a "coisa" horrível o perseguindo. Ele chegava à beira de um abismo profundo e tinha que parar. Olhando para baixo, lá longe, milhares de quilômetros abaixo, ele via o fogo flamejante do inferno. Ele olhava para trás e via, no escuro, atrás dele, um rosto vagamente demoníaco.

Tempos depois, ele teve exatamente o mesmo sonho, exceto pelo fato de que, em vez de um demônio, ele via o rosto de Deus. Então, quando ele tinha quase cinquenta anos, ele teve esse sonho novamente. No entanto, dessa vez, o pânico dele o fez pular da beira do abismo. Conforme ele caía, milhares de pedaços de papel quadrangulares pairavam no ar e, em cada um deles, havia um desenho em preto e branco de um mandala diferente. Os pequenos pedaços de papel se juntavam, formando uma espécie de assoalho que, preparando um plano sólido na metade da queda, impediam que ele caísse no inferno. Ele olhava para cima, para a beira do abismo, e lá ele via o *rosto dele!*

As compridas naves de nossas igrejas, longe dos corredores entre os bancos que se encontram no centro e do altar, refletem o fato, como Jung mencionou em uma carta uma vez, que, em nossa cultura, o homem vive como se estivesse longe de Deus; Deus é o "inteiramente outro" (Barth), e nós nos esquecemos de que Ele é simultaneamente o que mais intimamente conhecemos dentro do mais fundo da nossa alma. Esse paradoxo é melhor conhecido pelos indianos orientais; para eles, o *atman-purusha*, o *Si-mesmo*, é o núcleo mais íntimo da alma do indivíduo *e*, ao mesmo tempo, o Todo-Espírito cósmico e divino. O homem que teve esse pesadelo repetido também foi educado segundo as visões ocidentais de Deus como o "inteiramente outro" – consequentemente, o sonho dele chama a atenção para o aspecto oposto.

Eu tentei explicar acima o que significa interpretar um sonho em nível subjetivo, ou seja, como um *drama interior* no qual todos os objetos e figuras representam aspectos desconhecidos do sonhador. Portanto, ao interpretar sonhos, nós pedimos ao sonhador que simplesmente nos dê uma imagem vívida e de teor emocional do modo como uma pessoa que ele encontra em um sonho aparece para ele. Então, nós "devolvemos" a mesma informação ao sonhador. O que ele diz sobre X, com quem ele sonhou, vai ser uma imagem de algo de dentro do próprio sonhador.

O inconsciente parece ter um talento peculiar para usar imagens complicadas de experiência para transmitir algo desconhecido à consciência. No entanto, podemos observar isso não só por meio dos sonhos; em estados de vigília, também, nós frequentemente vemos em outras pessoas elementos de uma natureza impossivelmente abrangente que estão realmente presentes em nós mesmos; às vezes, isso pode chegar a uma distorção completa da imagem da outra pessoa. *Esse é o conhecido fenômeno da projeção*, que Jung define como *uma transferência involuntária de uma parte da psique que pertence ao sujeito para um objeto exterior.* É o bem conhecido caso do feixe de luz no nosso olho que nós não vimos. Então, entretanto, os problemas práticos surgem.

Projeção

Nós provavelmente projetamos o tempo todo, em tudo que fazemos; em outras palavras, somadas àquelas outras impressões que são transmitidas pelos sentidos, existem sempre influências psicossomáticas do interior, para que tenhamos uma impressão geral de nossas experiências; a psicologia Gestalt demonstra isso em muitos casos individuais. Sendo assim, nós devemos ou ampliar o nosso conceito de projeção ao ponto de, como os indianos orientais, ver tudo como se fossem projeções; ou devemos estabelecer um limite entre o que consideramos projeção e o que é uma afirmação relativamente objetiva em relação a objetos exteriores. Jung sugeriu que o conceito de projeção fosse aplicado somente onde houvesse *uma desordem séria de adaptação*, ou seja, onde ou a pessoa que está projetando, ou aqueles imediatamente próximos unanimemente rejeitem a afirmação em questão. Para a comum composição de subjetividade em nossa imagem da realidade, uma composição que é ilimitada, Jung usa a expressão *identidade arcaica, arcaica* porque essa era a condição original do homem, a saber, aquela em que ele via todos os processos psíquicos no "exterior" – os pensamentos bons e maus como espíritos, seus afetos como deuses (Ares, Cupido) e assim por diante. Só gradualmente alguns processos psíquicos, que antes eram visualizados como algo exclusivamente "exterior", foram compreendidos como processos dentro do próprio sujeito vivente, como, por exemplo, quando os filósofos estoicos começaram a interpretar a deusa Atena como o *insight*, Ares como a paixão agressiva, Afrodite como o desejo erótico; esse foi, por assim dizer, o começo de uma "encarnação" dos deuses no homem.

Até que ponto pode ir um processo – um processo de um desenvolvimento cada vez maior da consciência – não é, portanto, fácil de prever. Ainda sabemos lamentavelmente pouco sobre o homem objetivo, como Jung enfatizava repetidas vezes. Apesar de serem perturbadoras e socialmente perigosas, as projeções também têm um sentido; já que é aparentemente apenas por meio das projeções que podemos ficar conscientes de certos processos inconscientes. Por meio das projeções surgem, em primeiro lugar, aquelas fascinações, afetos e complicações que nos forçam a refletir sobre nós mesmos. Não há como *se conscientizar sem a inspiração da emoção e do sofrimento*. A perturbação da adaptação que está intimamente ligada a cada projeção conduz, se tudo correr bem, à reflexão (se correr mal, leva ao homicídio e ao assassinato). *Re-flexio*, no entanto, significa que a imagem que foi "irradiada" para o exterior sobre outro objeto é "curvada" e retorna à pessoa. É só porque o símbolo do espelho está psicologicamente relacionado com o fenômeno da projeção que ele tem, mitologicamente, um significado mágico tão grande. Em um espelho, uma pessoa pode se reconhecer ou ver uma projeção. Um velho pastor escocês que levava uma vida de reclusão encontrou, um dia, um espelho de bolso que um turista havia perdido. Ele nunca havia visto um objeto daqueles. Ele ficou um bom tempo olhando para o espelho, ficou impressionado, balançou a cabeça e o levou para casa com ele. A esposa dele foi ficando cada vez mais enciumada, já que, volta e meia, ele furtivamente tirava algo do bolso, olhava para ele, sorria e guardava de volta. Um dia, quando ele estava longe, ela rapidamente tirou o espelho do bolso do casaco. Olhando para o espelho, ela exclamou: "Arrá! Então *essa* é a bruxa velha atrás de quem ele anda correndo!"

Esse "fluxo constante de projeções" – ou seja, essa atividade na qual os elementos intrapsíquicos em nossa visão do mundo exterior *não* perturba a adaptação –, Jung, como mencionado anteriormente, denominava *identidade arcaica*, a partir da qual o conhecimento genuíno e verdadeiro se origina, já que ele é baseado em uma interação instintiva e mística com todas as coisas e todas as outras pessoas. "É como se os 'olhos que estão ao fundo'", como Jung descreve, "executassem o ato de ver em um ato impessoal de percepção"[20]. *Esses* olhos veem com precisão. Por que então todas aquelas projeções que atrapalham a adaptação e que devem ser corrigidas por meio de *insights* conscientes também vêm do mesmo fundo inconsciente? Isso está provavelmente relacionado com o que chamamos de *dissociabilidade* da psique. Nossa psique inteira parece se consistir de complexos separados que se juntam no que podemos chamar de individualidade psíquica, assim como as unidades mendelianas de fatores hereditários se juntam para formar uma unidade.

Podemos claramente ver em uma criança pequena, que ainda possua uma consciência do eu muito lábil, com que desprendimento os complexos separados convivem uns com os outros nos humores que mudam como relâmpago e por meio dos quais o infante pode se transformar de "criança amável" em "demônio" e vice-versa, em um momento estar completamente afável, no minuto seguinte estar totalmente absorto em sua brincadeira, um momento depois estar em profundo desespero e dois minutos depois estar alegre de novo, chupando uma bala. Essas flutuações vão diminuindo lentamente conforme o eu consciente vai gradualmente se erigindo, mas, então, o eu frequentemente passa por choques entre os impulsos-complexo dentro dele e deve aprender a lidar com eles e a controlá-los. Uma vez, quando eu tinha nove anos, eu

---

20. JUNG, C.G. *Memories, Dreams, Reflections.* Op. cit., p. 50.

queria fazer um desenho do meu cachorro, o qual eu amava apaixonadamente, mas ele não parava quieto. Como fiquei furiosa, eu bati nele e gritei com ele. Nunca vou me esquecer do olhar inocente e ofendido daquele cachorro! Eu nunca mais bati nele, mas, quando me sentei para terminar meu desenho, eu senti claramente dentro de mim como a fúria da minha impaciência e do meu amor pelo cachorro haviam se chocado de modo doloroso. Jung conjecturou uma vez que a consciência do eu primeiro se desenvolve a partir de choques da criança com o mundo exterior e depois de choques do eu em desenvolvimento com os impulsos de seu próprio mundo interior (como no exemplo da minha fúria com o meu cachorro). O "parlamento dos instintos", como Konrad Lorenz o teria chamado, não é uma organização pacífica dentro de nós; pelo contrário, é um ambiente violento, e o presidente – o eu – muitas vezes tem dificuldade de se impor. Do ponto de vista da prática, podemos observar que, quando um complexo se torna autônomo, sempre surgem projeções que perturbam a adaptação e obscurecem o "espelho da verdade interior".

As pessoas imediatamente vizinhas a nós presenciam nossas projeções como exageros emocionais. Pessoalmente, eu presto atenção quase inconscientemente ao tom em que o analisando fala de seu cônjuge, de seus amigos e de seus inimigos, e eu descobri que simplesmente "me altero" quando certa insinuação de exagero histérico é ouvido junto com o restante do discurso do paciente. Então, não se pode mais acreditar no que está sendo dito, mas, em vez disso, prestar atenção a uma autoapresentação interessante (inconsciente) do analisando. Se conseguirmos, naquele momento, relacionar essa explosão a um tema de um sonho que descreva figurativamente o que foi dito, há uma boa chance de que o outro veja que tudo o que ele descreveu tão entusiástica ou raivosamente está dentro dele mesmo. A remoção de uma projeção, entretanto, é quase sempre um choque moral. Pessoas com eu fraco são normalmente incapazes de tolerar isso e resistem violentamente. Jung, uma vez, comparou o eu com uma pessoa que navega seu barco, robusto ou frágil, pelo oceano do inconsciente. Ele puxa peixes (os conteúdos do inconsciente) para dentro do barco, mas ele não consegue encher o barco (em outras palavras, integrar os conteúdos do inconsciente) com mais peixes do que o tamanho do barco permite; se ele encher o barco demais, ele afunda. É por isso que a elucidação e a remoção de projeções é um assunto crítico. Personalidades esquizoides e histéricas só conseguem absorver um pouco. Com pessoas primitivas que têm eu fraco, também é aconselhável que se deixe as projeções sem explicação. De acordo com a minha experiência, os modos mais antigos e históricos de lidar com os complexos autônomos funcionam melhor, ou seja, aqueles a que nos referimos como "espíritos", que não pertencem ao indivíduo e consequentemente ajudam o analisando a resistir a tal "espírito" por meio de alguma prática ritual ou mágica. Isso significa que levamos em conta literalmente o que foi preservado como figura de linguagem: "O demônio se apossou dele" ou que estar apaixonado é um "enfeitiçamento". No entanto, quaisquer decisões sobre esses *insights* morais interiores são feitos não pelo eu e não pelo analista, mas pelo Si-mesmo. Sendo assim, nós somos de fato apenas como o Si-mesmo nos vê com seus olhos interiores, que estão sempre abertos, e todos os nossos próprios esforços em direção ao autoconhecimento devem chegar a esse ponto antes de ser possível alguma paz interna.

Entretanto, o mandala (como a imagem principal do Si-mesmo) tem uma ordem matemática rigorosa – como o símbolo do espelho – pois, se analisadas do ponto de vista físico, somente aquelas superfícies materiais que não têm distorções, cujas moléculas estão bem arranjadas, são capazes de refletir. Portanto, temos a impressão de que a verdade de um ser está refletida lá, no núcleo mais profundo da alma – de *onde* vêm os nossos sonhos, que nos mostram como nós realmente somos, enquanto que as projeções distorcidas vêm de complexos parciais que se tornaram autônomos. É por isso que os mestres do Zen ensinam a seus discípulos, repetidas vezes, que eles deveriam libertar o "espelho interior" deles (a mente do Buda) da poeira.

Durante toda a nossa vida, nossa reflexão tenta penetrar nos segredos mais profundos do nosso ser profundo, mas o que nos compele a isso é o próprio Si-mesmo, pelo qual nós buscamos. Ele busca a si mesmo dentro de nós. Creio que seja esse segredo que um sonho de Jung indica, o qual ele teve após uma doença grave em 1944, e o qual ele relata em suas memórias. Nesse sonho, ele está andando por uma paisagem ensolarada e montanhosa quando ele chega a uma pequena capela à margem da estrada. "A porta estava entreaberta, e eu entrei. Para a minha surpresa, não havia nenhuma imagem da Virgem no altar e nenhum crucifixo, apenas um maravilhoso arranjo de flores. Então, eu vi que, no chão, em frente ao altar, de frente para mim, havia um iogue sentado – na posição de lótus, em profunda meditação. Quando olhei para ele mais de perto, percebi que ele tinha o meu rosto. Fiquei sobressaltado, com profundo pavor, e acordei com o pensamento: 'Arrá, então, é ele quem está meditando dentro de mim. Ele tem um sonho, e eu sou o sonho'. Eu sabia que, quando ele acordasse, eu não existiria mais"[21].

O sonho, Jung prossegue,

> é uma parábola: Meu si-mesmo se recolhe para meditar e media a minha forma terrestre. Colocando de outra forma: ele assumiu a minha forma humana para entrar na existência tridimensional, como se alguém pusesse um traje de mergulhador para mergu-

---

21. Ibid., p. 323.

lhar no mar. Quando ele renunciar à existência no futuro, o si-mesmo vai assumir uma postura religiosa, como a capela do sonho mostra. Na forma terrestre, ele pode passar pelas experiências do mundo tridimensional e, com uma consciência maior, avançar em termos de realização[22].

A figura do iogue representa, por assim dizer, a totalidade pré-natal de Jung cuja meditação "projeta" a realidade empírica do eu. Seguindo a regra de analisar esses elementos em reverso, descobrimos mandalas nos produtos do inconsciente e expressamos com isso nosso conceito de totalidade. Nossa base é a consciência do eu, um campo de luz centrado sobre o ponto focal do eu. A partir desse ponto nós observamos um mundo enigmático de obscuridade e não sabemos até que ponto suas formas sombrosas são causadas pela nossa própria consciência, e até que ponto elas possuem uma realidade própria. A tendência do sonho, escreve Jung,

> é efetuar uma inversão da relação entre a consciência do eu e o inconsciente, e representar o inconsciente como o gerador da personalidade empírica. Essa inversão sugere que, na opinião do "Outro lado", a existência do nosso inconsciente é o real e o nosso mundo consciente uma espécie de ilusão, uma realidade aparente construída com um propósito específico. [...]
>
> *A totalidade do inconsciente* me parece, portanto, o *verdadeiro spiritus rector* de todos os eventos biológicos e psíquicos. Aqui está um princípio que luta pela realização total – que, no caso do homem, significa a conquista da consciência total. A conquista da consciência é a cultura, no sentido mais amplo, e o

---

22. Ibid., p. 323-324.

autoconhecimento é, portanto, o coração e a essência desse processo. Os orientais atribuem uma importância inquestionavelmente divina ao si-mesmo e, segundo a visão cristã antiga, o autoconhecimento é o caminho para o *conhecimento de Deus*[23].

Por isso, eu denominei este capítulo "A fonte oculta do autoconhecimento"; ele está dentro de nós e, ainda assim, é um segredo insondável, um completo cosmos que nós apenas começamos a explorar.

---

23. Ibid., p. 324-325 – grifos adicionados.

2 Como C.G. Jung vivia com seus sonhos

Jung era um bom sonhador, como ele comenta em suas memórias. Por toda a vida, ele teve um grande número de sonhos impressionantes e simbolicamente profundos, que ele observou, anotou e guardou na mente. Perto do fim da vida, ele decidiu tornar conhecidos ao público alguns desses sonhos mais profundos, pois estavam obviamente relacionados ao trabalho criativo dele. Os sonhos dele eram o seu verdadeiro si-mesmo e a fonte de tudo que ele fazia e de tudo que ele escrevia; para ele, os sonhos representavam a essência da vida dele.

"No final", disse ele, "os únicos eventos da minha vida que valem a pena ser contados são aqueles em que o mundo imperecível irrompeu neste mundo transitório. É por isso que eu falo sobretudo de experiências interiores, entre as quais eu incluo os meus sonhos e visões. Esses formam a *prima materia* do meu trabalho científico. Esses foram o magma ardente do qual a rocha que precisava ser trabalhada fora cristalizada[1]. Eu tive cedo o *insight* de que, quando nenhuma resposta vem de dentro para os problemas e complexidades da vida, no final das contas, eles têm muito pouca importância"[2].

---

1. JUNG, C.G. *Memories, Dreams, Reflections*. Nova York: Random House, 1989 [org. por Aniela Jaffé] [*Memórias, sonhos, reflexões*. Rio de Janeiro: Nova Fronteira, 1975, p. 4].
2. Ibid., p. 5.

Os sonhos mais antigos de que Jung se lembrava eram de seu terceiro ou quarto ano de idade e, como é o caso dos sonhos mais antigos de que a maioria das pessoas consegue se lembrar, revelavam a estrutura básica do ser dele e de seu destino. Era assim:

> A paróquia [onde ele foi criado na infância] se erigia bastante solitária perto do castelo de Laufen, e havia uma vasta campina que se estendia até a fazenda do sacristão. No sonho, eu estava nessa campina. De repente, eu descobri um buraco escuro, retangular e delimitado por pedras no chão. [...] Eu corri até o buraco com curiosidade e espiei para dentro dele. Então, eu vi uma escada de pedras para baixo. Com hesitação e medo, eu desci. No fundo, havia um portal com um arco, fechado por uma cortina verde. Era uma cortina grande e pesada, [...] e parecia muito suntuosa. Curioso para ver o que poderia estar escondido por trás dela, eu a abri. Eu vi diante de mim, na penumbra, uma câmara retangular de dez metros de comprimento. O teto era abobadado e de pedras cortadas. O assoalho era coberto por paralelepípedos e, no centro, um tapete vermelho se estendia da entrada até uma plataforma baixa. Sobre essa plataforma, havia um trono de ouro maravilhosamente rico. [...] Havia algo sobre ele que, de início, pensei ser um tronco de uma árvore. [...] Era algo imenso, quase batendo no teto. Porém, tinha uma composição curiosa: era feito de pele e carne viva, e, sobre o topo dele, havia algo como uma cabeça redonda sem rosto e sem cabelo. No alto da cabeça, havia um único olho, olhando para cima sem se mover.
>
> O recinto estava bem iluminado, apesar de não haver janelas nem uma fonte aparente de luz. Acima da cabeça, no entanto, havia uma aura de brilho. A coisa

> não se mexia, ainda que eu tivesse a sensação de que, a qualquer momento, ela poderia descer do trono e rastejar até mim. Eu estava paralisado de terror. Naquele instante, eu ouvi do alto lá de fora a voz da minha mãe. Ela gritava: "Isso, apenas olhe para ele. Esse é o devorador de homens!" Isso intensificou o meu terror ainda mais, e eu acordei suando e morrendo de medo[3].

A "coisa" era um falo cerimonial. O termo *phallus* é a palavra grega para o órgão sexual masculino e está relacionado à palavra *phalos* – "claro, brilhante" –, daí a "aura de brilho" ao redor dele no sonho; ele é representado como uma pessoa da realeza enterrada. Essa estrutura subterrânea era, como Jung escreve na velhice, "um Deus subterrâneo, 'que não deve ser nomeado'", uma contraparte, em outras palavras, do "Deus cristão amoroso", que, quando criança, ele naturalmente imaginava que ficasse sentado sobre um trono no céu. "Quem falou comigo então?", perguntou Jung. "Quem falou de problemas muito além do meu conhecimento? Quem juntou o Alto e o Baixo, e estabeleceu a fundação para tudo que viria a preencher a segunda metade da minha vida com uma paixão violenta? Quem perturbou minha infância não adulterada e inofensiva com um conhecimento pesado da vida humana mais madura?[4] Quem senão aquele convidado estranho que veio tanto do alto quanto de baixo?"[5] Um imbecil falaria de "acaso", "interpretação retroativa" e coisas do tipo para fazer pouco caso do sonho. "Ah, essas pessoas boas, eficientes e saudáveis de cabeça

---

3. Ibid., p. 11s.
4. Essa frase está faltando na tradução feita por Winston de *Memories, Dreams, Reflections*. Op. cit., p. 15.
5. Ibid.

sempre me lembram daqueles girinos otimistas que se aquecem em uma poça sob o sol, na mais rasa das águas, apinhados e cordialmente mexendo a cauda, sem fazer a menor ideia de que, na manhã seguinte, a poça terá secado, e eles ficarão encalhados ali"[6].

Na história da religião, o falo dentro da sepultura é um símbolo bem conhecido de Deus, ou da imagem de Deus quando está em um estado de transformação e renovação psíquica, e, ao mesmo tempo, representa o homem interior que está enterrado dentro de nós, esperando a ressurreição, em outras palavras; também simboliza o mistério das energias criativas da alma.

A vida de Jung *foi* determinada pela *genialidade* dele, que sempre o seguiu por toda parte e o impulsionou ao seu trabalho criativo, e também pelo espírito criativo de Eros, do qual o falo é um símbolo. Todas as ideias centrais na obra da vida inteira de Jung giram em torno da questão da imagem de Deus e do conhecimento de Deus, da qual depende a existência de todos os grupos culturais e a qual necessita, na atualidade, tão urgentemente de transformação e renovação. Quando as ideias religiosas básicas de uma cultura não são mais criativamente eficientes na alma de seu povo, então, como o historiador Arnold Toynbee convincentemente colocou, essa cultura está fadada à extinção.

Jung não interpretava seus sonhos formando imediatamente uma ideia clara do que eles significavam; em vez disso, ele os carregava por onde ia dentro dele, vivia com eles em seu interior, ou seja, questionava-os. Se ele se deparasse com algo em um livro ou em uma experiência exterior que o lembrasse de uma imagem de um sonho, ele acrescentava esse dado àquela imagem, por assim dizer, para que uma trama de ideias se desenvolvesse, com uma ri-

---

6. Ibid., p. 14.

queza sempre em crescimento. Então, cinquenta anos após ter aquele sonho na infância, quando leu algo sobre o tema do canibalismo que permeia o simbolismo da missa, ele disse que aquilo "ficou gravado nos olhos [dele]", no sentido de que ele viu mais um novo aspecto da misteriosa imagem do sonho. Posteriormente, em sua obra sobre interpretação dos sonhos, ele chamou essa combinação de imagens e experiências aqui e ali em torno de uma imagem de sonho de "amplificação" que, segundo a concepção dele, é um enriquecimento do sonho por meio de ideias espontâneas e conceitos relacionados.

Durante seus primeiros anos na escola, Jung se tornou mais e mais consciente de que ele tinha na verdade duas personalidades. Uma, que ele denominava "Nº 1", era a de um garoto de escola normal, filho de seus pais, "menos inteligente, atento, esforçado, decente e asseado do que muitos outros garotos". A "Outra", no entanto, era crescida, cética até, e reclusa do mundo dos homens, mas próxima à natureza, a "todas as criaturas vivas e, acima de tudo, próxima à noite, aos sonhos e a qualquer coisa que Deus provocasse diretamente nele, [...] Deus como um segredo guardado, pessoal e, ao mesmo tempo, suprapessoal"[7]. "Nº 2" é o que as religiões do mundo chamam de "homem interior", com quem Deus fala e a quem Ele coloca problemas terríveis. A personalidade Nº 2 é o que a psicologia profunda moderna chama de inconsciente – algo no qual estamos psiquicamente contidos e no qual nós todos vivemos, mas o qual não conhecemos de fato; é verdadeiramente inconsciente. É tão desconhecido a nós que não podemos nem dizer o *meu* inconsciente; pois não sabemos onde ele começa nem onde ele termina. Nossos sonhos vêm desse domínio. Ao con-

---

7. Ibid., p. 44s.

trário de várias outras escolas de psicologia, Jung nunca deixou que o pressionassem a "explicar" esse inconsciente por meio de uma teoria ou de um ensinamento religioso; para ele, o inconsciente sempre se manteve literalmente como aquilo que é desconhecido para nós, de imensuráveis profundidade e extensão.

Porém, os sonhos que vêm desse inconsciente são evidência de uma inteligência superior. É como se um espírito atemporal falasse conosco neles, "como se um sussurro do grande mundo das estrelas e do espaço infinito" nos tocasse, ou "de alguém morto há muito tempo, mas ainda perpetuamente presente na atemporalidade até o futuro"[8]. Estamos todos próximos desse espírito universal na infância, mas muitos se esquecem dele quando se tornam adultos. Jung, entretanto, nunca pôde se convencer a se esquecer dele, apesar de ele precisar se distanciar dele para não ficar preso ao mundo de sonhos da infância. Ele não queria perder a "inteligência superior" que ele sentia estar agindo nos sonhos. Ele suspeitava de que algo como um "espírito dos tempos" vivesse em N° 2, algo relacionado aos problemas históricos da nossa cultura. Diz Jung, "Apesar de nós, seres humanos, termos a nossa própria vida pessoal, ainda somos em grande parte os representantes, as vítimas e os promotores de um espírito coletivo cujos anos são contados em séculos. Nós bem podemos pensar a vida toda que somos donos do nosso próprio nariz e talvez nunca saibamos que somos, na maior parte do tempo, figurantes no palco do teatro mundial. [...] Consequentemente, pelo menos uma parte do nosso ser vive nos séculos"[9], e, dessa parte, vêm os sonhos importantes e impressionantes, que motivam um sentimento de que

---

8. Ibid., p. 66.
9. Ibid., p. 91.

eles estão preocupados com mais do que apenas pequenos problemas pessoais cotidianos.

Como o sonho, para Jung, era uma mensagem vinda de algo maior, algo desconhecido, que toca a pessoa a partir de dentro, que existiu e sempre existirá, era impossível para ele criar uma teoria intelectual do sonho; para ele, cada sonho tinha que ser desvendado sempre em sua singularidade e em seus novos significados. Apesar de ele ter ouvido milhares de sonhos em sua prática terapêutica e ter feito um esforço para interpretá-los, um sonho sempre permanecia para ele uma mensagem excitante e misteriosa da fonte criativa primitiva da natureza. Como é para todo mundo, para ele, o mais difícil era interpretar os próprios sonhos.

Uma vez, após um grande esforço, quando ele havia finalmente descoberto o significado de um sonho sutil meu, Jung enxugou a testa e exclamou, rindo: "Você tem sorte! Eu não tenho nenhum Jung para interpretar os *meus* sonhos!" Ele se diferenciava de Sigmund Freud em seu método de entender os sonhos. Durante o tempo em que eles trabalharam juntos, ele e Freud frequentemente contavam seus sonhos um ao outro; mas, uma vez em que Jung contou um importante sonho a Freud, tornou-se claro para Jung que ele não poderia aceitar as suposições teóricas de Freud. Nesse sonho, ele descia as escadas da "casa dele" até porões bem profundos, onde ele descobria artefatos arqueológicos. Bem no fundo ele encontrou uma sepultura pré-histórica com duas caveiras humanas e cerâmicas quebradas. O sonho era um esboço, por assim dizer, de seus últimos progressos. Ele desceu até camadas mais e mais profundas da alma dele. Freud, no entanto, preferiu entender o sonho em um nível pessoal e perguntou apenas sobre as caveiras; ele queria que Jung procurasse algo "assassinado", ou seja, reprimido, na alma dele. Jung enganou Freud com uma desculpa esfarrapada, pois ele sentiu que Freud talvez não tivesse entendido a interpretação dele[10].

Isso indica o quanto a interpretação dos sonhos depende de um acordo preciso entre os dois parceiros. Jung, de repente, sentiu que o sonho dele falava *dele*, da vida *dele* e do mundo *dele*, e que ele tinha que defendê-lo contra qualquer teoria derivada de outras pressuposições. Foi por esse motivo que, mais adiante, ele também deu a outros a liberdade que ele reivindicou para si mesmo; ele nunca impôs nenhuma interpretação a ninguém. Quando essa não convencesse naturalmente o sonhador, quando, de certo modo, ela não produzisse uma reação revigorante e liberadora de "arrá!" no último, então, a interpretação não estava correta, ou se, mais tarde, ela se mostrasse "certa", então, o sonhador não estava longe, no processo dele, de ser capaz de reconhecer isso. Por esse motivo, a interpretação dos sonhos para Jung sempre permaneceu um diálogo entre dois parceiros com direitos iguais e nunca se tornou para ele uma prática médica.

Os sonhos das pessoas criativas são, obviamente, os mais difíceis de entender, pois eles contêm sugestões de novas ideias e inspirações ainda desconhecidas para o eu. É por essa razão que os sonhos de Jung eram tão problemáticos: eles frequentemente incorporavam novas ideias que ele ainda tinha que formular no consciente. Uma vez, ele disse: "Naturalmente, o dia inteiro, eu tive ideias e pensamentos empolgantes. Mas eu incorporo ao meu trabalho apenas aquelas para as quais os meus sonhos me direcionam". Apesar de ele nutrir pouca esperança de que outros pudessem entender os sonhos dele, ele tinha o hábito de contá-los a alunos e amigos íntimos. Ele os "pintava" em grandes detalhes, adicio-

---

10. Cf. ibid., p. 158ss.

nando todas as ideias espontâneas (as chamadas *associações*) a cada imagem, e, muitas vezes, ao fazer isso, de repente reconhecia o significado do sonho; mesmo perguntas ingênuas de um ouvinte poderiam, às vezes, ajudar a guiá-lo para o caminho certo.

Os sonhos que antecipam o futuro são também especialmente difíceis de entender, pois só depois a pessoa percebe o significado deles. Mas os sonhos frequentemente antecipam, *sim*, o futuro. Entre povos primitivos, também entre os gregos e romanos da Antiguidade e durante a Idade Média, assim como entre pessoas simples da atualidade, os sonhos são vistos unicamente como informações que dizem respeito a acontecimentos futuros. Sendo assim, além da chamada interpretação causal dos sonhos de Freud, na qual se procuram nos sonhos causas passadas dos problemas do sonhador – por exemplo, experiências da infância –, Jung também buscava uma interpretação finalística, que reconhecia as propensões direcionadas a um objetivo futuro – tendências de cura, por exemplo, em casos de doenças psíquicas. No estado de vigília, muitos acontecimentos parecem ter tido uma motivação repentina, enquanto que, no inconsciente, eles têm uma longa história passada. Além disso, alguns sonhos parecem mesmo "saber" o futuro de algum modo que ainda não entendemos. O irritante é que, muito frequentemente, eles parecem se expressar de maneira "obscura". Se o espírito do sonho sabe tanto, por que ele não transmite isso de modo mais claro? Por que ele fala por meio de imagens em mosaico aparentemente sem significado, que temos que decifrar com grande dificuldade? Esse é o motivo pelo qual muitas pessoas reagem negativamente e dizem: "Os sonhos são apenas bobagens". Jung era da opinião que o inconsciente, que produz os sonhos, *não* sabe como expressar suas tendências e o seu "conhecimento" de modo mais claro, não por alguma espécie de malícia ou por inibição (conforme a teoria da censura de Freud), mas porque a consciência tem um efeito obliterador sobre o inconsciente. O elemento "esclarecedor" de um sonho é como a luz da vela, que diminui assim que alguém acende a luz elétrica da consciência do eu. É por isso que, ao examinar um sonho, a pessoa deve fechar os olhos um momento, ou seja, ela não deve operar rigidamente demais no nível intelectual, mas deve permitir que a intuição e o sentimento se expressem, e ter, afinal, um pouco de humor também, pois o espírito dos sonhos do inconsciente, às vezes, gosta de fazer piadas. Jung costumava rir quando alguém contava a ele um sonho que criticasse o sonhador; então, depois, ele mesmo percebia, de repente, para onde a "dica" do inconsciente estava dirigida.

Existe outra incerteza quanto aos sonhos que normalmente põe obstáculos no caminho da interpretação deles. Jung considerava todos os sonhos, em primeiro lugar, como dramas interiores, nos quais nós, os sonhadores, somos os atores, o cenário e os espectadores. Por exemplo, se eu sou perseguida em um sonho por um touro enfurecido, isso simboliza um sentimento meu, uma raiva selvagem dentro de mim, da qual eu não estou consciente, ou não estou consciente o bastante. Jung se referia a essa abordagem como interpretação em nível subjetivo, pois toda imagem de sonho simboliza algo psíquico no sonhador, no sujeito. No entanto, apesar de isso tornar possível a melhor e mais frequentemente precisa interpretação, nem sempre isso procede. Às vezes, sonhamos com algo que diz respeito a alguém que está próximo a nós; às vezes, até com elementos do mundo mais amplo. Sendo assim, Jung, uma vez, acalentava muitas dúvidas a respeito de uma paciente, e o tratamento parecia emperrado. Então, ele sonhou que via essa mulher sentada sobre uma espécie de balaústre de uma torre, olhando para ele, lá embaixo, sob a luz do final da tarde. Ele teve que inclinar a cabeça bem para trás para olhar para a paciente lá em cima nessa situação. Ele disse a si mesmo: "Se [...] eu tive que olhar para a paciente lá em cima desse modo, na realidade, eu provavelmente estive menosprezando-a"[11]. Quando ele contou à mulher o sonho e a interpretação que fez dele, o contato entre eles foi imediato e o tratamento avançou de novo. Jung chamava isso de aspecto compensador do sonho, que fornece um contrabalanço à unilateralidade.

Quando Jung sonhava com algo importante a respeito de alguém imediatamente próximo, ele quase sempre contava o sonho à pessoa em questão, frequentemente sem qualquer interpretação. O outro então ficava livre para decidir por si mesmo se o sonho dizia ou não respeito a ele. Mas acontecimentos em lugares mais distantes, às vezes, também se anunciam em sonhos ou em uma fantasia durante o estado de vigília que adentra a consciência. Em outubro de 1913, enquanto viajava de trem, Jung foi repentinamente tomado por uma "visão dominadora", que ele relata em *Memórias, sonhos, reflexões*. "Eu vi uma enchente monstruosa cobrindo todas as terras baixas ao norte, entre o Mar do Norte e os Alpes. Quando cheguei à Suíça vi que as montanhas estavam ficando cada vez mais altas para proteger o nosso país. Eu percebi que uma catástrofe assustadora estava em curso. Eu vi as poderosas ondas amarelas, os escombros flutuantes da civilização e os corpos afogados de incontáveis milhares. Então, o mar todo virou sangue"[12]. A visão voltou em um sonho subsequente, ainda mais horrível do que antes. Então, na primavera e no início do verão de 1914, ele sonhou que, no meio do verão, "uma onda fria do Ártico veio e congelou a terra". Entretanto, da terceira vez, o sonho teve um desfecho reconfortante; em toda aquela frígida ausência de vida,

---

11. Ibid., p. 133.
12. Ibid., p. 175.

ele viu uma árvore com folhas, mas sem frutos. ("minha árvore da vida", ele pensou), cujas folhas haviam se transformado pelos efeitos da geada em deliciosos cachos cheios de frutos curadores; ele colheu os cachos e os entregou a uma multidão que esperava[13].

De início, Jung achou que esses sonhos tinham um significado pessoal e temia que eles previssem o afloramento de uma psicose, já que a psicose, como se sabe, é muitas vezes anunciada por meio de sonhos de catástrofe cósmica. Podemos imaginar por que tormento e aflição interior ele passou naquela época! Então, em agosto de 1914, a Primeira Guerra Mundial eclodiu, e ele soube que os sonhos se referiam àquele acontecimento. Durante a guerra ele continuou com o seu trabalho, que, mais tarde, deixou para a humanidade.

Na verdade, ele havia tido uma experiência naquela época que fora similar àquelas dos curandeiros primitivos, que, aos olhos dos povos primitivos, costumavam sonhar com o futuro do mundo ou da tribo e podiam, com isso, alertar o povo antes de acontecimentos por vir. Ainda existem hoje, espalhados pelas florestas da Península do Labrador, alguns índios muito pobres, os Naskapi, que não têm uma religião tribal. Mas eles acreditam que cada um deles possui o Mistap'eo, o "Grande Homem no Coração", que representa o núcleo imortal da alma deles. É ele que envia os sonhos, e religião, para os Naskapi, significa simplesmente prestar atenção aos sonhos, dando a eles forma permanente por meio da pintura e do canto, e tentando entendê-los. Outras raças primitivas têm sacerdotes e rituais, mas os rituais são baseados em sonhos, e os sacerdotes são normalmente convocados ao ofício não por fatores externos, mas por sonhos. Entre muitos primitivos, consequentemente, certos sonhos são debatidos em públi-

---

13. Ibid., p. 176.

co. Mas eles só dão importância aos chamados "sonhos grandes", nos quais os deuses, os espíritos, os eventos cósmicos e os temas religiosos e mitológicos aparecem. Os outros, os "sonhos pequenos", meramente refletem aspectos pessoais do sonhador e não são levados em consideração. Jung também distinguiu, de modo semelhante, dois níveis do inconsciente, o "inconsciente pessoal", que contêm os complexos individuais, as memórias, os conteúdos reprimidos, e assim por diante, e o "inconsciente coletivo", no qual a estrutura psíquica básica é a mesma para todas as pessoas e o qual, consequentemente, expressa-se em pensamentos, sentimentos, emoções e fantasias, que aparecem da mesma forma em todas as pessoas. Os "sonhos grandes" vêm desse nível, e Jung os chamava de "sonhos arquetípicos". Por *arquétipos*, ele entendia aquelas predisposições psíquicas inatas ou padrões de comportamento mental comuns à espécie humana.

Segundo a visão de Jung, os sonhos grandes eram a substância primitiva na qual todas as religiões têm a sua origem. Os sonhos também exercem um papel importante no Antigo Testamento. Na Idade Média a Igreja reconhecia que certos sonhos podiam ter sido enviados por Deus, mas só admitiam aqueles que estivessem de acordo com os ensinamentos da Igreja; portanto, os sonhos eram censurados. Jung não aceitava isso. Ele dizia: "Qualquer pessoa que saiba correlacionar o sonho à sua consciência é livre para decidir essa questão conforme desejar, apesar de talvez estar se colocando inconscientemente como um *arbiter mundi* (juiz do mundo). Da minha parte, prefiro a preciosa dádiva da dúvida, porque ela não viola a virgindade de coisas além da nossa compreensão"[14]. Por essas "coisas além da nossa compreensão",

---

14. JUNG, C.G. *Psychology and Alchemy*, CW 12 [*Psicologia e alquimia*. Petrópolis: Vozes, 2011 (OC 12, parte 8)].

Jung se refere ao mundo misterioso do inconsciente, a partir do qual os sonhos emergem e em cujas profundezas nós jamais podemos verdadeiramente penetrar.

Jung anotou cuidadosamente todos os seus sonhos em um caderno especialmente guardado com esse objetivo e pintava ilustrações para acompanhá-los. Ele incentivava pacientes e amigos a fazerem o mesmo. Ele tratava um sonho como um cristal, que vamos girando em nossas mãos para iluminarmos todas as facetas. Mas, quando ele entendia, por meio de um sonho, o que o inconsciente queria dele, ele obedecia imediatamente. Por exemplo, na juventude, ele e um amigo, uma vez, fizeram uma viagem de bicicleta pela Itália. Na viagem, ele sonhou com um velho sábio que fazia perguntas a ele, e ele entendeu a partir do contexto delas que ele deveria se dedicar a certos textos mitológicos que, na época, continham, para ele, problemas ainda não pesquisados e que, suspeitou ele, prenunciavam o seu trabalho futuro. Apesar de ter planejado ficar mais três dias na Itália, ele pôs sua bicicleta no trem e voltou para casa, para o desgosto do companheiro dele. Mas ele obedeceu imediatamente, de tão a sério que ele levava os sonhos.

A função de contrapeso e de cura dos sonhos provavelmente também tem um efeito sobre as pessoas que não prestam atenção a eles; mas quando a pessoa presta atenção e os compreende, então o efeito é tremendamente reforçado e é, consequentemente, segundo a visão de Jung, um dos melhores meios de tratar de problemas psíquicos e desorientações interiores. Mais do que isso, os sonhos nos ajudam a alcançar nossa plenitude interior, aquele estado que Jung denominou "individuação".

Quando prestamos atenção aos nossos sonhos, uma tendência autorreguladora na alma entra em ação, contrabalançando a unilateralidade da consciência ou completando-a, para que uma espécie de plenitude e uma condição ideal de vida sejam obtidas.

As transições típicas na vida de um indivíduo, que geram o seu amadurecimento gradual– como, por exemplo, a puberdade, o casamento, o recolhimento na idade mais avançada, a preparação para a morte – são planejadas e administradas pelos sonhos. É interessante que os sonhos imediatamente anteriores à morte da pessoa não mostrem a morte como um fim, mas como uma modificação de estado, por exemplo, por meio de imagens de uma longa jornada, de mudança para outra casa, ou de reencontro com pessoas que já morreram.

Os sonhos de indivíduos criativos são especialmente significativos. Sabemos, a partir da história da ciência, que muitas grandes descobertas, mesmo na química e na matemática, foram inspiradas em sonhos. O químico russo Dmitry Mendeleyev, por exemplo, que descobriu a ordem dos elementos de acordo com o peso atômico deles, ficou fazendo experimentos, uma noite, com um baralho de cartas, como se jogasse paciência, para determinar a ordem dos elementos e estabeleceu essa ordem. Naquela noite ele sonhou que o sistema estava basicamente correto, mas que ele deveria fazê-lo girar $180°$. Ele fez isso no dia seguinte, e a ordem ficou então totalmente correta! É bem conhecido o fato de que poetas e pintores costumam retirar a inspiração de sonhos. Robert Louis Stevenson, por exemplo, teve um sonho com o tema básico de seu romance *O médico e o monstro*. Pode-se até dizer de Jung que ele baseou o trabalho de sua vida em uma análise meticulosa de seus sonhos. Por exemplo, antes de ele se dedicar ao simbolismo da alquimia, ele sonhava repetidas vezes que descobria uma ala ou um anexo em sua casa que, até então, era desconhecido. Lá, em um sonho posterior, ele descobriu uma magnífica biblioteca, com livros dos séculos XVI e XVII. Alguns dos volumes continham gravuras com símbolos estranhos. Por volta da mesma época desses sonhos, ele recebeu um livro de alquimia, que havia encomendado de um vendedor de livros e que continha exatamente as mesmas figuras. Ele percebeu como era vital para ele estudar aquele simbolismo em especial. Essa coincidência entre o tema de um sonho e um acontecimento exterior com um significado idêntico, no qual não pode ser provado que um foi produzido casualmente pelo outro, Jung denominou "fenômeno sincronístico". Se você observar os seus sonhos com regularidade, verá que tais coincidências significativas de eventos exteriores e interiores ocorrem com relativa frequência. Assim, a pessoa se defronta com o segredo ainda não desvendado, e com a relação entre o inconsciente e a matéria, e a psicologia profunda e a física atômica. Segundo uma das hipóteses finais de Jung, o caminho se faz por meio dos números.

Jung achava que, por meio do inconsciente, ou seja, por meio de seus sonhos e de suas fantasias em estado de vigília, ele havia recebido uma mensagem que dizia respeito não só a ele pessoalmente, mas a muitos outros também. Ele compreendeu que deveria viver uma experiência primitiva e, depois, explicá-la em sua obra. Ele dizia: "Foi então que eu passei a me dedicar ao serviço da psique. Eu adorava e odiava isso, mas era a minha maior riqueza. Entregar-me a isso, por assim dizer, foi o único modo pelo qual eu pude suportar a minha existência e viver o mais plenamente possível"[15]. Esse "serviço da psique" ao qual Jung se dedicou, como um cavaleiro à sua Alma Soberana, foi recompensador para ele; ele teve sonhos mais profundos e mais impressionantes do que as outras pessoas e, ao final da vida, poucos dias antes de morrer, ele teve um sonho que ele pôde contar. Ele viu uma pedra arredondada sobre ele em um lugar alto – a Pedra do Sábio – e nela estavam gravadas as seguintes palavras: "E este é um sinal para você da sua Plenitude e da sua Singularidade".

---

15. JUNG, C.G. *Memories, Dreams, Reflections*. Op. cit., p. 192.

3 O sonho de Sócrates

Em seu recente livro sobre Sócrates[1], Olaf Gigon examinou e analisou a chamada tradição socrática com verdadeira penetração filológica. Ele chegou à conclusão de que, quando a questão da personalidade histórica de Sócrates é levantada, a tendência é reconhecermos que não sabemos quase nada sobre ele[2]. O que sabemos é que ele era ateniense, filho de um pedreiro e escultor, Sofroniscus, e que ele nasceu por volta de 470 a.C. e morreu na prisão, após ter sido condenado à morte, em 399 a.C. – e também que a acusação feita contra ele foi de ele ter adotado novas divindades e corrompido os jovens – uma acusação que infelizmente não pode ser interpretada inequivocamente. Talvez a aparência feia, quase grotesca, dele, que parece sugerir uma natureza sensual, e o fato de ele possuir um *daimonion* – qualquer que tenha sido esse – deveriam ser acrescentados ao contexto histórico. Tudo o mais, na estupenda literatura a respeito dele, está cheio de contradições. Nesses escritos, ele é apenas uma imagem que cada autor e cada texto descreve de modo diferente; sendo assim, como afirma Gigon, ele era um "impulso puro", uma força primordial "que talvez possamos perceber, mas nunca nomear". Gigon afirma ain-

---

[1] GIGON, O. *Sokrates*: Sein Bild in Dichtung und Geschichte. Berna: A. Francke, 1947.
[2] Ibid., p. 16.

da que a maior parte da tradição que diz respeito a Sócrates não só é imprecisa "inconscientemente", mas uma ficção deliberada, no sentido de ser uma desvirtuação intencional do material factual[3].

À primeira vista, há pouco a acrescentar ou a contestar a esse respeito do nosso ponto de vista psicológico. Em vez de falar de uma força primordial, deveríamos fazer uma formulação diferente e dizer que Sócrates havia evidentemente atraído a projeção de uma imagem arquetípica, presumivelmente a imagem primordial do velho sábio, e que cada um dos discípulos dele, inspirados e, ao mesmo tempo, cegos por essa projeção, fazia uma imagem diferente dele.

Poderíamos ter motivos até certo ponto para questionar a teoria de uma invenção deliberada. A crítica feita por Gigon de que os diálogos de Platão contêm detalhes não históricos se aplica não apenas à estrutura da obra dele, por exemplo, a nomes, idades e assim por diante, dos oradores. Mas isso não prova que Platão não seja de confiança em se tratando do conteúdo principal dos diálogos. Na verdade, eu estou convencida de que em tudo que diz respeito ao caráter de seu reverenciado mestre, ele se esforçava em ser o mais leal possível. Tudo isso, no entanto, mal valeria uma discussão se os diálogos platônicos não nos fornecessem dois dos sonhos de Sócrates[4], que, até hoje, os filólogos não consideram material histórico autêntico. Há, reconhecidamente, uma tentativa interessante de interpretar um dos sonhos dele por parte de G.D. Castelli[5] mas eu pretendo avançar bem mais na interpretação do que ele.

---

3. Ibid., p. 59ss.

4. Há também um sonho extra em Apuleio: *De Platone*, Lib. I, 1.

5. CASTELLI, G.D. *Posdomani a Ftia*. Verona: [s.e.], 1951. O que Castelli enfatiza é o problema da *anima*.

O primeiro sonho é bem conhecido; diz respeito ao famoso trecho de *Fédon*, no qual Cebes pergunta a Sócrates por que ele pôs as fábulas de Esopo em verso e compôs um hino para Apolo. Sócrates responde que ele fez isso:

> para descobrir o significado de certos sonhos, e tirar o peso da consciência dele[6] – se *essa* porventura for a música a que eles muitas vezes me ordenaram que eu me dedicasse. Pois eles foram no seguinte sentido: várias vezes na minha vida, o mesmo sonho me visitou, aparecendo em *épocas diferentes*, de *formas diferentes*, ainda que sempre dizendo o mesmo: "Sócrates", dizia o sonho, "faça música e trabalhe"[7]. E eu outrora supunha que isso me estimulava e me encorajava a continuar a busca na qual eu estava empenhado, como aqueles que torcem nas corridas, ou seja, a me dedicar à música, já que a filosofia é a mais alta *mousiké* [música], e eu era dedicado a ela[8]. Mas agora que meu julgamento aconteceu, e o festival dos deuses atrasou a minha morte, parece-me que, se por acaso o sonho tão frequentemente me ordenasse a me dedicar à música popular, eu não devo desobedecê-lo, mas segui-lo. [...] Sendo assim, então, em primeiro lugar, eu compus um hino ao deus cujo festival estava acontecendo (Apolo) e pus em verso aquelas fábulas de Esopo [...][9].

---

6. Cumprir a missão religiosa dele.
7. A última frase da tradução foi alterada aqui para concordar mais rigorosamente com o texto grego.
8. No sentido de "qualquer coisa no domínio das musas".
9. PLATÃO. "Phaedo". *Five Dialogues of Plato*. Londres: J.M. Dent, 1917, p. 137.

Segundo a interpretação de Jung, esse deve ser encarado como um sonho de compensação[10]. A atitude de Sócrates foi racional demais, e o inconsciente tentou em vão alertá-lo de que ele deveria voltar a atenção dele para seu lado emocional. Que o próprio Sócrates não entendeu seu sonho é claramente mostrado pelo fato de que, antes de sua morte, ele foi assolado pela dúvida e recorreu ao expediente inadequado e primitivo de obedecer ao comando do sonho literalmente. Nós temos, no entanto, um segundo sonho. Em *Crito*, em que, vocês devem se lembrar, Crito oferece ao amigo dinheiro e um modo de escapar para a Tessália, que Sócrates recusa, aparentemente porque ele não desobedece à lei, a seguinte conversa ocorre[11]: Crito diz que ele tem más notícias: o navio de Delos foi avistado e é esperado para o dia seguinte; sendo assim, Sócrates terá que morrer no dia após o seguinte. Sócrates responde que ele não acredita que o navio vá chegar no dia seguinte[12]. Prova disso é o sonho que ele teve pouco tempo antes, naquela mesma noite, e, na verdade, Crito quase o havia acordado no momento errado.

Sócrates, então, conta seu sonho:

> *Sócrates*: Eu acho que vi a bela forma de uma linda mulher se aproximando de mim, vestida com um traje claro[13], e ela me chamou, dizendo: "Ó, Sócrates, no

---

10. JUNG, C.G. *English Seminar on the Interpretation of Visions*. Vol. 1. Zurique: [s.e.], 1930, p. 13ss.

11. PLATÃO, *Crito*, 44. Cf. *The Works of Plato*. Vol. 1. Londres: Henry G. Bohn, p. 32.

12. "Amanhã", em nossa compreensão de tempo, significaria "hoje à noite" após as seis horas da noite; pois, em Atenas, o dia começava às seis horas da noite. Consequentemente, "hoje" significa o nosso "hoje" até as seis horas da noite, e "não amanhã" significa "não hoje à noite".

13. O texto grego original contém "branco". "Claro" é uma liberdade do tradutor.

terceiro dia após o período fértil[14], Ftía virá até você![15]

Crito: Que sonho singular, Sócrates.

Sócrates: Não há dúvidas quanto ao significado, Crito, creio eu.

Crito: Sim, o significado é claro até demais[16].

Olaf Gigon afirma em relação a esse episódio que ele "dá a impressão de um interlúdio peculiar sem qualquer significado profundo"[17].

Para sermos capazes de julgar se tal sonho é uma ficção literária ou genuíno, não temos nenhum sintoma anterior para nos guiar. Sendo assim, não nos resta nenhuma escolha senão analisá-lo de modo bastante puro, sem ideias preconcebidas, segundo os nossos métodos. Se descobrirmos que o sonho rende mais do que poderíamos inferir dele, por mais que tentássemos, ou seja, que ele produz um significado impressionante, aparentemente tão óbvio e tão impossível de descobrir, o que sempre nos impressiona em um sonho genuíno, então ele deve ser genuíno. Como essa foi a impressão que o sonho causou em mim quando eu estava tentando interpretá-lo, eu gostaria de apresentar essa interpretação aqui.

É óbvio que a figura alva e nobre de uma mulher é a *anima* de Sócrates, que veio levá-lo para o além, ou terra dos mortos[18]. Isso faz parte, em princípio, de uma ideia disseminada, segundo a

---

14. Ou "argiloso", no sentido de frutífero; cf. abaixo.
15. *"Hemati ken tritato Phtien eribolon hikoio."*
16. Ou concreto: *enargés* na língua da antiga teoria dos sonhos é algo que se realiza no plano objetivo.
17. GIGON, O. *Sokrates...* Op. cit., p. 82-83.
18. Castelli também interpreta a mulher branca como a "mensageira da morte".

qual, antes da morte de um homem, a "alma do mato", ou o "duplo" dele ou a imagem da alma, provavelmente aparece. Branco também era a cor do reino dos mortos e do luto em Esparta, Roma e Messina. O que me surpreendeu foi que essa figura de *anima* aparecesse em uma forma tão branca e nobre, quando sabemos que Sócrates era casado com Xântipe e nunca foi capaz de qualquer contato que se aproximasse daquele de Eros com qualquer mulher. Pelo contrário, ele continuou, até o fim da vida, a ser amante de jovens atenienses, o que nos faz esperar que a *anima* nele tenha permanecido não desenvolvida. A figura branca, no entanto, lembra Diotima, a sábia de Elis, que, como afirma Sócrates no *Simpósio*, revelou a ele o mistério do Eros platônico, iniciando-o com isso no mundo das ideias.

Para esclarecer o problema, temos primeiro que buscar material moderno paralelo a esse. No *Seminar on Children's Dreams, 1939-1940*[19], foi discutido um caso em que a *anima* de um jovem parecia de fora ser de tal natureza que ela se recusava a se conectar com o lado instintivo, tanto que a tendência na direção de uma divisão trágica entre mais alto e mais baixo parecia ter existido desde o começo. Aos cinco anos de idade ele sonhou que via uma garota no banheiro, onde ela estava lavando as mãos. Ele gostava muito da menina, mas era muito tímido. Um sentimento doloroso de separação se apoderou dele, e ele acordou. Assim termina o sonho. Tempos depois ele se apaixonou por uma moça que tinha a qualidade travessa típica da *anima*, e, por não ser capaz de se relacionar com ela, mergulhou em um estado grave de dissociação neurótica. Ele nem conseguia se decidir a se casar com a moça, nem desistia dela. O banheiro – segundo a interpretação de Jung do so-

---

19. JUNG, C.G. *Psychologische Interpretation von Kinderträumen*. Zurique: [s.e.], 1939-1940, p. 43ss.

nho – é o lugar onde um menino desenvolve suas primeiras fantasias sexuais, o lugar onde as funções naturais são exercidas, e onde as imagens do inconsciente coletivo, sempre ligadas a processos instintivos, entram em ação; portanto, a *anima* é encontrada aí. Ela assume o lugar da imagem da mãe, à qual as fantasias sexuais não podem ser aplicadas. Mas a menina do sonho está lavando as mãos, ela não tem nada a ver com as fantasias sexuais sujas do sonhador. Isso levou ao começo de uma cisão dentro dele. Se ele deseja evitar se tornar a vítima da sublime *anima* dele, que o aliena da vida, ele deve se separar da imagem altiva, pura e ideal dela, para alcançar o lado negro dele e ser capaz de desenvolver seus instintos animais.

Essa predisposição fatal de sofrer uma cisão é normalmente encontrada nos homens – como Jung enfatizou na época – e frequentemente se expressa mais tarde na omissão de Eros, que constitui a essência da *anima*. A sexualidade por si só é raramente cindida, já que sua presença é evidente demais, mas a função do relacionamento é rejeitada, e o homem geralmente se esforça para *substituí-la pela racionalidade*. Ao fazer isso, todavia, ele decepciona a mulher, pois a primeira coisa que ele busca em um homem é Eros, a possibilidade de relacionamento.

O fato de que a figura da *anima* no sonho de Sócrates tem esse caráter não mundano e puro – associado ao fato de que a esposa estava profundamente decepcionada com ele e provavelmente tentava despertar a consciência dele acerca dos próprios sentimentos por meio das notórias cenas dela – parece-me apontar para o problema mencionado acima. Sócrates realmente colocou a razão no lugar da função do relacionamento e se orgulhava de parecer descompromissado, livre e nem ligado por emoções nem sentimentos. A falta total de comprometimento na famosa despedida dele à esposa em *Fédon* não é nada menos do que assustadora;

ela teve que ir à prisão, levando o filho pequeno e, quando ela viu os amigos dele conforme eles entravam, ela chorou alto e gritou: "Sócrates, seus amigos vão falar com você pela última vez agora, e você com eles". Mas Sócrates, olhando para Crito, disse: "Crito, faça com que alguém a leve para casa". Depois disso, alguns dos servos de Crito a levaram embora, chorando e se debatendo[20]. Isso segundo Platão. Há outro relato ainda mais grosseiro. Alcibíades reclamava a Sócrates dos constantes escândalos de Xântipe. Sócrates respondeu: "Eu estou tão acostumado a isso quanto ao ruído de um moinho. Provavelmente, você atura a tagarelice dos gansos na sua propriedade"[21]. Alcibíades retrucou: "Mas os gansos me fornecem ovos e filhotes". E Sócrates: "Xântipe também me deu filhos".

Quer isso seja historicamente verdadeiro ou não, Xântipe se tornou o protótipo da contrapartida irritável e furiosamente emocional de um filósofo. Decepcionada e levada ao desespero pela indiferença de Sócrates, que era admirada pelos seus seguidores como superioridade filosófica e *apatheia*, Xântipe reagiu à altura. Lamprocles, o filho mais velho de Sócrates, sofria, segundo diziam, consideravelmente devido ao comportamento da mãe[22], e a alegada morte dele, antes da do pai, pode muito bem estar ligada a esse conflito. Em oposição à *Apologia* de Platão, uma velha história[23] diz que Sócrates tinha três filhos e que dois deles morreram antes do pai. Quando, durante um dos discursos filosóficos de Sócrates, alguém foi informá-lo de que seu filho, Sofronisco, havia morrido, dizem que Sócrates prosseguiu calmamente e comentou

---

20. PLATÃO "Phaedo". Op. cit., p. 126.
21. GIGON, O. *Sokrates...* Op. cit., p. 116.
22. Ibid., p. 121.
23. Ibid., p. 126.

um tempo depois: "Agora, vamos cumprir nossa obrigação em relação a Sofronisco, como prevê a lei". Essas histórias mostram claramente que Sócrates certamente não tinha nenhuma ligação firme com o mundo por meio de sua função do sentimento; na verdade, ele conscientemente evitava todos os tipos de amarras. Daí, a cor branca "não mundana" da figura da *anima*, que evidentemente não se tornou pura e branca ao final da vida dele, mas nunca realmente entrou na rede multicolorida da vida de modo algum.

O intervalo de três dias, ainda de acordo com Sócrates no sonho, deve ser tomado, em primeiro lugar, como um manifesto objetivo, ou seja, relacionado a uma realidade exterior. Essa também é a conclusão que o próprio Sócrates tirou do sonho. O aspecto simbólico, no entanto, não pode ser completamente omitido; Sócrates pode ter tido o sonho na noite anterior ou na noite posterior – por que então precisamente *três* dias? Além dos inúmeros outros aspectos vinculados ao significado do número três, ele está particularmente associado aos deuses ligados ao destino, como, por exemplo, as três nornas, as antigas deusas alemãs do destino; as três moiras dos gregos; e as três parcas dos romanos (que chamamos de três fates) e assim por diante; e, mais além, com o simbolismo do tempo, com suas três fases de passado, presente e futuro. Nos contos de fada, o herói e a heroína normalmente passam por três estágios parecidos, encontrando três casas de bruxas; três eremitas; três ajudantes, como o Sol, a Lua e o Vento, antes de alcançar o objetivo. Além disso, "três" está, em sua maior parte, ligado a um processo dinâmico ou a uma sequência de eventos que acontece ao longo do tempo[24]. Sendo assim, por conta desse elemento dinâmico, que o une ao domínio instintivo, o "três está nor-

---

24. ALLENDY, R. *Le Symbolisme des Nombres*. 2. ed. Paris: [s.e.], 1948, p. 41.

malmente associado com os deuses ctônicos, Hécate, Cérbero, entre outros, que representam as forças do instinto. O tema dos três estágios nos contos de fada também deve ser entendido no sentido de: 1-2-3 e então ocorre a lise: 4! Portanto existem quatro, mas o quarto não pertence a um curso dinâmico de eventos; é o próprio objetivo, a estabilização fora do tempo. No sonho que estamos analisando aqui, temos a mesma situação: três dias e então ocorre a chegada a Ftía, à terra dos mortos, onde o tempo não existe mais. Os três dias nos mostram que, agora, um destino inevitável está sendo cumprido, *que um processo psicológico está começando, o qual a consciência é incapaz de alterar em qualquer sentido.*

Se Sócrates ainda considerasse a possibilidade de escapar, o sonho mostra por meio do tema dos "três" que, por razões internas, ele não podia mais fazer isso.

Após interpretar o sonho do rapaz citado acima, mostrando uma forma do problema da *anima*, Jung prossegue dizendo que, nesse caso, o jovem deveria tentar escapar da *anima* e lutar para voltar para o mundo, para se desenvolver com a ajuda de seu lado instintivo. Ele deve descer à realidade, atravessando o vale escuro dos instintos, pois o caminho para a descoberta da mulher segue de baixo para cima, não de cima para baixo. Esse é o "caminho repulsivo, turvo e vazio que leva ao bosque dos prazeres de Afrodite", cuja lembrança fez até Parmênides estremecer[25]. Tomar esse caminho significa uma separação dolorosa da fascinação da figura alva da *anima*.

Se falta coragem para que o indivíduo se liberte, existe o perigo de ele se tornar possuído pela imagem da alma. Um homem en-

---

25. DIELS, S.H. *Die Fragmente der Vorsokratiker*. Vol. 1. 3. ed. Berlim: [s.e.], 1912, p. 164. • Hippol, ref. V. 8.

tão se torna idêntico à *anima* dele e frequentemente sucumbe à homossexualidade[26]. Até que ponto a *anima* no caso de Sócrates era "Ela Que Deve Ser Obedecida", o diálogo *Crito*[27] mostra de forma muito contundente: a partir do ponto de vista racional exterior, era fácil para Sócrates escapar da prisão, mas ele permaneceu fiel ao seu sonho. Ele descreve essa fé como a obediência às leis de Atenas, mas é personificado em uma forma feminina que ele faz a *polis* (cidade) argumentar com ele: "Nós o pusemos no mundo [...] nutrimos e educamos você [...]" Como então, pergunta Sócrates, ele pôde cometer um ato violento contra a *patris* (cidade natal) ou a *polis* (Estado) dele? A *polis* deve claramente ser compreendida aqui como uma figura de mãe, como *metropolis*. E isso finalmente nos leva ao verdadeiro ponto principal? Essa forma da *anima* é simplesmente uma faceta da *imagem da mãe*, se*ria ela um ideal elevado demais do princípio feminino, que é vivenciado por um filho que se agarra à mãe com um sentimento exagerado de reverência. Ser incapaz de se livrar dessa figura e alcançar o mundo é uma característica do complexo de mãe*[28]. A lei individual de desenvolvimento, que exigiria uma infidelidade temporária e o afastamento da mãe, é, consequentemente, evitada[29]. Não escapar dessa *anima*, mas se apaixonar por ela, significa, como diz Jung, ser atraído para longe da vida. Essa possessão pela *anima* parece muitas vezes ser escorada por um complexo de pai simultâneo, quando as circunstâncias dificultam o crescimento do

---

26. JUNG, C.G. *Psychologische Interpretation von Kinderträume*. Op. cit., p. 55.
27. PLATÃO. *Crito* 50d-e. Cf. *The Works of Plato*. Vol. 1. Op. cit., p. 40.
28. JUNG, C.G. *Psychologische Interpretation von Kinderträumen*. Op. cit., p. 58ss.
29. Cf. tb. JUNG, C.G. *Aion*. Zurique: Rascher, 1951. • JUNG, C.G. *Aion*: Estudos sobre o simbolismo do si-mesmo. Petrópolis: Vozes, 1981, p. 28ss. • JUNG, C.G. *Spring*. [s.l]: [s.e.], 1950, p. 3ss.

filho sob um pai que o eclipsa. Nesse sentido, temos uma lenda singular a respeito de Sócrates, que Plutarco preservou. O pai dele, o pedreiro e escultor Sofronisco, foi, segundo dizem, instruído pelos deuses para permitir que o filho fizesse o que lhe passasse pela cabeça, e simplesmente rezar por ele ao Zeus da Ágora e às musas; pois Sócrates havia recebido um guia para a vida toda, melhor do que mil professores e educadores – uma referência ao *daimonion*[30]. Mas, com certeza, Sofronisco jamais teria recebido esse conselho dos deuses se ele não tivesse mostrado uma tendência a reprimir o filho e a criá-lo de modo severo demais.

Não sabemos praticamente nada da mãe de Sócrates; é impressionante que ele nunca faça alusão alguma a ela nos diálogos platônicos, exceto em um, quando o faz mais significativamente, ao final de *Teeteto*, quando ele descreve sua arte de educar os jovens como *maiêutica* – como a habilidade da parteira. Nesse trecho, ele afirma que procura jovens rapazes com mente ricamente dotada e "fecunda" e, por meio de questionamentos e testes, ele remove os obstáculos que estão atrapalhando o nascimento desses embriões de pensamento[31]. Ele termina o diálogo assim: "Tanto eu quanto minha mãe recebemos esse talento de parteira de Deus – ela em relação às mulheres, e eu, por outro lado, em relação a jovens rapazes que são eficientes e bons [...]". Sendo assim, Sócrates se identifica com a mãe dele, é a profissão *dela* que ele pratica no campo psicológico e intelectual. Ele é tão completamente envolvido por essa figura *anima*-mãe, que é só por meio dela que ele consegue influenciar o mundo e seus companheiros. *A mulher branca do sonho dele e Diotima são certamente também imagens da mãe. Nesse caso, entretanto, a mãe significa o*

---

30. GIGON, O. *Sokrates*. Op. cit., p. 111.
31. PLATÃO, *Theatetus* 210c-d. Cf. *The Works of Plato*. Vol. 1. Op. cit., p. 455.

mundo além, o paraíso, a lembrança das imagens arquetípicas, das quais quem nasce neste mundo deve se libertar[32]. É perigoso, afirma Jung, para o homem que ele permaneça preso nesse mundo perdido, porque, então, ele vai evitar pisar no chão firme, e então nunca vai nascer. Tais pessoas dão a impressão de um desenvolvimento curiosamente em suspensão. Elas não conseguem tocar o mundo e pegá-lo, por assim dizer, com os dedos, pois ele é sujo. Um homem que está sob o feitiço da *anima* nesse grau se torna incompetente, porque o desenvolvimento dele foi impedido. Nesse sentido, devemos nos lembrar de que Sócrates foi acusado de *argia*, de vadiagem e de corromper menores à vadiagem. Aqui, devo retomar um ponto do primeiro sonho mencionado. O comando no sonho em grego é o seguinte: *O Sokrates, mousikén póiei kái ergázon*, que costuma ser interpretado como: "Faça música e trabalhe nisso". Mas eu acho que o significado está mais para: "Faça música e trabalhe" – ou seja, o sonho passa duas tarefas a ele: compor música, ou seja, desenvolver a função sentimento dele, *e* trabalhar, para que ele pudesse alcançar e realmente entrar na realidade da terra, no sentido mencionado acima, em vez de gastar todo o tempo filosofando na *ágora*, no mercado. É verdade que apenas os artesãos, de cuja classe Sócrates se originou, trabalhavam em Atenas, não os ricos; mas os ricos tinham deveres políticos. Sócrates, entretanto, foi mantido fora da política pelo *daimonion* dele e, portanto, não trabalhava nada; o que os oponentes dele consideravam um escândalo[33].

A identidade com a mãe e a ideia de que Sócrates exercia a profissão dela coincidem de modo significativo com o fato de que,

---

32. JUNG, C.G. *Psychologische Interpretation von Kinderträume*. Op. cit., p. 58ss.
33. GIGON, O. *Sokrates*. Op. cit., p. 138-139.

segundo a tradição, Sócrates nasceu durante as chamadas targélias[34]. O mês se chamava targélio, o décimo primeiro no ano ateniense, que durava de, aproximadamente, 24 de abril a 24 de maio[35]. Em 6 e 7 de targélio, o festival das targélias era celebrado, um festival de colheita no qual as primeiras frutas do campo eram oferecidas aos deuses. O sexto dia do mês, aniversário de Sócrates, era considerado o aniversário de Ártemis Ilítia, a que auxiliava nos partos, portanto a deusa-parteira! As sacerdotisas dela vestiam roupas brancas. Essa Ártemis não é a caçadora esbelta que conhecemos na arte helenística, mas uma mãe deusa imponente, normalmente retratada com muitos seios[36]. O sétimo dia de targélio era aniversário de Apolo e, alegadamente, também o de Platão. Em tempos remotos, no sexto dia de targélio, realizava-se um costume peculiar: duas criaturas especialmente feias e corporalmente disformes, um homem e uma mulher, eram selecionados, cobertos – ele com vestes de cores escuras e ela com vestes brancas – e levados para fora da cidade, onde eles eram solenemente amaldiçoados e todo tipo de doença e praga eram rogados contra eles. Em tempos mais remotos ainda, eles eram queimados na mesma hora. Era, portanto, um ritual de purificação, que correspondia ao bode expiatório judeu. Essas vítimas eram chamadas de *pharmakoi*, de *pharmakon* ("remédio"), porque elas curavam a cidade (purificavam-na do pecado). Mais para o fim do século V, o costume de sacrificar pessoas parou de existir na Grécia, e os *pharmakoi* eram apenas amaldiçoados, mas não eram mortos. É realmente curioso lembrar que Sócrates era famoso por sua feiura, e que

---

34. Plural de *Thargelion*.
35. GIGON, O. *Sokrates*. Op. cit., p. 107.
36. Cf. HOENN, K. *Artemis:* Gestaltwandel einer Göttin. Zurique: Artemis-Verlag, 1946.

os historiadores, apesar de bastante esquecidos da analogia tradicional, muitas vezes ressaltaram o ponto de que o processo contra Sócrates foi instaurado com o objetivo de encontrar um bode expiatório, para dar ao povo de Atenas, que estava agitado e insatisfeito após o resultado infeliz da Guerra do Peloponeso, algo impactante, como uma diversão – uma espécie de para-raios. O calendário ateniense de dias festivos, assim como o simbolismo astrológico, é, por assim dizer, uma projeção de imagens arquetípicas no fluxo do tempo e, visto naquele período de tempo simbolicamente qualificado, Sócrates indubitavelmente nasceu um *pharmakos*. Segundo a lenda, o protótipo dessas pessoas que eram sacrificadas era um homem chamado Pharmakos, um inimigo de Aquiles[37], que foi apedrejado pelo último por profanar um templo.

Isso nos leva à segunda parte da frase do sonho, que diz respeito à "fértil Ftía". O epíteto *eribolos*, empregado a Ftía, significa "muito fértil" e, naquelas regiões do Sul, onde o solo é, em sua maior parte, leve e arenoso, em vez de argiloso, isso significa o mesmo que "frutífero". O aspecto terroso, argiloso até, do Além e da Terra dos Mortos é enfaticamente ressaltado, presumivelmente, como uma compensação pela vida de Sócrates, que era, até então, distanciada da terra.

Nesse sentido, deveríamos perguntar qual era realmente a atitude de Sócrates em relação ao mundo de desejos e instintos impulsivos. A atitude dele parece ter sido notavelmente superior e desligada. O afastamento dele da natureza é evidente no diálogo introdutório de *Fedro*, no qual ele admite para o companheiro dele, que o havia levado a um prazeroso assento sob um plátano, que ele praticamente nunca havia saído da cidade, pois "árvores e campos não

---

37. Para o significado de Aquiles em relação a Sócrates, cf. abaixo.

podiam ensinar nada a ele, mas os homens da cidade podiam"[38]. E qual é a ligação dele com os animais? Vocês provavelmente devem conhecer a anedota segundo a qual o *daimonion* o alertou, enquanto ele atravessava Atenas, em uma conversa profunda com um amigo, a entrar em uma rua lateral e, mal ele acabou de fazer isso, uma vara de porcos veio descendo a rua correndo, pisando e jogando lama em todos os transeuntes, incluindo amigos dele, que não dobraram onde ele havia dobrado repentinamente[39]. Um relato antigo impressionante também explicava que a acusação levantada contra Sócrates de que ele procurava introduzir novas divindades[40] significava que ele recomendava que se idolatrasse cães e pássaros[41]. O juramento preferido dele, *pros kyna* ("pelo cachorro"), foi interpretado nesse sentido. Além disso, não restam dúvidas de que a natureza animal dele em geral era projetada em Xântipe que, nas anedotas, ele sempre compara a um cavalo que é difícil de montar[42], um ganso, e assim por diante. Os relatos que tratam dessa questão me parecem obscuros demais para garantir quaisquer conclusões definitivas, mas, pelo menos, parece provável que, no caso de Sócrates, a natureza animal cumpra um papel ambivalente: rejeitada e, ao mesmo tempo, "divina". Isso está certamente ligado ao afastamento dele da natureza e da realidade, que é compensada no sonho pelo tema da "fértil Ftía". Isso enfatiza, por assim dizer, "pois tu és pó e ao pó hás de voltar". Sócrates não viveu a Queda, nem, em

---

38. PLATÃO. "Phaedrus". *Five Dialogues of Plato*. Londres: J.M. Dent, 1917, p. 209ss.
39. PLUTARCO. "De Genio Socratis". *Opera Moralia* (Obras Morais). • JUNG, C.G. *English Seminar on the Interpretation of Visions*. Vol. 1. [s.l.]: [s.e.], p. 13ss.
40. PLATÃO. *Apology*, 23d. Cf. *The Works of Plato*. Vol. 1. Op. cit., p. 10.
41. Comentário a Platão. *Apology* 23d. Cf. tb. GIGON, O. *Sokrates*. Op. cit., p. 72.
42. GIGON, O. *Sokrates*. Op. cit., p. 117.

consequência disso, comeu "o pão com o suor do rosto", até voltar "à terra". É por isso que essa volta à terra apenas na morte é enfatizada. O assustador caminho argiloso e profundo, mencionado acima, que leva a Afrodite (como diz Parmênides), é também o caminho da morte que leva a Perséfone.

Ftía, na verdade, é um distrito em Tessália, e a última, situada no centro da Grécia, era renomada e notória em todo o mundo da Antiguidade como a terra das grandes bruxas, o centro da feitiçaria – basta pensar, por exemplo, no romance *O asno de ouro*, de Apuleio. Isso é o inconsciente, a terra do perigo, a imagem fascinante da mãe, a bruxa-mãe, a quem a mulher de branco vai levá-lo de volta. O nome pode talvez apontar para outra ligação em termos de interpretação: *Phthino* significa "desaparecer" – a raiz aorística é *phthi* – e isso, aliado à própria descrição de Sócrates daquela terra como a terra dos mortos, pode muito bem ser levado em consideração.

Tudo isso pode ser deduzido da frase do próprio sonho, mas a frase significa muito mais: é uma frase exata da *Ilíada* e, quando inserimos o contexto de Homero, uma explicação muito mais extensa aparece. Essa frase é do Canto IX, no qual representantes dos gregos vão pedir a Aquiles, enfurecido em sua tenda, que entre de novo na batalha. Aquiles, como vocês sabem, está furioso porque Agamêmnon levou ilicitamente sua linda escrava troiana, Briseis, para substituir sua própria escrava, Criseis, que ele teve de devolver ao pai dela por ordens de Apolo.

A missão fracassa e Aquiles chega a ameaçar embarcar rumo a sua terra natal, Ftía[43]:

> Então verás nossas naus vitoriosas partindo
> E ouvirás com remos o retinir de Helesponto.

---

43. HOMERO. *The Iliad*. Livro 9. [s.l.]: [s.e.], p. 170ss.

> *Em três dias, Ftía*[44] *saudará nossas velas,*
> Se o poderoso Netuno enviar fortes ventos:
> Ftía ao seu Aquiles vai devolver
> A riqueza trocada por este litoral abandonado.
> De lá virão os espólios dessa longa guerra,
> O ouro rubro, o aço e o ferro polido.
> De lá trarei meus belos prisioneiros,
> E tudo o que restar da minha honrada pilhagem.

E mais abaixo:
> Se eu chegar aos meus domínios com vida,
> O venerável Peleu[45] vai escolher minha esposa;
> Há ninfas tessálias de forma divina,
> E reis implorando para unir seu sangue ao meu.
> Abençoados com o amor, meus anos vão passar,
> Contentes com o controle hereditário.

No entanto, como vocês devem se lembrar, isso não acontece. Pátroclo luta pelos gregos com a armadura de Aquiles e cai. Aquiles é novamente levado à batalha para vingá-lo e é morto por uma flecha vinda do arco de Páris, orientado por Apolo.

O verso citado no sonho de Sócrates, portanto, faz uma alusão a essa passagem do texto: o próprio Sócrates está cansado de lutar como Aquiles, que está decepcionado e ofendido, e adoraria retornar à sua terra natal, onde ele poderia encontrar uma noiva. *Aquiles é uma figura dentro do próprio Sócrates*[46]: ele é aquela parte dele que, assim como um *minythadiós* é a pessoa destinada

---

44. A tradução de Voss, citada pelo autor, contém "fértil Ftía", e algumas traduções para o inglês contêm "frutífera Ftía".

45. Pai de Aquiles.

46. Cf. tb. CASTELLI. *Posdomani a Ftia*. Verona: [s.e.], 1951, p. 17s. Ele, de forma bastante independente, chega à conclusão de que Aquiles é uma figura interior em Sócrates.

a morrer jovem, não foi capaz de crescer e foi frustrado em sua união com o princípio feminino pelo qual ele ansiava. Ele também é o homem de proezas que Sócrates, o pensador e orador, nunca permitiu que se desenvolvesse dentro dele, o *herói dentro dele que queria viver a vida a qualquer custo e não era capaz disso*. Sócrates sem dúvida projetava esse "Aquiles interior" em todos aqueles jovens amigos que ele estava ansioso por transformar em *agathoi* (eficientes) e *esthloi* (nobres), e em quem, por meio de projeção, ele tentou desenvolver no "exterior" aquilo que, dentro dele mesmo, ainda permanecia jovem e decepcionado na vida[47]. Agamêmnon também pode ser interpretado como uma figura dentro do próprio Sócrates: ele é o rei e, portanto, o espírito predominante racional demais em Sócrates, que priva Aquiles de sua amada. (Vocês devem se lembrar de que Pharmakos era inimigo de Aquiles[48].) O *puer aeternus* em Sócrates nunca foi capaz de se desenvolver mais, por meio da união com o princípio feminino, em um "par divino".

O próprio Aquiles, que, como Sócrates sabia, era idolatrado ritualmente como um herói e até como um deus em muitas partes da Grécia, principalmente na Tessália, é um filho, semidivino e de vida curta, de uma mãe. A irmã dele é Filomela. Também acreditava-se que ele era *apó dryós é pétras*, que significa nascido "de um carvalho ou de uma pedra" como Mitra. A mãe dele, Tétis, é uma deusa do mar, uma nereida, que era idolatrada em muitos lugares como uma serpente; segundo outra versão, ela é a filha do centau-

---

47. Pode ser alegado aqui que Sócrates foi muito heroico no episódio da Guerra Deliana, tanto que ele vivenciou o "homem de ação", mas, na minha opinião, esse "Aquiles interior" só aparecia de tempos em tempos, mas não estava integrado à vida de Sócrates.
48. Aquiles é o "mais belo de todos os gregos", Sócrates é o homem feio e "parecia um cabiro", e ainda assim Aquiles também é um dos *Kabeiroi* (cabiros).

ro Quíron. Tendo dado a seu marido mortal, Peleu, um filho, Aquiles, ela queria torná-lo imortal e o fortalecia toda noite no fogo ou em água quente, mas o calcanhar, pelo qual ela o segurava, permaneceu vulnerável, e foi aí que ele foi mortalmente ferido. Segundo outra versão, ela estava tentando matá-lo com seus truques mágicos, mas, quando Peleu a surpreendeu nesse ato, ela desistiu. Sendo assim, apesar do aspecto positivo do arquétipo da mãe sem dúvida vir à tona como a mulher de branco no sonho de Sócrates, o aspecto sombrio e mortal também é sugerido quando a mulher de branco guia Sócrates para o país das bruxas.

Jung afirmou uma vez que o homem ligado à mãe corre constante perigo de correr de volta para ela quando se deparar com as decepções que a vida oferece, para receber dela o que ele foi incapaz de obter por seu próprio esforço. Isso vai lembrar vocês do episódio do Canto I da *Ilíada*, no qual Aquiles reclama com Tétis da perda de Briseis, que fora roubada dele[49]:

> Ela [Briseis], em doce tristeza e pesaroso pensar,
> Passou em silêncio, levada pela mão do arauto,
> Olhando para trás, andando lentamente pela costa.
> Não tanto a perda, o feroz Aquiles suportava;
> Mas triste, retirando-se para o litoral ressonante,
> Pendurado sobre a margem selvagem da profundeza
> Lá, banhou-se em lágrimas de raiva e desdém,
> E lamentou alto para o oceano tempestuoso:
> "Ó, deusa mãe! já que no precoce florescer
> Seu filho é abatido por um destino por demais severo;
> Certo de pertencer a uma raça rara de gloriosos,
> O grande Jove em justiça deve adornar este vão.
> Honra e fama ao menos o deus do trovão me devia;
> E maléfico ele cumpre a promessa de um deus,

---

49. HOMERO. *The Iliad*. Livro 1. [s.l.]: [s.e.], p. 13ss.

Se o orgulhoso monarca então afronta o seu filho,
Obscurece minhas glórias e reitera o meu prêmio".
Dos profundos recônditos do mar,
Onde o velho Oceano encerra seu reino aquático,
A mãe-deusa ouviu. As ondas se separam;
E como uma bruma ela se elevou sobre a maré;
Observou o lamento dele sobre as praias nuas,
E então as dores da alma dele explora.
"Por que sofre, meu filho?[50] Conte-me sua angústia;
Revele a causa e confie no cuidado de uma mãe!"
Suspirando profundamente, ele disse: "Contar minha dor
É apenas mencionar o que você já bem sabe".

E então, reclamando amargamente, ele relata suas aflições à sua mãe de "pés prateados" e implora a ela que interceda por ele com Zeus, para que ele faça com que os troianos avancem.

"Mas, deusa! Atenda seu suplicante filho.
À ilustre alta corte do Olimpo, ascenda,
Insista que se cumpra o serviço prometido,
E peça vingança ao deus do trovão"[51].
[...]
"Infeliz filho (a bela Tétis então responde
Enquanto lágrimas celestiais escorrem de seus olhos)
Por que dei à luz você com as dores do parto,
Para um destino adverso, e o criei para aflições futuras?
Para tão pouca luz do céu enxergar!
Tão pouca! E cheio de angústia também!
Se o desejo cuidadoso de uma mãe prevalecer,
Para longe de Ílion devem suas naus velejar,
E você, de campos remotos, evitar o perigo

---

50. A palavra em grego é *pepon* (bebê)!
51. HOMERO. *The Iliad*. Livro 1. [s.l.]: [s.e.], p. 13ss.

Que agora, ai de mim! ameaça meu filho de perto.
Ainda assim (podendo) interceder por você eu vou
Junto ao grande Olimpo coroado com a neve macia.
Enquanto isso, proteja-se em seu navio, à distância
Observe o campo, não se meta na guerra"[52].

Deve ser lembrado aqui que Tétis não vive mais com seu marido mortal, Peleu, mas no mar com o deus do mar, o velho pai dela[53].

Nossa justificativa, no entanto, para tomar Aquiles como uma figura interior em Sócrates não se baseia apenas no verso do sonho. Na *Apologia*[54], Platão faz Sócrates raciocinar como se segue:

> Há quem diga: Você não tem vergonha, Sócrates, de um estilo de vida que provavelmente vai conduzi-lo a um fim prematuro? A esse eu posso plausivelmente responder: Nisso, você está equivocado: um homem que não serve para nada não deveria calcular a chance de viver ou morrer; ele deveria apenas refletir se, ao fazer algo, ele está agindo de forma correta ou errada – portando-se como um homem bom ou como um homem mau. Considerando, segundo a sua visão, que os heróis mortos em Troia não serviam de muita coisa *e o filho de Tétis menos ainda, já que ele, de modo geral, menosprezou o perigo em comparação com a desonra* e quando ele estava tão ávido para matar Heitor, sua mãe deusa disse a ele [...] que, se ele vingasse o companheiro dele, Pátroclo, e assassinasse Heitor, ele próprio morreria. "Destino", disse ela com estas palavras ou com outras parecidas, "es-

---

52. Ibid.
53. Uma cadeia totalmente incestuosa de conexões.
54. PLATÃO. *Apology*, 28b-d. Cf. *Four Socratic Dialogues of Plato*. Londres: Oxford University Press, 1924, p. 72.

pera por você logo atrás de Heitor". Ele, tendo recebido esse alerta, menosprezou totalmente o perigo e a morte, e em vez de temê-los, teve mais medo de viver em desonra[55] e não vingar seu amigo. "Que eu morra em seguida", ele respondeu, "vingado do meu inimigo, do que permanecer aqui perto dos navios rostrados, sendo motivo de riso e um fardo na terra".

Então, quando Sócrates deliberadamente provoca sua própria morte, ele se identifica com Aquiles que, em vez de retornar a Ftía, morre vingando-se de Pátroclo. Por conta de sua recusa, nas últimas horas de sua vida, em obedecer o complexo de mãe, ele permite que o "homem de feitos" abra caminho assim como Aquiles se lançou à batalha; ele rompe a carapaça da imagem "maternal" que o envolve e, por assim dizer, morrendo, alcança a realidade. Essa é, sem dúvida, a razão pela qual, como as últimas palavras dele em *Fédon* lindamente sugerem, ele vivenciou a morte como "uma recuperação de uma longa doença de vida". Após a morte, porém, como o sonho prevê, a mãe dele vai levá-lo para casa para os campos pré-natais, onde a eterna juventude nele será capaz de se casar; em outras palavras, atingir a realização plena. Segundo a lenda[56], Aquiles, após sua morte, uniu-se à bela Helena na ilhe de Leuce[57]. A ilha-lua de Leuce é a terra dos pássaros brancos[58]. Parece que, se o Si-mesmo havia perdido a paciência com Sócrates e toda a esperança de ele um dia ser capaz de alcançar

---

55. Literalmente como um *kakos* (um homem inferior, um criado ou servo).
56. BACHOFEN, J.J. *Versuch über die Gräbersymbolik der Alten*. Basileia: [s.e.], 1859, p. 73.
57. Isso provavelmente está por trás da "ânsia de morrer" romântica e doentia dos jovens alemães.
58. BACHOFEN, J.J. *Versuch über die Gräbersymbolik der Alten*. Basileia: [s.e.], 1859, p. 9. Filóstrato = Heroikos, 1. 19.

esse objetivo na vida – o *daimonion*, a saber, recusou-se a permitir que ele preparasse uma defesa na *ágora*[59]. Analisado sob a luz de todas essas ligações, não é mais absurdo, mas, na verdade, notável e profundamente significativo que a Idade Média tenha considerado Sócrates um precursor ou um protótipo de Cristo, pois Santo Agostinho também interpretava a morte na cruz como um casamento com a mãe.

Isso nos leva à discussão de um problema posterior, a saber, o que era aquele *daimonion* misterioso de Sócrates? Em primeiro lugar, sabemos por intermédio de Xenofonte que era um *semainein*, uma "indicação"[60]; outros – Platão inclusive – descreveram-no como uma *phoné* (voz); ele também foi chamado de um sinal divino (*semeion*), e ocasionalmente de um som (*echo*)[61]. Plutarco cita a teoria de um certo Terpsion, segundo a qual era um "espirro", da própria pessoa ou de outra, a partir do qual Sócrates era evidentemente capaz de ler um sinal mântico. Como a técnica mântica do espirro existia naquela época[62], isso pode muito bem ser um erro de interpretação. Na verdade, o *daimonion* cumpre um papel importante nas relações de Sócrates com seus amigos. No tratado pseudoplatônico chamado *Grande Alcibíades*, lemos que o *daimonion* permitiu a ligação com Alcibíades apenas após o último ter sacrificado seus antigos objetivos e amigo, e estar pronto para objetivos e relações mais elevados. Quando um discípulo de Sócrates que havia deixado o último havia um tempo quis retomar a ligação novamente, o *daimonion* proibiu. Outro discípulo, Aristides, fez grandes avanços na filosofia enquanto estava em contato

---

59. GIGON, O. *Sokrates*. Op. cit., p. 167. Também relatado em PLATÃO. *Apology*.
60. GIGON, O. *Sokrates*. Op. cit., p. 175.
61. Ibid., p. 176.
62. Ibid.

com Sócrates, e então ele deixou o círculo para participar de uma campanha. Quando voltou, ele havia perdido toda a capacidade de sustentar um argumento. Sócrates perguntou a ele o motivo do regresso, ao que ele respondeu que nunca havia aprendido nada com Sócrates, mas que era devido à presença dele na mesma casa que ele havia se tornado sábio. Ele havia dado seus maiores passos quando se sentava perto de Sócrates e o tocava[63]. Frequentemente, o *daimonion* dá um aviso por intermédio de Sócrates quando um amigo do círculo está planejando alguma coisa, e, em geral, o efeito disso é impedir e alertar, assim como acontece quando a situação diz respeito ao próprio Sócrates; mas ele nunca age nem ordena. Em *Politeia*, Sócrates diz a Teages que, por natureza, ele (Teages) foi feito para a política, mas que ele é suscetível demais. Ele próprio (Sócrates) está numa situação parecida com respeito ao *daimonion*, mas disso não se fala, pois é um assunto esquisito[64].

Sob a luz do nosso conhecimento psicológico presente, nós deveríamos obviamente estar inclinados a identificar o *daimonion* de Sócrates com uma parte da nossa personalidade inconsciente, ou até com o Si-mesmo – e eu sou da opinião que, em princípio, essa é a interpretação correta. Contudo, em vista das circunstâncias completamente diferentes daquela época, somos forçados a fazer certas distinções. Em primeiro lugar, não podemos evitar sermos influenciados pelo fato de que o *daimonion* reinava supremo sobre todas as relações humanas de Sócrates. Isso confirma nossa descoberta anterior de que faltava Eros na vida consciente de Sócrates; em outras palavras, a função sentimento dele permanecia completamente no inconsciente e estava ligada aos

---

[63]. Ibid., p. 169.
[64]. Ibid., p. 166. Cf. tb. PLATÃO. *Apology*, 31d.

conteúdos do inconsciente. O único amor verdadeiro dele era pela mãe, a esfera das imagens arquetípicas. É por isso que os amigos dele geralmente o achavam tão distanciado. No Simpósio de Xenofonte, Antístenes o repreende da seguinte forma[65]: "Você nunca é o mesmo. Às vezes, você faz uso do 'daimonion' como uma desculpa quando você não quer falar comigo e em outras vezes em que você está ocupado com outras pessoas". Sendo assim, em Sócrates, o Si-mesmo parece estar contaminado com a função do relacionamento, a *anima*, e aparece também sob um aspecto duplo paradoxal, tanto claro quanto escuro. Isso poderia ser comparado ao alquimista Mercúrius, que era *trickster* e salvador ao mesmo tempo. Discorrendo sobre o último, Jung afirma:

> Ele é físico e espiritual [...] ele é o diabo [...] um *trickster* evasivo e a Divindade, do modo como a última é retratada na natureza maternal. Ele é a imagem refletida de uma experiência mística do artesão, que coincide com o *opus alchymicum*. Tal qual essa experiência, ele representa, por um lado, o Si-mesmo e, pelo outro, o processo de individuação; e, devido ao caráter sem limites de sua vocação, também o inconsciente coletivo[66].

Como Sócrates nunca se rendeu ao *pyr aeizóon* (o eterno, o fogo da vida) dos instintos passionais e nunca tentou entrar em acordo com o *daimonion*, ele continuou sem se transformar, e o Si-mesmo permaneceu contaminado com a sombra e a *anima*, mas, como resultado disso, exerceu uma poderosa influência *coletiva*. Isso provavelmente também explica o fato de que o *daimo-*

---

65. GIGON, O. *Sokrates*. Op. cit., p. 171.
66. JUNG, C.G. *The Spirit Mercury*. Nova York: The Analytical Psychology Club of New York, 1953. • "O espírito Mercurius". *Estudos alquímicos*. Petrópolis: Vozes, 2002, p. 35.

nion apenas o impede e o avisa, mas nunca dá a ele um conselho positivo: ele sempre tenta forçá-lo à introspecção, a voltar a atenção dele para o interior e, consequentemente, de uma vez por todas, agir como uma parteira em relação aos conteúdos ainda não nascidos dentro *dele*. Segundo a lei da compensação, deveríamos supor que a tendência de Sócrates era ficar preocupado demais com coisas exteriores, e isso explica o motivo pelo qual o *daimonion* aparecia como um fator restringente. Do ponto de vista psicológico, no entanto, nós também estamos justificados na ligação do *daimonion* com os dois sonhos – o que os filólogos, até hoje, nunca se aventuraram a fazer –, pois, em nossa visão, ambas as manifestações fazem parte da mesma personalidade inconsciente. Então, contudo, não é mais verdadeiro dizer que o *daimonion* aparecia apenas como um fato restringente, pois o sonho que incitava Sócrates a "compor música e trabalhar" deu a ele, por assim dizer, uma indicação positiva. A afirmação de que a figura no sonho *voltava de novo e de novo numa forma diferente* – presumivelmente, às vezes, como um deus; às vezes, na forma de um animal, um homem ou uma mulher – é muito significante. Já que não houve tentativa de entrar em acordo com os conteúdos do inconsciente, eles estavam fadados a permanecer contaminados.

Em relação à preponderância do aspecto inibitório, devemos nos lembrar de que Sócrates se identificava com a mãe, ou seja, a atitude dele em relação aos amigos jovens era feminina e receptiva. O comportamento maternal dele em relação aos amigos jovens aparece claramente em um sonho dele, que é relatado o tratado de Apuleio *De Platone*[67]: Sócrates sonhou que um jovem cisne alçou voo do altar de Eros na Academia, pousou no colo dele e en-

---

67. APULEIO. *De Platone*, Lib. I, 1-2.

tão, cantando lindamente, voou até o paraíso. Quando, alguns dias depois, Sócrates teve contato com o jovem Platão pela primeira vez, contam que ele disse: "Então esse era o cisne de Eros na Academia!" Essas associações mitológicas com o pássaro de Apolo já foram pormenorizadas no livro *Apollon*, de K. Kerényi[68]. Platão presumivelmente nasceu no dia do aniversário de Apolo, no sétimo dia de Thargélion, e em *Fedro*, Sócrates compara a alegria da alma perante a morte com o canto do cisne. Eu prefiro não me aprofundar mais *nesse* sonho, já que não tenho tanta certeza quanto tenho em relação ao sonho de Ftía que esse sonho não é uma invenção subsequente. Mesmo que seja, no sonho, ele faz significativamente o papel de uma mãe: ele toma o jovem cisne no colo dele. O sonho pode ser genuíno afinal, quando nos lembramos do sonho que Eckermann teve, quando criança, de que capturava um belo pássaro, o que, sem dúvida, aponta para a amizade posterior dele com Goethe.

O papel da mãe espiritual que Sócrates representa aparece também nos diálogos de Platão: ele é sempre aquele que testa as afirmações dos outros, que, pela prática dele de averiguação, mostra o procedimento ingênuo, a superficialidade e a falta de lógica deles, mas que nunca expõe o seu próprio conhecimento. Essa passividade de mente – a falta de determinação de se arriscar em um ato criativo – torna impossível para o inconsciente que ele revele seus conteúdos, pois, para isso, ele precisa de um eu forte e ativo para servir de recipiente.

Aqui, deveríamos perguntar que tipo de imagens coletivas estavam tentando abrir caminho naquela época e de que forma. Os deuses do Olimpo tinham se tornado inúteis, a população rural se

---

68. KERÉNYI, K. *Apollon*. Amsterdã: Pantheon, 1941.

apegava mais do que nunca a seus cultos locais, enquanto as pessoas instruídas estavam tomadas por uma espécie de busca não satisfatória, que é típica de tempos assim, quando os conteúdos religiosos estão passando por transformação. Então, os novos símbolos do inconsciente irromperam em duas formas: (1) nas especulações da ciência natural, no centro das quais se encontrava o símbolo do "objeto redondo", o *sphairos*, a ideia da circulação de energia, a imagem de um cosmos redondo, ou do *nous* rodopiante[69]; e (2) nos novos mitos esotéricos dos movimentos do mistério, descritos pela filosofia e a teologia, assim como nos mistérios órficos e dionisíacos. O que presumivelmente impediu Sócrates de mergulhar nos últimos foi o medo dele do inferno das ânsias instintivas e das emoções selvagens, o espírito apolíneo dele, como Kerényi o chama. O que o repudiou nas teorias especulativas formuladas na ciência natural era – como ele afirma em sua crítica a Anaxágoras – o fato de que essas teorias continham muito poucas explicações baseadas em fatos. Esses dois domínios da formação simbólica inconsciente, dos quais Sócrates se afastou, irromperam novamente na mente criativa de Platão e puderam se revelar. O que Sócrates almejava com sua atitude era, sem dúvida, um fortalecimento defensivo da *proporção*, a consciência do eu do homem. Como ele foi protegido pela mãe, ele ficou fadado a adotar essa postura *defensiva*.

O fato de que toda a abundância das imagens coletivas ficaram, por assim dizer, atrás desse *daimonion* está provado, pelo menos à medida que essas imagens eram frequentemente projetadas no *daimonion* pelos outros. Sendo assim, Plutarco relata[70]

---

69. Mente, mente cósmica, inteligência cósmica.
70. PLUTARCO. "De Genio Socratis", 22ss. Cf. tb. MEIER, C.A. *Antike Incubation und moderne Psychotherapie*. Zurique: Rascher, 1949, p. 94ss.

que um certo beócio, Timarco, determinou-se a investigar o *daimonion* de Sócrates e entrou na caverna de Trofônio com esse objetivo. Envolto pela escuridão, ele levou uma pancada na cabeça, o que fez a alma dele sair do corpo e se espalhar para fora dele e, subitamente, ao olhar para cima, ele não podia mais ver a terra, mas viu ilhas luminosas como o fogo, mudando de cor, de forma circular que, enquanto rodavam, faziam soar uma doce melodia. No meio delas, havia um mar que girava as ilhas em círculo. Correntes de fogo desembocavam no mar por meio de duas barras e o enchiam de fúria. No centro, havia um profundo buraco circular, íngreme e assustador, preenchido pela escuridão e transbordando de comoção. Ecoando dele, podiam ser ouvidos uivos e gemidos de animais e de crianças chorando, e gritos de dor de homens e mulheres. Uma voz vinda do guardião do submundo explica a ele que a esfera de ilhas acima pertence a outros deuses e que a mais baixa é dividida em quatro partes: a da vida, a do movimento, a da criação e a da destruição. As partes um e dois estão ligadas pelo invisível; as partes dois e três, pelo *nous* no domínio do sol, e as partes três e quatro, pela natureza da lua. Os três Destinos (Moiras) governam essas três esferas ligadas. Cada ilha tem um deus, somente a lua escapa da Estige e é dominada por ela a cada intervalo de tempo de cento e setenta e sete segundos, quando ela é privada de certas almas. Por outro lado, a lua salva as almas puras da procriação posterior. O *nous*, que entra na alma pelo lado de fora, é a parte que impede que os homens se afoguem no corpo e em suas paixões. As pessoas pensam no *nous* como um reflexo dentro delas mesmas, querendo dizer também que elas estão no espelho e olham para fora dele, mas é mais preciso chamar isso de o *daimonion*. Após mais elucidações, a voz finalmente disse: "Isto, meu caro jovem, você virá a saber mais definitivamente daqui a três meses – agora, parta". Ele voltou a si com dor de cabeça e morreu três meses depois – tendo pedido que fosse enterrado perto do filho de Sócrates, Lamprocles, um pedido que lhe foi concedido.

Essa fábula mostra melhor do que qualquer outra quão completamente o misterioso *daimonion* atraiu a projeção de todo o inconsciente coletivo – e um sinistro sopro de morte e destruição pairou ao redor dele. Eu também sou da opinião que o efeito disso não ocorreu sem perigo. Sob essa influência, o jovem escritor Platão queimou seu trabalho criativo e não escreveu novamente até muito tempo depois da morte de Sócrates. No entanto, o impulso criativo nele era incapaz de ser morto por tal intervenção consciente; ele irrompeu de novo, após um tempo, de uma forma mais profunda e clara. Não obstante, o poder demoníaco desse espírito em Sócrates é inegável[71].

Outra teoria interessante é desenvolvida por Apuleio em seu *Liber de deo Socratis*[72], sobre uma base neoplatônica. Ele se refere ao trecho original do *Simpósio*, no qual Sócrates repete um discurso a respeito do amor sobre o qual ele ouvira da profetisa Diotima, que ensinou a ele a ciência das coisas relacionadas ao amor[73]:

Sócrates: O que então é aquilo [Amor]?

Diotima: Um grande demônio, Sócrates; e tudo demoníaco detém um lugar intermediário entre o que é divino e o que é mortal.

Sócrates: Quais são o poder e a natureza dele?

Diotima: Ele interpreta, estabelece uma comunicação entre as coisas divinas e as humanas, transmitin-

---

71. Cf. tb. a anedota sobre a "raia" em *Meno*, na qual Meno censura Sócrates usando "encantamentos para enfeitiçá-lo" e o compara a uma "raia, pois ela também nunca fracassa em anestesiar toda pessoa que a toque ou que a aborde" (*Five Dialogues of Plato*, p. 88).
72. APULEIO. *Liber de deo Socratis*. Teubner; [s.e.], 1908 [org. por P. Thomas].
73. PLATÃO "The Symposium". *Five Dialogues of Plato*. Op. cit., p. 50ss.

do as orações e os sacrifícios dos homens aos deuses, e comunicando os comandos e as coordenadas a respeito do modo de adoração mais satisfatório a eles, dos deuses para os homens. Ele preenche aquele espaço intermediário entre essas duas classes de seres, para unir, por meio de seu próprio poder, o universo completo das coisas. Por meio dele, subsistem toda a divinação, e toda ciência das coisas sagradas relacionadas a sacrifícios, expiações, desencantos, profecia e magia. [...] Esses demônios são, na verdade, muitos e vários, e um deles é o Amor!

Segundo Apuleio, também os deuses são seres eternos que não podem nem ser alcançados nem tocados pelas emoções humanas, nem têm qualquer ligação direta com seres humanos. Mas no domínio intermediário do ar existem seres aéreos, que os gregos chamam de *daemones*, que levam, de um lado para outro, orações, oferendas ou intimações divinas (eles são "*vectores precum interpretes salutigeri*"). São eles que concretizam os efeitos miraculosos de mágicos e de todos os acontecimentos mânticos nos sonhos, da haruspicação, dos augúrios do voo dos pássaros e assim por diante. Eles são como *animalia* (criaturas) que vivem no ar e têm um "corpo sutil" (*concretio multo subtilior*, a saber, nuvioso)[74] como nuvens. O ar é uma "*media natura*", e correspondentemente a função desses, de seus *animalia*, é uma função *mediadora*. Eles têm em comum com os deuses lá de cima a vida eterna, com os mortais de lá de baixo as paixões terrenas; eles podem ser favoravelmente influenciados ou provocados à raiva. Consequentemente, "de acordo com a natureza deles, os demônios são animais; de acordo com o espírito deles, *rationabilia* (seres racio-

---

74. APULEIO. *Liber de deo Socratis*. Op. cit., p. 17.

nais); de acordo com o caráter deles, capazes de emoções; de acordo com o corpo deles, etéreos; e, de acordo com o tempo, eternos". Certas pessoas são dotadas com tais demônios como espíritos guardiães individuais, elas são *eudaimones*, elas têm um bom espírito guardião e são felizes. Esse é o conceito latino do *genius*, que une corpo e alma; no latim antigo, eles eram chamados de *lêmures*. Se agraciados com os ritos devidos, eles se tornam, após a morte, o *lar familiaris*, se não eles aparecem como fantasma ou espectro. (Ambos são idênticos aos *manes* romanos.) Em tempos posteriores, alguns desses *lares* foram universalmente adorados em cultos, como, por exemplo, Mopso na África, Osíris no Egito e Anfiarau na Beócia. Sócrates tinha um bom espírito guardião desses com ele, como *"privus custos, [...] domesticus speculator, proprius curator, intimus cognitor, adsiduus observator, individuus arbiter,* (!) *inseparabilis testir, malorum improbator, bonorum probator, [...] in rebus incertis, prospector, dubiis monitor, periculosis tutator, egenis opitulator"*[75]. Ele se expressa em sonhos, sinais ou, em uma emergência, como uma interferência concreta do destino.

O mesmo vale para Apuleio, cuja interpretação me chama atenção como particularmente interessante, da mesma forma que mostra que tipo de projeção o pano de fundo "divino" da personalidade de Sócrates atraiu para ele mesmo. Além disso, entretanto, deveríamos refletir sobre o seguinte problema: o que são esses demônios do mundo intermediário do ponto de vista psicológico?

---

75. Capítulo 16. "[...] nosso guardião; nosso vigia em casa, nosso fiscal adequado, um investigador das nossas fibras mais íntimas, nosso observador constante, nossa testemunha inseparável, um reprovador de nossos atos de maldade, um aprovador dos de bondade, [...] nosso alerta na incerteza, nosso supervisor em questões de dúvida, nosso defensor no perigo, e nosso auxiliar em caso de necessidade ("The God of Socrates". *The Works of Apuleius*. Londres: G. Bell and Sons, 1911).

Os deuses obviamente representam os arquétipos, na essência absoluta "psicoide" deles, afastada da consciência; os demônios, por outro lado, que, como seres eternos, devem, do mesmo modo, incorporar conteúdos arquetípicos, e representá-los em um aspecto que é mais próximo da consciência e particularmente no aspecto de um fator instintivo e dinâmico, que libera emoções. Eles possuem um "corpo sutil"; se considerados literalmente, consequentemente, eles são relativamente mais plenamente encarnados. Em *A natureza da psique*[76], Jung afirma que o arquétipo em si mesmo está presumivelmente além da experiência consciente, ou seja, transcendente, e deveria consequentemente ser definido como psicoide. Em contraste com isso, estão as ideias arquetípicas que o inconsciente nos transmite. O arquétipo pertence a um domínio que, nesse sentido[77] consequentemente, não pode, em última instância, ser chamado de psíquico, apesar de ele se manifestar psiquicamente. Na minha opinião, os deuses do Olimpo na teoria de Apuleio representam esse aspecto do arquétipo; os demônios, por outro lado, suas manifestações *psíquicas* no inconsciente. Sendo assim, nessas interpretações da Antiguidade Recente (muito mais de dois mil anos se passaram desde a morte de Sócrates), nós encontramos tentativas de interpretar o *daimonion* que evocam a ideia cristã da encarnação. Cristo foi definido como "verdadeiro Deus" e "verdadeiro homem" (*vere deus, vere homo*), mas, no docetismo ou nas lendas relacionadas em textos gnósticos, a fusão de ambos aspectos em um é ainda distintivamente incerta. No entanto, a teoria grega do *daimonion* é, por assim dizer, uma primeira tentativa de uma formulação que aponta na mesma direção.

---

76. JUNG, C.G. "Der Geist der Psychologie". *Eranos-Jahrbuch*. Zurique: Rhein-Verlag, 1947, p. 460.

77. Ibid., p. 462.

O impressionante fato na vida de Sócrates é que, ao contrário de Pitágoras ou de Empédocles, ele não assumia o papel de um demônio imortal ou deus. Isso nos leva a um aspecto positivo da postura dele de restrição contra a ânsia criativa das imagens inconscientes: esse pavor ou reserva impediu uma identificação nociva com essas imagens e uma presunção tal qual a que acometeu muitos de seus precursores. Eu acredito que esse seja o significado da famosa ironia socrática. Ela age como um mecanismo defensivo constante em seu possuidor e nos outros contra o perigo da presunção. A *eironeia* (ironia) dele muitas vezes tinha sobre os outros o efeito da *alazoneia* (ostentação provocativa). Visto nessa ligação, Sócrates se esforçava por um aumento da consciência, que almejava dar ao eu um limite mais forte e mais definido contra os conteúdos do inconsciente. A falta de interesse dele nas especulações da ciência natural e da mitologia, e no interesse exclusivo dele no ser humano, presumivelmente vêm da mesma necessidade. Sendo assim, apesar do problema dele descrito acima, Sócrates tinha, de algum modo, mais individualidade do que um Pitágoras ou um Empédocles e, portanto, o destino dele pode ser considerado um exemplo de um certo estágio no processo de individuação. O que Platão faz Alcibíades falar de Sócrates no *Simpósio* é, nesse sentido, o mais adequado. Ele o compara a uma das estátuas insignificantes de Sileno, à beira da estrada: "E como os silenos esculpidos são feitos para encerrar (douradas) imagens de deuses, então essa máscara de Sileno[78] entesoura coisas divinas". Isso significa que ele está atraindo conteúdos arquetípicos e, então, levando-os para o domínio da psique humana. Sócrates é descrito como o santuário ou o recipiente (novamente no papel femi-

---

78. I.e., Sócrates.

nino). Para mantê-lo em seu papel, o *daimonion* o impedia de se tornar ativo na vida política; além disso, entretanto, o sonho tentou fazê-lo conferir a essas imagens de deuses uma realidade criativa no domínio psíquico e, por meio disso, um caminho foi preparado para um passo adiante na consciência que, entretanto, seria mais plenamente realizado apenas mais tarde: vagamente na alquimia e com maior clareza na psicologia moderna. Naquela época, o desafio do inconsciente ou do Si-mesmo – Sócrates teria dito *ho théos* – era certamente ainda grande demais. A época ainda não estava madura para uma retirada ampla de projeções do domínio dos deuses, e o casamento de Aquiles em Ftía, o motivo do casamento do Rei e da Rainha, que se tornaria tão significativo na alquimia, permanece uma expectativa pós-mortal aqui. A morte, portanto, encerra uma promessa e é descrita ao mesmo tempo como o casamento do par divino e o retorno ao solo nativo e à mãe. Consequentemente, para minha mente, no domínio da cultura grega, é em Sócrates que o problema da individuação emergiu pela primeira vez a partir do estágio no qual suas imagens foram completamente projetadas no mundo mitológico ou na natureza, e foi trazido apreciavelmente para mais perto do homem individual – anunciado pelo sintoma daquele sofrimento profundo e da separação dolorosa que iria caracterizar a Era Cristã.

O sonho em *Críton*, no entanto, com sua alusão à antiga imagem de herói de Aquiles e à mãe dele, revela, por assim dizer, a constelação individual escondida do problema, que torna a personalidade de Sócrates tão significativa e, ao mesmo tempo, tão difícil de compreender. Portanto, parece a mim que talvez, no entanto, nós temos base para atribuir uma importância histórica até profunda a esse "interlúdio peculiar", como denomina Gigon.

4 Os sonhos de Temístocles e de Aníbal

Pode parecer bastante ousado tentar fazer uma interpretação de sonhos tidos em um passado tão longínquo que não possamos fazer ao sonhador quaisquer perguntas. Naturalmente, a interpretação de tais sonhos históricos pode ser apenas uma tentativa. Por outro lado, sonhos têm – como sabemos – uma função compensatória e, consequentemente, observando-os sob esse ponto de partida, pode ser interessante reconstruir a situação da consciência em tempos anteriores, estudando os sonhos contemporâneos. Podemos ser capazes de tirar conclusões a partir dos últimos, levando em consideração a situação histórica conhecida e, assim, estar em condição de responder certas questões que os historiadores, que só tinham o material consciente para pesquisar, não foram capazes de solucionar. Nós somos incapazes de conhecer mesmo a nossa própria postura consciente por si só, pois estamos por demais envolvidos nela e presos a ela. Nós somos apenas capazes de ver nossa postura consciente objetivamente por meio da reação do mundo exterior por outro lado e vendo como nossa consciência parece refletida no inconsciente do outro. Similarmente, podemos apenas ver a atitude consciente de tempos anteriores conforme isso estava refletido no inconsciente daquela época. Por meio do conhecimento não apenas do material consciente por si só, mas também de sua reflexão no inconsciente, talvez sejamos capazes de obter um quadro mais completo da situação nessas épocas históricas anteriores.

Uma terceira razão para estudar sonhos históricos repousa no fato de que a natureza humana, em sua base estrutural mais profunda, não muda muito dentro de algumas centenas de anos, tanto que podemos analisar tais sonhos históricos como material de caso ainda valioso por meio do qual é possível estudar algumas reações típicas mais profundas da psique humana.

A maior parte dos sonhos registrados da Antiguidade contém apenas material arquetípico[1]. Nós mal temos quaisquer sonhos cotidianos comuns de épocas passadas, e a maioria dos sonhos são aqueles de pessoas famosas. Os únicos sonhos que temos de um homem comum estão no diário de Ptolomeu, um *katochos*[2] no Serapeu de Mênfis. Esses formam a única série de sonhos em nosso poder, com a exceção dos quatro grandes sonhos da mártir cristã Santa Perpétua[3]. Nós também temos uma coleção de sonhos curativos dos lugares sagrados de incubação.

"Os primitivos", como Jung diz,
> acreditam em dois tipos de sonhos; *ota*, a notável visão, grande, significativa e de importância coletiva, e *vudota*, o pequeno sonho comum. Eles normalmente negam ter sonhos comuns, ou se, após longos esforços da sua parte, eles admitem tal ocorrência, eles dizem: "Aquilo não é nada. Todo mundo tem aquilo!"

---

1. As fontes principais são Artemidoro, *Oneirokritika*; Cícero, *De Divinatione*; Sinésio, *De Insomniis*; as biografias que Plutarco e Suetônio escreveram são a fonte da maior parte do material de sonhos das épocas grega e romana.

2. *Katochos* significa "prisioneiro recluso de um deus" ou "possuído por um deus".

3. Essa série de visões eu abordei plenamente em *The Passion of Perpetua*. Irving, Tex.: Spring, 1979.

Sonhos grandes e importantes são muito raros e só um homem importante tem sonhos importantes – chefes, curandeiros, pessoas com mana. [...] Nosso preconceito comum contra os sonhos – de que eles não significam nada – é provavelmente apenas a antiga tradição primitiva de que não vale a pena prestar atenção aos sonhos habituais. [...]

Talvez os últimos vestígios de sonhos de tal importância pública sejam encontrados nos tempos romanos. A filha de um senador sonhou que uma deusa aparecia para ela e a repreendia pelo fato de que o templo estava se deteriorando devido à negligência, pedindo que o mesmo fosse reconstruído. Então, ela foi ao senado, contou o sonho, e os senadores decidiram reconstruir o templo.

Outro exemplo ocorreu em Atenas quando um famoso poeta[4] sonhou que um certo homem havia furtado um precioso vaso de ouro do templo de Hermes e o havia escondido em certo lugar. Ele não acreditava em sonhos e, da primeira vez que isso aconteceu, ele rejeitou o sonho. Porém, quando isso ocorreu uma segunda e uma terceira vez, ele achou que os deuses estavam insistindo e que isso poderia ser verdade. Com isso, ele foi ao Areópago, o equivalente ao senado romano, e contou seu sonho. Então, foi feita uma busca, o ladrão foi encontrado e o vaso devolvido.

Os primitivos africanos hoje dependem dos ingleses para guiá-los, não mais no sonho do curandeiro. A opinião geral é de que o curandeiro ou o chefe não têm mais tais sonhos desde que os ingleses chegaram

---

[4]. Cf. MEIER, C.A. *Antike Incubation und Moderne Psychotherapie*. Zurique: Rascher, 1949.

à terra deles. Eles dizem que o comissário sabe de tudo agora – as fronteiras da guerra, as fronteiras dos campos, quem matou os carneiros etc. [...] Isso mostra que o sonho tinha antigamente uma função social e política. O líder obtinha seus pensamentos diretamente do Céu, guiando seu povo diretamente a partir do inconsciente dele[5].

Os povos da Antiguidade tinham a mesma atitude em relação aos sonhos que os primitivos e, sendo assim, apenas anotavam ou os sonhos importantes ou os premonitórios, que eram relatados se fossem literalmente realizados. Isso se deve, sem dúvida, ao interesse especial que se tinha neles, mas também provavelmente ao fato de que as pessoas da época não eram capazes de perceber as coisas conscientemente e, com isso, em geral, viviam o padrão do destino delas inocentemente. Ainda há casos atuais do tipo. Por exemplo, a vida do aviador e escritor Antoine de Saint Exupéry é a realização inocente da tragédia do arquétipo *puer aeternus*; pois onde falta a reflexão não há como se livrar do destino interior.

Vou relembrar brevemente a vida de Temístocles (514-449 a.C.). Ele era parcialmente de origem trácia, já que apenas o pai dele era ateniense. Consequentemente, ele era um *parvenu* na cultura ática, um homem de pouca instrução. Ele era um gênio, no entanto, uma personalidade natural; mas ele também era muito ambicioso e tinha um certo complexo de poder. Após a batalha de Maratona, dizem que ele chorou de pura raiva devido à glória de Milcíades. O grande rival dele era o aristocrata Aristides.

Como é bem sabido, Temístocles foi o criador da expansão naval (em oposição à formação de batalha de infantaria) e convenceu os atenienses a construírem duzentos navios com o dinheiro produ-

---

[5]. English Seminar on Dream Analysis, vol. 1, out./1928, p. 2.

zido pelas minas de prata de Laurium. Ele também fortificou os portos do Pireu contra a iminente invasão persa na grande guerra entre Ellas e Pérsia. A esquadra grega que combatia os persas era comandada por um almirante espartano, mas, em Salamina, por meio do envio astucioso de um mensageiro a Xerxes, Temístocles induziu o último a atacar o ponto onde os gregos queriam que ele atacasse, e foi graças a esse ardil que a batalha foi vencida. Com sua política esclarecida em Atenas, revogando o imposto dos estrangeiros por exemplo, ele fez muito para aumentar o poder da cidade.

Após a vitória de Salamina, no entanto, Temístocles caiu na arrogância. Ele até mandou construir um templo para Artemis Aristoboule ("de bom conselho"), perto de sua casa, o que permitiu que vários de seus rivais conseguissem fazer o povo que ele havia salvado do ataque dos persas repudiá-lo. Ele foi acusado de suborno e traição. Ele fugiu para Argos, foi perseguido pelos espartanos, escapou novamente para Corfu e, de lá, para a Ásia Menor. Então, Temístocles logo viajou até o rei persa (Xerxes ou o filho dele, Artaxerxes) e se entregou. Mas a personalidade dele tinha tanto charme, que o último entregou a ele a cidade de Magnésia e duas outras, além de uma bela renda, e ele viveu lá com a família até a idade de sessenta e cinco anos. Após a morte dele, um memorial foi erguido a ele, e ele foi adorado como um deus. Nas moedas que foram lançadas em memória dele, ele é retratado segurando um prato sobre um touro abatido. Parece que ele, portanto, exerceu as funções de um sacerdote; mas é dito em uma lenda posterior que ele realmente havia bebido o sangue de um touro, assim cometendo suicídio, pois ele não queria ajudar os persas contra os gregos.

Nosso ponto de interesse nos leva de volta à época em que Temístocles estava viajando de Corfu para a Ásia Menor, ainda sem saber se ele deveria se arriscar a ir direto para o campo de seu antigo inimigo. Ele estava hospedado como convidado na casa de um rico chefe molossiano, que também era amigo dos persas. O sacerdote da casa, Olbios, após ele ter oferecido o sacrifício da noite, disse a Temístocles: "Deixe a noite falar!" E foi assim, nessa situação desesperada, cercado por todos os lados, que Temístocles teve o seguinte sonho:

"Uma cobra havia se enrolado no corpo dele e chegado à garganta dele. Nesse momento, ela virou uma águia que o levava embora sobre suas asas e o colocava sobre o bastão dourado de um arauto, e ele se livrou do medo".

Sem hesitação, Temístocles partiu imediatamente para a corte do rei, disfarçado com roupas de mulher. Ele disse que o sonho e um oráculo de Zeus o haviam encorajado a dar esse passo. Xerxes ofereceu a ele duzentos talentos, o preço que havia sido colocado pela cabeça dele e, então, entregou a ele as três cidades e o meio de sobrevivência generoso já mencionado. A corte persa ficou naturalmente enfurecida diante de tal gesto, mas Xerxes manteve sua decisão de apoiar o antigo inimigo.

Interpretação do sonho

O sonho mostra a típica estrutura de um drama[6], e o primeiro motivo principal é a cobra que ataca o sonhador.

Como a cobra fornece muito material para amplificação, vou dividir o material em algumas funções típicas da cobra, que, na Antiguidade, era vista

1) Como um espírito da terra (por exemplo, a cobra da Terra-média, inimiga dos deuses superiores na mitologia germânica).

---

[6]. a) Hora e lugar: o presente. b) Personagens dramáticos: Temístocles, cobra, águia, cajado. c) Exposição: cobra se enrolando na garganta dele. d) Ponto de virada: águia o leva embora – sentimento de medo. e) Lise: ele é colocado sobre o cajado de ouro do arauto – o medo dele desaparece.

2) Como a alma do herói morto, um demônio sepulcral (a cobra saindo dos mortos como vermes; imagens de cobras nos túmulos com um ovo como símbolo do renascimento[7]).

3) Como *genius loci* (o *genius loci* de Atenas, Cécrope vivendo na Acrópole; também o Rei Erecteu, que, quando bebê, foi encontrado em uma caixa, envolto por cobras; e o rei metade cobra na ilha de Salamina, Cicreu, que, segundo as lendas, parecia encorajar os gregos na batalha de Salamina).

4) Como um demônio positivo de cura (a cobra de Esculápio[8]; o cajado de Aarão).

5) Como um animal mântico, inspirando os profetas (em contos de fadas, comer uma cobra dá à pessoa o poder de adivinhar o futuro, ou de entender animais ou pássaros. O vidente Melampo tinha uma cobra em seu escudo).

6) Como a mãe em seu aspecto negativo (a cobra de Hécate, o demônio da terra feminino; também Píton, inimiga de Apolo, ou Equidna, metade mulher e metade cobra, ou Gaia, inimiga de Hércules).

7) Como um símbolo do espírito (Fílon de Alexandria diz que a cobra é "o animal mais espiritual imaginável, pois é rápida como a alma, não tem pés nem mãos, vive muito e muda de pele, ou seja, renova-se"). No simbolismo alquímico, como nos mistérios de Osíris e Sabácio, ela era o símbolo da autorrenovação.

A cobra é um símbolo tão paradoxal porque, como inimiga dos altos deuses e como um demônio terrestre, ela representa o instinto, enquanto que, como "o animal mais espiritual imaginá-

---

7. Cf. KÜSTER, E. Die Schlange in der griechischen Kunst und Religion. Giessen: [s.l.], 1913, p. 36s.
8. MEIER, C.A. Antike Incubation und Moderne Psychotherapie. Op. cit.

vel", ela representa o espírito. Para entender isso, eu gostaria de fazer referência a *A natureza da psique*[9], na qual Jung situa a vida psíquica entre dois polos: o instinto, e as imagens arquetípicas e os significados do instinto, que são os elementos do espírito. A imagem arquetípica e o instinto estão separados quando os consideramos teoricamente, mas eles estão unidos no fluxo da vida. É esse paradoxo que a cobra representa; ela é o instinto e o significado espiritual do instinto também. Quando os polos estão unidos, isso é normalmente representado por meio da cobra alada, mas existe também o conhecido motivo da entidade que mistura cobra e águia. A última é lindamente mostrada em um mito sumério:

> A águia e a cobra fazem uma aliança perante Shamash, o deus-sol, para cooperarem e caçarem alimentos juntas para seus filhotes. [...] A águia, no entanto, ao ver os filhotes da cobra, decide comê-los e destruir a cobra, e estraçalha a última com suas garras. Logo após, a cobra apela a Shamash. Seguindo o conselho do deus, a cobra pega a águia, escondendo-se na carcaça de um boi e arrancando as asas e as garras da águia, e a joga num buraco. A águia, por sua vez, pede a Shamash que salve a vida dela, e Etana (homem), que está à procura de uma planta para curar sua esposa, é mandado até lá embaixo e, com a promessa da águia de o ajudar, tira a águia do buraco. Etana então pergunta a ela pela planta, e a águia voa com ele em direção ao céu. Quando ela chega aos portões do Céu, no entanto, ela não pode ir adiante e insiste em descer. No caminho para baixo, Etana morre. (Esse mito foi posteriormente adaptado a Alexandre, o Grande, que teria amarrado uma cesta a

---

9. Petrópolis: Vozes, 2011 [OC 8/2].

dois imensos pássaros e os induzido a carregá-lo para cima, para que ele pudesse explorar o firmamento do céu. [...] No caminho para cima, ele encontrou um homem-pássaro, que disse a ele: "Sendo um ignorante em termos das coisas terrestres, por que você quer compreender as coisas dos céus? Volte rapidamente para a terra, senão vai virar comida desses pássaros!")

Essa entidade de cobra e águia significa que os opostos, espírito e instinto, também podem desmoronar, o que é sempre um sintoma da necessidade de alcançar um estado de maior consciência. No sonho de Temístocles, os opostos, cobra e pássaro, aparecem, um depois do outro, na forma de uma típica enantiodromia.

No caso de Temístocles, devemos enfatizar o motivo do *genius loci*. Temístocles tem uma vocação para seu país, ele é "chamado" pelo destino, pelo gênio de Atenas. Esse é o motivo da tarefa superpessoal. Um poder espiritual coletivo se apodera da existência individual dele e o impulsiona a um papel coletivo. Como a cobra se enrola nele, também ele é dirigido pelo seu gênio, não sendo mais o mestre de si mesmo; daí a sua arrogância. Ele se tornou inumano. Se tivesse ficado imobilizado pela cobra, poderia ter se tornado um louco ou um criminoso. Mas, conforme ela toca a cabeça dele, a cobra vira uma águia. A águia também, como a cobra, tem muitos aspectos. Como criatura do ar, ela é um símbolo do espírito. Em um mito melanésio, por exemplo, o mago envia sua alma para buscar informações na forma de uma águia. Os índios apache acreditam que os espíritos divinos habitam a águia. As penas das águias são louvadas para propósitos rituais. Conosco, é o pássaro de São João, pois, como os padres da Igreja dizem, ele tinha o poder de contar com a glória divina.

A águia, muitas vezes, personifica o sol e, como a cobra, o princípio da autorrenovação. Em um antigo mito sumério, a águia é o próprio sol, nascendo ou a pino. Segundo mitos antigos, ela voa até o sol até suas penas queimarem e caírem. Então, ela cai na terra de novo, cria novas penas e se torna jovem novamente, como a fênix.

Ela é um mensageiro e um trazedor da salvação. Em um mito iraniano, a águia traz a dádiva do fogo e é um mensageiro entre o homem e os poderes superiores. Os índios acreditam que a águia é enviada como um xamã para neutralizar as obras do mal e os maus espíritos. Na Grécia, ela é o mensageiro de Zeus.

Ela é um símbolo de poder e liderança. A águia é muitas vezes o líder das tribos indígenas. No mito da migração dos astecas, onde a águia aparecia pousando sobre um cacto, eles fundaram uma cidade. As legiões romanas gostavam de escolher seus alojamentos de inverno onde eles encontravam um ninho de águia. O imperador romano carregava um cetro em cujo topo havia uma águia. Jung afirma:

> [...] a águia voa alto, está perto do sol, ela é o sol, maravilhosa, o pássaro da luz, ela é o pensamento mais elevado, o grande entusiasmo. Por exemplo, quando Ganemedes, o mensageiro de Zeus, é elevado pela águia às alturas olímpicas, é o gênio e o entusiasmo da juventude que o toma e o carrega para cima até as alturas dos deuses. Pode-se dizer então que ela era um poder espiritual e elevatório. [...] É isso o que o espírito pode fazer – animação espiritual, entusiasmo espiritual. De repente, após ter pairado sobre a multidão durante certo tempo, o espírito escolhe uma pessoa e a eleva às alturas. E a serpente seria "la force terrestre"[10].

---

10. English Seminar on Psychological Analysis of Nietzsche's Zarathustra. Zurique: [s.e.], 1934, p. 19.

No sonho de Temístocles é quando a cobra toca o rosto dele que ela vira uma águia. O rosto é a parte principal da cabeça, e a cabeça é a base das funções mentais, a base da consciência. As funções de sensação estão, em sua maior parte, localizadas no rosto; visão, olfato, audição e paladar. Segundo os alquimistas, a cabeça representa a esfera do Céu no microcosmo do homem. Se a cobra, que até agora era um símbolo de forças impulsionadoras instintivas vindas da parte inferior, toca o rosto, especialmente o queixo, isso significa que essas forças impulsionadoras cegas já se tornaram conscientes e que elas agora entram no campo da consciência. Isso também significa que a dinâmica delas encontra uma expressão por meio da boca, uma alusão talvez ao poder demagógico de Temístocles. Mas, mesmo assim, Temístocles ainda está possuído; a águia o leva para longe. A transformação da cobra em águia provavelmente significa os "grandes planos" dele: o impulso do poder e o entusiasmo que o movem. Ele mesmo, como ser humano, no entanto, fica completamente indefeso, daí o seu sentimento de terror. Na realidade, ele estava na situação mais difícil de todas: ele havia interiormente perdido todo o contato com a terra e também havia perdido sua cidade natal, seu próprio chão; ele estava sempre em meio a estrangeiros, sempre em perigo. Toda grande arrogância causa tal perda de realidade; Temístocles ignorou a psique de seus companheiros.

Então, chegamos à lise do sonho com o surgimento do cajado dourado. O cajado significa a demarcação de um *temeno*, o indício objetivo que pode decidir no julgamento; é um instrumento de ordem; um cajado é usado para manter o gado em ordem e, com o mesmo intento, os reis seguram um cetro, e os curandeiros carregam cajados. Honorius Augustodunensis apelidou o cajado do bispo de *auctoritas doctrinae*. Como o cetro do rei e o *fasces* romano, o cajado é um símbolo de poder, o julgamento que determina a vida e a morte dos cidadãos. Para anunciar os festivais entre as tribos, os esquimós enviavam arautos levando cajados plumados, o que os caracterizava como pastores espirituais. O cajado, ou vara, de Hermes era o instrumento pelo qual ele embalava as pessoas até que dormissem ou as acordava, e o qual também usava para guiar os mortos. A vara do arauto também simboliza certas leis que estão acima dos conflitos, *au-dessus de la mêlée*. Ela é a mediadora entre os opostos e carrega a semente da união. Sendo assim, os arautos com seus cajados eram sacrossantos na Antiguidade.

A solução do nosso sonho consiste no fato de que Temístocles repentinamente sobe no cajado, que representa um aspecto transformado do dom e do ímpeto de poder anteriores dele. É a última e mais sólida forma disso. No símbolo do cajado, o ímpeto de poder é internalizado e se torna a autoridade interior. Agora, ele é levado pela sua personalidade interior por entre os opostos. Ele precisa confiar na orientação interior e confiar naquilo que o ameaça, seu próprio inimigo. Temístocles realmente fez isso no mundo exterior quando citou a voz do sonho para o rei persa. Ele teve que confiar completamente no outro lado, ou seja, no inconsciente – com isso, os deuses o ajudaram.

O cajado é a terceira forma da cobra e da águia. Na alquimia, a cobra é a primeira forma da substância em transformação, como o uróboro, o dragão e assim por diante. Então, vem a águia ou outros pássaros como a primeira forma sublimada da mesma substância e, no fim, temos o ouro como a meta incorruptível. Quando consideramos esses paralelos alquímicos, podemos presumir que o cajado é idêntico à águia e à cobra, mais o que antes era possessão pela paixão e ímpeto de poder, foi cristalizado em uma firmeza interna. Poderíamos, portanto, dizer que o sonho diz a Temístocles: "Agora, você não tem escapatória e perdeu o controle. Mas, se você se ativer ao que é, à sua própria base interior, então você estará seguro". Mas temos que perceber que um cajado de um arauto é uma base muito pequena para alguém pisar em cima e, realmente, com trinta e cinco anos, Temístocles perdeu todo o campo de atividade externa coletiva! Isso foi uma mudança incrível na vida dele: doravante, ele levaria uma vida de aposentado com sua esposa e seus três filhos, provavelmente assumindo certas funções religiosas como sacerdote nesse novo país.

Eu gostaria de comparar esse drama na vida de Temístocles com uma situação parecida que, entretanto, tomou um rumo trágico e não levou a uma solução positiva, a saber, com o famoso sonho de Aníbal, o grande líder de Cartago contra os romanos. Ele era um grande gênio militar e era amado demais por suas legiões. Primeiro, vamos contar brevemente a vida dele.

A vida de Aníbal (247-183 a.C.)

Aníbal foi criado no clima de ódio que seu pai, Amílcar, sentia pelos romanos. Quando Aníbal tinha nove anos de idade, seu pai o obrigou a fazer um juramento solene no templo de Baal contra os romanos e, bem jovem, ele foi levado junto nas campanhas militares do pai à Espanha e, com isso, foi separado da mãe.

Na época, havia um pacto entre as duas grandes potências Cartago e Roma, segundo o qual nenhuma das duas poderia tocar as propriedades de *socii* do lado sul e norte do Ebro respectivamente. Sagunto, entretanto, não havia sido mencionada no pacto. Contudo, ao atacar Sagunto, Aníbal foi moralmente responsável pelo início da guerra, mantendo o juramento que ele havia feito ao pai. Sua famosa travessia dos Alpes com seu elefante é muito conhecida. Ao passar pelos Apeninos, na travessia de um pântano, ele perdeu um grande número de homens e contraiu uma doença dos olhos, devido à qual ele praticamente perdeu a visão de um olho. Após a vitória surpresa de Canas, ele fracassou em não atacar Roma imediatamente, como seu líder da cavalaria, Maharbal, estava ansioso para fazer, preferindo parar e refletir, perdendo assim a oportunidade. Roma teve tempo de fortalecer suas defesas, e a sorte se voltou contra ele. Cipião foi para a África, e Aníbal foi derrotado na batalha de Zama. Apesar de vencido, ele se tornou sufeta de Cartago, mas foi acusado de conspiração e pediu refúgio a Antíoco IV da Síria e, novamente, entrou em guerra contra Roma. Aníbal foi derrotado novamente e pediu refúgio de novo, desta vez ao Rei Prúsias da Bitínia. Mas lá ele foi traído novamente e, na hora de ser preso, cometeu suicídio, tomando veneno.

Cícero registrou em seu livro *De divinatione* o seguinte sonho de Aníbal:

O sonho de Aníbal[11]

> Célio[12] relatou que, quando Aníbal havia tomado Sagunto, ele sonhou que havia sido convocado por um conselho dos deuses; e que, quando ele lá chegou, Júpiter o ordenou que ele travasse guerra contra a Itália; e uma das divindades do conselho foi indicada para ser o guia dele nesse empreendimento. Sendo assim, ele começou sua marcha sob a direção de seu protetor divino, que mandou que ele não olhasse para trás. Aníbal, no entanto, não conseguiu obedecê-lo por muito tempo e cedeu ao grande desejo de olhar para trás, quando imediatamente viu um imenso e terrível monstro, como uma serpente que, quando avançava, destruía todas as árvores, e todos os arbustos e constru-

---

11. As fontes que eu usei foram: CÍCERO. *De Divinatione*, 1.24. Chicago: University of Chicago Press, 1949. • SEAFIELD, F. *The Literature and Curiosities of Dreams*. Vol. 11. Londres: [s.e.], p. 71s.

12. Célio é a fonte de Cícero nesse assunto.

ções. Admirado, Aníbal perguntou ao deus o que significava aquele monstro, e o deus respondeu que ele significava a desolação da Itália, e ordenou que ele avançasse sem demora e não se preocupasse com as desgraças que ficavam para trás dele.

Mais adiante em sua campanha, Aníbal teve um segundo sonho, de menor importância. Cícero o descreveu assim:

> Célio relata que Aníbal, em seu desejo de retirar uma coluna de ouro do templo de Juno Lacínia, sem saber se era de ouro mesmo ou apenas folheada a ouro, fez um furo nela; e, quando ele descobriu que era de ouro sólido, resolveu levá-la embora. Na noite seguinte, Juno apareceu para ele em um sonho, alertou-o para que ele não fizesse aquilo e ameaçou, caso ele fizesse, agiria para que ele perdesse o olho com o qual ele podia ver bem (o único que havia restado). [...] Por causa disso, ele devolveu o ouro que ele havia subtraído da coluna ao perfurá-la.

O que impressiona imediatamente em relação ao primeiro sonho é que o pai romano dos deuses, Júpiter, dá uma ordem a Aníbal no conselho dos deuses do Olimpo, não o deus fenício dele, Baal, como seria de se esperar. Então, isso parece ser uma armadilha. Os deuses, como sabemos, são personificações de arquétipos. Se, por conseguinte, os deuses romanos dão um conselho a ele, significa que inconscientemente Aníbal os reconhece como seus deuses, em detrimento de seu próprio deus. A personalidade inconsciente dele idolatra os deuses romanos, ou os próprios arquétipos aparecem para ele na esfera romana, no território inimigo.

Que o nome de Júpiter não seja meramente "*interpretatio* Romana" (ou seja, o uso do nome de Júpiter para aludir a Baal) é provado pelo fato de que o texto menciona um conselho de deuses. O Baal cartaginês era o príncipe consorte de Ishtar, não um membro de um conselho de deuses. Além disso, ele era um deus ctônico da fertilidade, e o nome dele seria mais bem traduzido para latim como Plutão, o deus romano do submundo, com o qual ele tinha mais afinidades. Somado a isso, o segundo sonho apresenta a deusa-mãe romana Juno, como pode ser provado pelo sobrenome dela, Lacínia (=Lucina). Isso confirmaria o fato de que os arquétipos, ou o inconsciente de Aníbal, aparecem sob a forma romana. O inconsciente dele foi projetado nos romanos. Consequentemente, Aníbal tinha realmente perdido suas raízes: ele havia partido de Cartago aos nove anos de idade – e a própria Cartago era uma cidade cosmopolita com uma população muito misturada. Além disso, ele foi separado da mãe, e geralmente é a mãe que transmite a tradição da terra aos filhos.

A primeira frase do sonho já mostra a catástrofe iminente: "Trave guerra contra a Itália". Isso era muito arriscado. A força dos cartagineses estava na esquadra deles. A incrível estratégia de Aníbal era de tradição grega, que ele adotou como os romanos haviam feito. Ele foi levado erroneamente a lutar contra os romanos com as próprias armas deles, em vez de insistir no combate naval, no qual os romanos eram fracos. Ele havia inconscientemente projetado seus mais altos valores, investindo-os na Itália, pois era fascinado por esse país. Foi interessante observar o mesmo fenômeno, a superestimação do inimigo, nos sonhos dos povos tanto da Inglaterra quanto da Alemanha antes da Segunda Guerra Mundial.

Aníbal não tinha o apoio de seu próprio povo. (Cartago era uma das colônias independentes, não o *Imperium*.) A meta dele era pura vingança. Ele não tinha outro objetivo: ele foi arrebatado pelo objetivo coletivo. Mais tarde, ele alegou ser o defensor da cultura grega. Ele não tinha raízes, nem em seu próprio ser, nem na nação dele. Portanto, ele estava fadado ao fracasso.

Quem, devemos agora nos perguntar, é o "jovem brilhante" (como ele é chamado no texto de Lívio) que guiava Aníbal? Ele pertence ao mesmo tipo que Mercúrio, ou o *puer aeternus*, um típico psicopompo. Ele também poderia ser chamado de o gênio de Aníbal. O gênio romano sempre foi vivenciado no exterior; o fator inspirador era projetado e autônomo. Na Antiguidade, a consciência do eu no homem ainda era fraca demais para se perceberem os fatores internos diretamente. Como os primitivos, ele os via personificados no exterior. Sendo assim, o gênio significava o centro da personalidade inconsciente vital.

O gênio mandou que Aníbal não olhasse para trás. Esse é o motivo no mitologema de Orfeu guiando Eurídice para fora do Hades, e o da esposa de Ló escapando da cidade da destruição. Neste caso, ela não ousou olhar para trás, pois não podia suportar a visão do lado sombrio e vingativo de Deus. No caso de Orfeu, ele está em um estado em que a *anima*, Eurídice, tendo sido envenenada, envenená-lo-ia também, ou seja, tentá-lo e puxá-lo para a terra dos mortos. Outra justificativa para esse tabu pode ser que a luz da consciência, às vezes, interrompe um processo de desenvolvimento interior[13].

A cobra, neste caso, é o lado negativo do gênio-Hermes e também da própria sombra de Aníbal. Provavelmente, o último é proibido de olhar por causa de sua fraqueza. Ele é incapaz de ver seu próprio aspecto dual e teria tido um colapso caso tivesse realmente visto.

---

13. Esse é o motivo de Psiquê direcionando a luz de velas sobre seu marido divino, Amor, desafiando o desejo dele. Aqui, no entanto, a consciência é excluída, pois está claro demais. Na análise, nós nos esforçamos para encontrar conceitos pelos quais o inconsciente pode ser adequadamente expresso, mas às vezes aqueles podem matar o crescimento na psique ao fazer aflorar algo que ainda não estava pronto para ver a luz.

No caso de Temístocles, como nos lembramos, o lado sombrio veio primeiro: ele viveu uma vida selvagem enquanto jovem, e o seu lado luminoso se desenvolveu organicamente a partir de raízes sombrias; enquanto que Aníbal foi separado de seu lado sombrio ainda na infância.

A curiosidade natural de Aníbal o fez se virar, e ele viu o imenso e terrível monstro. A cobra, segundo Jung, é a alma coletiva sombria interior. Aníbal foi levado por um objetivo político e coletivo. Consequentemente, havia o perigo de ele ser meramente o instrumento de uma tendência coletiva. Isso revela uma certa fraqueza na personalidade dele. Hitler também, por exemplo, foi totalmente levado por propósitos e meios coletivos. Não havia restado nada da pessoa privada dele. Aquela foi a desvantagem do gênio de Aníbal – e a única cura para isso teria sido o isolamento voluntário. Mas Aníbal nunca se aposentou, como fez Temístocles, nunca parou para questionar o significado de seu sonho. O "jovem brilhante" profetizou a ruína da Itália, e isso se provou objetivamente verdadeiro: o sul da Itália foi devastado; trezentos mil homens morreram na guerra, quatrocentas cidades e aldeias foram destruídas, não sobrou nenhum camponês, os romanos perderam a reserva de população camponesa. Mas por que o "jovem brilhante" não permitia que Aníbal visse o monstro? Aníbal estava inconscientemente apaixonado, ou fascinado, pelo Império Romano. Não fazia sentido destruí-lo; seria muito melhor conquistá-lo. Como esse fato de ter sido guiado por forças divinas romanas é mostrado pelo inconsciente, fica claro que ele não se deu conta disso conscientemente. Ele ficou preso em uma ilusão: aquela da ideia cavalheiresca da guerra (assim como Napoleão falava de si mesmo como o maior lutador em nome da paz!).

O jovem brilhante é, segundo Jung[14], uma variação do arquétipo do pastor, como Orfeu, Poimandres ou o deus indiano Krishna. Ele é um deus que conduz o rebanho da humanidade. O fato de Aníbal ficar fascinado por ele significa que ele queria se tornar um deus, mas, fazendo isso, ele também constela a sombra desse deus, a serpente, um grande poder destrutivo. Podemos concluir, afirma Jung, que ele fazia uma ideia muito positiva de si mesmo, provavelmente como uma espécie de salvador de seu próprio povo, e ele não percebeu que ele também era um monstro terrível. Mas é isso que costuma acontecer com as pessoas que não veem a sombra. Elas acham que só querem o melhor para sua nação ou para o mundo inteiro, nunca contando com o fato do que elas realmente causam! [...] O monstro também representa a multidão dentro dele, o inconsciente coletivo, a alma coletiva do homem[15], contra a qual o indivíduo só pode lutar *se ele não vender sua alma para uma organização e tiver a coragem de resistir completamente sozinho*. Segundo esse sonho, Aníbal obviamente não podia fazer isso, mas o cajado de ouro do sonho de Temístocles significa precisamente isso – a solidão individual.

Já no segundo sonho de Aníbal com a coluna dourada, Juno ameaça Aníbal com a perda do olho que restava a ele. O inconsciente fala, no sonho, como uma deusa romana, e ele obedece imediatamente. Normalmente, ele não tinha o hábito de obedecer. Quando ele estava na corte de Antíoco IV, por exemplo, um sacrifício foi oferecido, e o arúspice (adivinho) declarou que as vísceras do vitelo profetizavam a derrota. Aníbal, longe de ser submisso, exclamou: "Você confia mais nas vísceras de um vitelo do que na sua própria destreza?" Aí estava ele, cheio de si. Isso mostra o

---

14. *Seminar on Zarathustra*, vol. 9, 1938, p. 75. Cf. tb. vol. 10, p. 112.
15. Ibid.

quanto significava para ele obedecer Juno e confirmar novamente que seus valores internos eram projetados nos deuses romanos. Quando ele estava cruzando os Apeninos com seus exércitos, na planície de Arno, eles encontraram um pântano onde Aníbal perdeu seu último elefante, e onde ele desenvolveu uma inflamação e perdeu um olho. Juno deve ter tido alguma responsabilidade com a destruição de seu primeiro olho também. A cobra é, entre outras coisas, também uma personificação do pântano. Portanto, Juno deve, de alguma forma, estar ligada com a imensa cobra do primeiro sonho também.

O olho único é o motivo do ponto de vista unilateral. Tais acidentes são, como sabemos, simbólicos do ponto de vista da vítima; mãos mutiladas, por exemplo, nas quais a mão direita significa agir a partir do ponto de vista da consciência. O motivo da cobra também está ligado ao lado feminino, do qual Aníbal fora anormalmente afastado aos nove anos de idade. A mulher espanhola com quem ele se casou não parece ter contado muito na vida dele. Ele viveu inteiramente para suas missões militares e era possuído por seu objetivo. Portanto, o princípio feminino havia se fundido com o inconsciente coletivo (a cobra). Ele foi ameaçado por Juno Lacínia, a protetora no nascimento. O nome Lacínia é derivado de *lux* = luz: ela ajudava a criança a ir para a luz – e era a protetora das sobrancelhas. Aníbal nunca fez as pazes com a *anima*, o princípio feminino dentro dele mesmo. Temístocles, por outro lado, como sabemos, tinha uma esposa que foi para o exílio com ele e tinha uma vida pessoal. Ele era capaz de integrar o "outro lado" e com ele o lado feminino. Essa é uma crise típica na vida de homens muito masculinos e poderosos, e eles desabam quando têm que passar por essa transformação. Algumas tribos indígenas tentam auxiliar nisso, fazendo o homem vestir roupas de mulher na segunda metade de sua vida. Isso também representa a virada da ação para a sabedoria, da liderança para a aposentadoria, para a reclusão e para uma atitude religiosa em relação à vida. Enquanto o sonho e a vida de Aníbal terminaram de modo trágico, o sonho de Temístocles tem uma solução: ele fica de pé sobre um cajado de ouro.

O ouro do cajado no sonho significa o indestrutível, o incorruptível, ou seja, o valor mágico. O ouro está relacionado ao princípio do sol, à consciência além da destruição. O fato de que Temístocles fica de pé sobre um cajado e não sobre a terra significa que ele não descobre a terra no exterior (isso teria sido apenas uma enantiodromia, enquanto a dele havia sido uma transformação verdadeira de transcendência dos opostos); o poder que se apoderou dele se tornou uma terra interior, uma base interior, mas ele não podia mais transitar visivelmente demais. Ele compreendeu sua tarefa interior e abandonou todos os poderes e atividades exteriores.

Pode ser interessante comparar os dois modos de interpretação; a saber, como as pessoas viam os sonhos no passado e como nós os vemos hoje.

Na Antiguidade, eles teriam interpretado a cobra como o demônio ou o deus de Atenas agarrando o sonhador – como um poder divino. A águia provavelmente teria sido vista como um símbolo da alta carreira dele; e o cajado de ouro como o dinheiro e a segurança que ele recebeu no final da vida.

Hoje, em vez disso, nós diríamos que um impulso instintivo leva o sonhador a um papel coletivo e o guia a uma presunção e a uma exaltação espiritual que põe em risco a vida humana, mas que isso ainda pode ser transformado em um aumento da consciência que leva ao processo da individuação.

Nós enfatizamos a função psíquica do sonho, enquanto que os gregos enfatizavam a função profética. Podemos ver como, na Antiguidade, os homens tinham pouca consciência de sua alma.

Foi necessário o nosso desenvolvimento via cristianismo para nos conscientizar do fator psíquico e, sendo assim, é só agora que nós podemos entender esses sonhos como um processo interior. Eles exemplificam, parece-me, um ponto de virada muito típico e importante na vida desses dois grandes homens e, além disso, esclarecem alguns aspectos clássicos do processo de individuação, como o conhecemos hoje.

5 Mônica, mãe de Santo Agostinho

Durante os anos em que Santo Agostinho resistiu às súplicas persistentes e incansáveis de sua mãe para que ele desistisse da vida dissoluta e fosse batizado (as brigas deles eram tão virulentas que eles não podiam nem ao menos comer à mesma mesa), Mônica, a mãe, teve o seguinte sonho, que Agostinho relata em suas *Confissões*:

> Ela se viu de pé sobre uma régua de madeira, e um jovem todo radiante veio até ela, animado e radiante, enquanto ela estava chorosa e triste com sua dor. Ele perguntou a ela – não para conhecimento dele, mas como acontece nas visões, para ensiná-la – as causas da tristeza dela e das lágrimas que ela derramava diariamente. Ela respondeu que chorava pela perda de uma alma. Ele a ordenou que ficasse em paz e mandou que ela observasse cuidadosamente, e ela veria que, onde ela estava, eu também estava. Ela olhou e me viu de pé ao lado dela sobre a mesma régua.

Agostinho continua: "Quando ela me contou a visão, e eu tentei interpretá-la no sentido de que ela não deveria se desesperar se um dia se tornasse como eu era, ela respondeu sem um instante de hesitação: 'Não. Pois não me foi dito que, onde ele está, você está, mas que, onde você está, ele está'"[1]. Agostinho acrescenta

---

[1]. *The Confessions of St. Augustine*. Nova York: Sheed & Ward, 1943 [*Confissões*. Petrópolis: Vozes, 2001, p. 55s.].

que, na época do sonho, ele ficou mais profundamente afetado pela resposta do que pela própria visão-sonho.

A vida de Santo Agostinho (A.D. 354-430)

Santo Agostinho nasceu na cidade de Tagaste, na província de Numídia, África do Norte. Seu pai, Patrício, foi um pagão que supostamente fora convertido no final da vida ao cristianismo. Entretanto, na época em que Agostinho morava na casa dos pais, Patrício, um homem muito temperamental, ainda era um pagão fanático.

Então Agostinho cresceu em um lar dividido em termos de religião. Ele herdou a natureza passional do pai. Ele foi, quando tinha doze anos, para a escola de gramática em Madaura e, cinco anos depois, para Cartago, onde se tornou professor de retórica e escreveu em latim em estilo retórico. Aos dezenove anos, ele leu *Hortêncio*, de Cícero, e ficou cada vez mais interessado em questões filosóficas e religiosas. Ele se tornou seguidor (inclusive um "ouvinte") dos maniqueístas, graças à influência de seu elegante orador e líder, Fausto, bispo de Mila. Posteriormente, ele retornou a Tagaste e trabalhou lá como professor. Sua mãe tornou-lhe a vida insuportável, pois ele não queria ter que ouvir os argumentos dela a respeito de ser convertido ao cristianismo. Mônica tinha brigas tão assustadoras com o filho, que mesmo o bispo com que ela se consultava a repreendia por seu temperamento. Foi nessa época que Mônica teve o sonho que aconteceu na realidade por volta de onze anos depois. Na época, entretanto, Agostinho ainda não tinha sido convertido. Ele foi para Roma, onde os ensinamentos dos maniqueístas o decepcionaram mais e mais. Ele ficou feliz, portanto, quando recebeu um convite para ensinar em Milão em 384 e, por consequência, separou-se dos maniqueístas. Durante esse período, ele estudou textos neoplatônicos a maior parte do tempo.

O maniqueísmo é um sistema religioso dualista. Seu fundador, Mani, era de uma família persa ou judia; afirma-se que ele foi filho ou até mesmo o escravo de uma viúva de quem ele furtou os Livros da Sabedoria. O maniqueísmo tem ligações com o budismo e contém em seus ensinamentos elementos indianos, zoroastrianos, babilônicos e sírios. A seita se disseminou até lugares distantes, como a Índia e a China.

O maniqueísmo pregava a existência de dois deuses em dois reinos, um universo de luz e um de escuridão, que eram completamente separados um do outro. O deus bom tinha vários mensageiros, entre os quais Cristo, mas o principal redentor era Mani. O filho da escuridão era Arimã. O primeiro homem, Adão, caiu na escuridão em vez de lutar contra ela e deixou suas armas (que consistiam em seus cinco filhos) na escuridão. Desse modo, luz e escuridão ficaram enlaçadas. Então, Deus criou o mundo real como uma máquina projetada para liberar as centelhas de luz (a roda zodiacal). O indivíduo humano é enganado pelo demônio, mas existem partículas de luz dentro dele, e a tarefa dele é libertá-las. A solução está na restauração das centelhas de luz e na completa separação de luz e escuridão, em cujo momento o mundo seria destruído pelo fogo.

Como na maioria dos sistemas gnósticos, a salvação no maniqueísmo depende da *gnose*. A palavra *gnose* não significa apenas "conhecimento", mas também uma vivência pessoal de Deus. Os maniqueístas comparam essa experiência com o despertar na escuridão: o redentor chama, e a alma responde; a alma só pode ser salva dentro de si mesma. Portanto, a salvação não depende tanto no ritual, apesar de o ritual ter um papel importante; a principal experiência interior é a *gnose*. O maniqueísmo é uma religião de luta e autocontrole. Os maniqueístas eram vegetarianos e consideravam as plantas e os vegetais, incluindo melões e pepinos, como uma dieta especialmente favorável.

Essa visão dualista de Deus satisfaz o intelecto até certo ponto, pois ela considera a existência do mal. Mas, para o sentimento, esse ensinamento, com sua condenação absoluta do mundo, é muito desencorajador; é pessimista demais. Além disso, o sentimento resiste à ideia de dois deuses, pois o sentimento quer vivenciar Deus como uma última singularidade ou unidade. Provavelmente, esses foram os fatos que estão por trás da decepção de Agostinho com o maniqueísmo.

O conceito do "Deus único", como mencionado acima, aproximou-se de Agostinho por meio do neoplatonismo, que está mais próximo da doutrina teológica cristã; ele pregava a existência de "um bom Deus", mas negava a existência do mal (que, segundo a formulação posterior de Agostinho acerca da questão, é meramente um *privatio boni*) e consequentemente enfatizava apenas o lado luminoso de Deus. Conforme Agostinho se dedicava ao neoplatonismo, ele ainda agia segundo sua função psíquica superior – o pensamento intelectual – apesar de ela ter abraçado um ponto de vista holístico, que possibilitou que a função inferior aflorasse na consciência.

Apesar de Agostinho ter abordado ponto de vista cristão intelectualmente, por meio de sua aceitação do neoplatonismo, ele ainda estava deprimido e insatisfeito. Um afloramento de sua função inferior era necessário – um evento que pode ocorrer, mas que não pode ser causado pela vontade da pessoa. Uma experiência psíquica interior é necessária. Em Milão, Agostinho se encontrou com Ambrósio, o grande estadista e nobre bispo, e estudou a Bíblia com seu amigo de longa data, Alípio. Entretanto, ele era incapaz de aceitar as Sagradas Escrituras, pois, a partir de seu ponto de vista estritamente intelectual, elas eram contrárias a toda a lógica. Então, Ambrósio ensinou a ele o método da interpretação alegórica e assim abriu para ele a porta da possibilidade de ler a Bíblia com seu intelecto.

Apesar do fato de Agostinho ter se aproximado gradualmente das doutrinas cristãs com seu intelecto, ainda havia certa barreira inconsciente nele a se tornar cristão. Segundo Jung, uma conversão ao cristianismo – da parte daqueles poucos indivíduos excepcionais que genuinamente lutaram para seguir o exemplo de Cristo – consistia no sacrifício da função superior. Jung ilustra isso com os exemplos de Tertuliano e de Orígenes, e menciona que o caso de Agostinho era similar ao do último[2]. Santo Agostinho também teve que sacrificar seu intelecto. Portanto, devemos nos perguntar em que ponto os sentimentos dele estavam bloqueados. Eles estavam provavelmente ainda ligados à mãe dele e, por consequência, ele nunca teve uma relação séria com outra mulher.

Em Cartago, Agostinho vivia uma vida sexual normal. Ele teve um filho ilegítimo, a quem ele deu o nome de Adeodato e, após o nascimento do filho, ele mandou a mãe embora. Mas ele obteve outra companhia feminina do mesmo caráter questionável. O problema da castidade, no entanto, o afligia mais e mais (ou seja, psicologicamente, ele queria permanecer fiel à imagem da mãe), mas ele não conseguiu se decidir a abandonar suas associações com mulheres "inferiores".

Contudo, a tensão interna entre o impulso dele e seu intelecto orgulhoso, que possibilitava que ele resistisse ao primeiro, tornou-se manifestamente mais urgente, até ele não poder mais rejeitar a voz interior. Ele estava sentado uma noite com Alípio que sabia do terrível conflito que se passava dentro de Agostinho,

---

2. JUNG, C.G. *Psychological Types*, CW 6, par. 33 [*Tipos psicológicos*. Petrópolis: Vozes, 2011 [OC 6].

quando um repentino ataque de choro da parte do último o forçou a se afastar da companhia do amigo. Soluçando, Agostinho se retirou para o jardim e se atirou para debaixo de uma figueira. Lá, ele ouviu a voz de uma criança dizendo: "Tolle lege, tolle lege!" ("Pegue e leia, pegue e leia!") Agostinho correu de volta a Alípio, que, naquele momento, estava lendo as Epístolas de Paulo. Agostinho pegou a Bíblia, abriu em Romanos 13,13 e leu silenciosamente: "[...] não vivendo em orgias e bebedeiras, em concubinato e libertinagem, em brigas e ciúmes. Ao contrário, revesti-vos do Senhor Jesus Cristo e não vos preocupeis em satisfazer os apetites da carne". Em sua descrição desse evento nas *Confissões*, Agostinho diz: "Naquele instante, com o final da frase, foi como se uma luz de total confiança brilhasse em todo o meu coração, e toda a escuridão de incerteza desapareceu". E ele acrescenta: "Pois Tu me converteste a Ti para que eu não mais procurasse uma esposa nem quaisquer promessas deste mundo, mas para que eu ficasse de pé sobre a mesma régua de fé sobre a qual Tu me mostraste para ela tantos anos atrás"[3].

Como naquela época ele estava sofrendo de uma doença do peito que o impossibilitava de trabalhar, ele se demitiu de seu emprego de professor antes do começo do feriado de Páscoa e se retirou com alguns amigos para uma casa no campo, emprestada a ele por um amigo, em Cassicíaco, perto de Milão. Na Páscoa seguinte ele foi batizado, junto com o filho dele e com Alípio. Sua mãe se juntou a eles em Cassicíaco e ficou radiante com o atendimento de suas orações. Ela morreu em Óstia, quando eles estavam se preparando para embarcar para a África.

Agostinho permaneceu em Roma até 388, quando ele voltou para a África, onde presumivelmente seu filho morreu pouco tem-

---

3. *The Confessions of St. Augustine*. Op. cit., p. 179.

po depois. Ele levou uma vida monástica na comunidade de Hipona (na África Proconsular) e se tornou bispo da região no ano de 395. Ele passou a vida em conflito e confrontação, principalmente com os maniqueístas, os dogmatistas e com Pelágio, um defensor do "pecado original". Então, Agostinho escreveu *A Cidade de Deus*. Uma de suas últimas obras, *A Trindade*, é de enorme interesse em termos psicológicos, pois nela ele compara a hipóstase da Trindade com fenômenos e processos psíquicos. A exegese dele do Gênesis é simbolicamente de grande importância. É como se, na fase final da vida dele, seu comportamento pugnaz tivesse finalmente aberto caminho para uma compreensão mais madura e completa das verdades cristãs.

Santo Agostinho morreu com setenta e seis anos de idade, em 430, o ano em que os vândalos tomaram Hipona.

Interpretação do sonho

Nossa atenção deve ser dirigida, em primeiro lugar, ao fato de que *a mãe de Agostinho está de pé sobre uma régua de carpinteiro*. A régua é usada para traçar uma linha simples ou um retângulo. Ela lembra a profissão de José – na mitologia, um dos ofícios mais antigos. Os trabalhos artesanais representam a primeira tentativa da humanidade de subjugar a natureza e, consequentemente, em geral, são simbolicamente uma atividade que leva a uma maior consciência. Como os mitos da criação são representações simbólicas da origem da consciência humana, não é de surpreender que certos trabalhos manuais sejam frequentemente mencionados neles. Sendo assim, no Egito, o deus-ceramista cria o mundo; na Índia, é o deus-ferreiro; e o carpinteiro também aparece na Índia no papel do demiurgo (Rigveda). Considerando que o Espírito Santo é o pai espiritual de Jesus, José é, por assim dizer, o pai mais obscuro e demiurgo dele. A régua é o instrumento com o qual endireitamos as coisas. Deste modo, por exemplo, no comentário ao *I Ching*, está dito: "O símbolo do Paraíso é o círculo, e o da Terra [...] uma linha reta"[4]. Em latim, *regula* (régua) também significa "cânone", ou seja, os livros canônicos das Sagradas Escrituras, em oposição aos apócrifos.

Entretanto, há algo incomum em nosso sonho. Em vez de segurar a régua nas mãos, Mônica *fica de pé* sobre o objeto. Ela o usa do modo errado. O instrumento provavelmente representa as convicções do *animus* cristão dela; essas convicções são uma percepção correta das circunstâncias, mas com as quais Mônica não consegue lidar, enquanto mulher que emprega seu *animus* conscientemente, por exemplo, no trabalho criativo. Quando Mônica queria convencer outros, ela usava seu *animus* da forma errada, ou seja, teimosa e obstinadamente. O bispo reconheceu isso e tinha consciência dessa atitude rígida e não cristã, que tornava impossível qualquer debate com ela. Mônica deveria ter se esforçado mais para que compreendessem melhor o ponto de vista dela; ela teria, então, sido capaz de explicá-lo aos outros em vez de tentar impô-lo a eles. As convicções dela eram aquelas de uma possessão do *animus*, vinda do inconsciente coletivo. As mulheres normalmente aceitam qualquer novo espírito dos tempos mais rapidamente do que os homens, e o aceitam com o *animus* delas, que é um *logos spermatikos*, pois frequentemente elas são menos céticas. É por esse motivo que elas costumam ser as condutoras de novos movimentos religiosos (por exemplo, os Mistérios Dionisíacos, Santa Perpétua[5] e semelhantes). Mas, então, é normalmente

---

4. *The I Ching or Book of Changes*. 3. ed. Princeton: Princeton University Press, 1967 [*I Ching ou o Livro das mutações*. São Paulo: Trevo, 2011, p. 13. – Hexagrama 2. *K'un*/O Receptivo].

5. Cf. VON FRANZ, M.-L. *The Passion of Perpetua*. Irving, Texas: Spring, 1979.

uma convicção inexplicável e fanática que se apodera delas. Devemos considerar a situação de Mônica. Ela era a única cristã da família; portanto, não havia um ambiente instintivo e íntimo para apoiar a crença dela. A relação dela com o marido não ajudava em nada. Quando um casamento é tão infeliz quanto o dela, é natural que a mãe se concentre quase que involuntária e intensamente demais no filho. Agostinho, no entanto, não era um fraco filhinho de mamãe; ele resistia a ela. Então, no sonho dela, ela recebia um conselho veemente para que ela não se preocupasse com ele; senão, ela o teria castrado. Isso aponta para o problema do *animus* das mães que insistem em impor a opinião delas aos filhos.

Então, o jovem radiante pergunta a Mônica: "Por que você está reclamando?" Ele diz isso para que ela possa parar, refletir e reconhecer o que ela está fazendo. O jovem é, de certo modo, o mensageiro de Deus. Psicologicamente, ele deve também ser uma figura interior de Mônica, apontando, já que ele é jovem, para uma nova atitude espiritual. Nesse sentido, ele é a duplicata do filho dela; ele é o que Agostinho deveria se tornar, segundo os desejos dela; ela gostaria de impor o *animus* dela a ele. O fato de que o jovem aparece como uma figura distinta do filho dela significa que ela precisa se conscientizar do que ela está projetando. Ele é *luminoso*, o que indica a função dele de *esclarecimento*. Onde quer que prevaleça uma convicção *a priori*, isso não é assimilado; um longo desenvolvimento passo a passo é necessário antes que isso possa ser efetivado de modo humano. Esse é o objetivo da aparência do jovem; ele ensina a atitude humana correta. Uma alusão a isso estava inicialmente presente no motivo da régua, que é um instrumento humano, não um produto da natureza. O espírito poderia, do mesmo modo, ter sido simbolizado pelo vento, por exemplo, ou por uma águia.

A régua é um instrumento para medição, o que também é uma função humana (*anthropos panton metro*, "o homem é a medida de todas as coisas"). Nós encontramos a ideia de uma medida cristã na Epístola de Paulo aos Efésios (4,13): "Até que todos nós cheguemos à unidade da fé e do conhecimento do Filho de Deus, ao estado de homem perfeito, de acordo com a maturidade da plenitude de Cristo". O corpo de Cristo é tido aqui como uma medida ideal para o homem; ele é a comunidade de fiéis. A referência à medida aparece novamente nas Escrituras, no Livro da Sabedoria (11,20), onde é dito do Criador: "Entretanto, dispuseste com medida, número e peso". Agostinho escreve em seu comentário sobre esse versículo que isso significa: "Em Deus mesmo. [...] Ele, que é número sem número, peso sem peso, medida sem medida"[6]. Alain de Lille afirma que os números são ideias ou padrões no espírito de Deus[7]. Os arquétipos, que são números, estão contidos na *sapientia dei*, a sabedoria de Deus. Existem também interessantes especulações alquímicas a respeito de peso e medição. Alberto Magno, em *Paradisus Animae*, declara que a medida é atribuída a Deus, a numeração ao Filho, e o peso ao Espírito Santo; nós deveríamos, portanto, viver nossa vida segundo a medida certa.

O problema de "peso e medida" aparece também no trabalho psicológico. Esse motivo normalmente faz alusão a um daqueles problemas difíceis na análise, como até que ponto um motivo de um sonho deveria ser considerado concretamente e/ou até que ponto ele deveria ser considerado simbolicamente. Não há regra para isso. Se, por exemplo, alguém sonha que é insultado por alguém ou insulta alguém que personifica a sombra, não é possível

---

6. *De Genesi ad. litt.*, 1.4. c. 3 e 8. • MIGNE, P. Patrologiae cursus completus (P.L.), 34, col. 299 (Patrologia Latina).
7. Ibid., 210.

saber até onde essa pessoa representa a sombra interior ou até que ponto o sonhador – se levado em conta concretamente – deveria evitar a tal pessoa. Esse é exatamente um problema de peso e medida. Jung afirma que a pessoa deve *sentir* para onde o sonho a leva; é uma questão de *sensação*, que é uma função de peso e valoração, uma distribuição sensitiva de peso e medida. O significado de um sonho nunca é descoberto só por meio da lógica.

Um texto alquímico arábico afirma que os números são a ligação entre o corpo e a alma; isso faz alusão novamente ao problema acima mencionado dos aspectos concretos e simbólicos (ou seja, físicos) de cada imagem de sonho.

Isso está de acordo com a situação de Mônica. No seu fervor em converter o filho, ela perdeu toda a medida. O jovem radiante diz: "Fique em paz, seja cuidadosa e observe onde você está, e você vai descobrir que o seu filho está aí também". Ele a conduz a uma atitude mais introvertida e consciente, e fazer isso significa dizer a ela: "Pare de brigar, pois quando você briga, você apenas perde a libido, a sua energia simplesmente se esgota. Você deve parar com isso para o seu próprio bem, se não quiser perder seu filho". É por isso que o anjo enfatiza o fato de que ele já está próximo a ela, o que significa que ela o vai perder se ela se esforçar demais.

O sonho informa a ela que o filho está posicionado ao lado dela; *essa é a lise do sonho*. É o oposto direto dos fatos tais quais ela conhece na realidade. Como o inconsciente não é restrito ao tempo, podemos também dizer que é como se a conversão dele já tivesse ocorrido. O sonho seria, então, simplesmente profético (ou seja, literalmente verdadeiro). Entretanto, não creio que o motivo apenas anteveja um evento futuro, o da conversão de Agostinho. Em vez disso, ele aponta para razões e conexões mais profundas. Para descobri-las, eu devo me referir a algo que eu já sugeri, a saber, de que a conversão ao cristianismo é uma transformação psíquica especial. Em Tertuliano e Orígenes, vemos que essa transformação envolve o *sacrifício da função superior*. Tertuliano sacrificou seu intelecto, ganhando com isso maior profundidade de sentimentos, por meio da qual ele chegou à sua famosa visão paradoxal de Cristo. Orígenes, por outro lado, por meio da autocastração, sacrificou sua extroversão, sua relação com o mundo exterior e ganhou a riqueza do pensamento gnóstico[8]. Agostinho, do ponto de visto da tipologia, lembrava Tertuliano; até o momento da conversão, ele era do tipo pensador. A inferioridade de seus sentimentos é indicada pela vida devassa que ele levava anteriormente. O sentimento dele estava no escuro, até emergir com a irrupção violenta da função interior dele. O seu sentimento que, até então, estava ligado ao da mãe, virou-se para Cristo e a Igreja. Como Agostinho era introvertido, a quarta função dele tinha necessariamente de ser a de um caráter extrovertido e, portanto, moveu-se na direção de objetos exteriores, ou seja, à visível Igreja Católica Romana. Isso também explica, em retrospecto, por que ele não gostava da negação maniqueísta do mundo. Ao mesmo tempo, a Igreja Católica oferecia um sistema monístico à função indiferenciada do sentimento. Apenas o pensamento diferenciado e o sentimento podem resistir ao paradoxo, enquanto que o sentimento inferior deseja encontrar o amor ou a fé absolutos. Por essa razão, os opostos não podem ser aceitos conscientemente por meio do último. Todo o ensinamento católico romano está em oposição ao maniqueísmo, pois nega o dualismo e define Deus como um *summum bonum*, como o bem supremo. De onde, então, vem o mal? Essa é a pergunta mais difícil, para a qual o maniqueísmo pode

---

8. JUNG, C.G. *Psychological Types*. Op. cit., pars. 20s.

fornecer uma resposta mais satisfatória. Se Deus é o bem supremo, onde está o mal então? Às vezes, ele é explicado como o resultado da desobediência do homem, da rebelião dos anjos ou da queda de satã. Portanto, Agostinho e Basílio Magno, entre outros, viam o mal como algo insubstancial, um mero *privatio boni*. Para Agostinho, a solução era uma questão de sentimento; o que é enfatizado é que é tarefa do homem seguir os bons. Isso é típico do otimismo dos primórdios do cristianismo. Era o impulso de um movimento que queria elevar o homem acima do mundo sombrio da Antiguidade. Com Santo Agostinho, a irrupção de sua função sentimento foi a solução. A função inferior, qualquer que seja, contém o valor supremo, apesar de ser vivenciada com a maior deficiência.

O novo sentimento de Agostinho em relação à Igreja Cristã se opõe ao fato de que ele foi inicialmente um fanático oponente da Igreja. Para um introvertido intelectual, como ele era, isso significava, em primeiro lugar, uma virada completa. Esse é o seu *imitatio Christi*. Após a instrução alegórica de Ambrósio, começou o movimento impaciente, até que a função inferior irrompeu com grande emoção; o sentimento tomou conta dele por meio de sua qualidade de novo. Até então, como vimos, o sentimento dele estava escondido na mãe, o que é típico em um filho e, quando o sentimento está sob a guarda da mãe, todas as outras mulheres existem apenas para uma relação biológica vulgar. O intelecto dele vaga sozinho. É interessante a mãe de Agostinho ter morrido tão rapidamente após a conversão dele. Teria ela se tornado supérflua agora que o sentimento dele havia encontrado uma imagem materna mais elevada – a *Ecclesia*?

O fio do complexo-mãe perpassa a vida de muitos homens importantes, dando a eles uma atitude feminina interior que os deixa abertos para os conteúdos do inconsciente. Tal homem é um recipiente para novas ideias; ele pode seguir um movimento espiritual. Nós vemos a partir disso que o complexo-mãe por si só não é nada anormal – Dante foi guiado ao Paraíso por Beatriz como uma figura materna! Em vez disso, ele representa uma estrutura interna que pode ser vivida de modo positivo ou negativo.

6 A mãe de São Bernardo de Claraval e a mãe de São Domingos

Quando Alícia, mãe de São Bernardo de Claraval, estava grávida, ela sonhou que dava à luz um cachorrinho branco, cujo dorso era de uma cor avermelhada e que latia muito alto.

A mãe de São Domingos, em circunstâncias idênticas, sonhou que dava à luz um cachorrinho que carregava uma tocha luminosa na boca.

Esses sonhos dão a impressão de terem sido inventados, não só porque não casam tão bem com as circunstâncias das sonhadoras, mas também porque, na época, cães eram uma imagem alegórica comum de santos e homens sábios. Mas, mesmo quando um sonho é inventado, todavia, ele muitas vezes expressa uma situação inconsciente. É como se a pessoa que tem uma ideia repentina fosse impregnada com um fator inconsciente. Entretanto, eu sou da opinião de que esses sonhos são autênticos.

Antes de discutir os vários motivos recorrentes nesses dois sonhos, precisamos, em primeiro lugar, conhecer um pouco a vida desses dois santos.

A vida de São Bernardo de Claraval (1092-1153)

São Bernardo nasceu em Fontaine-lès-Dijon. Seu pai, um cavaleiro chamado Tecelim, foi morto em uma das cruzadas. Sua mãe, Alícia, de uma antiga família de linhagem nobre de Mon-Bar e famosa por sua devoção, morreu quando Bernardo era jovem. Como o menino tinha uma constituição fraca, ela decidiu que ele deveria se tornar monge e, apesar de certa relutância da parte dele, ele entrou para a comunidade (cisterciense) fundada por Roberto de Molesme em Cister no ano de 1098. Em 1115, ele foi nomeado abade do mosteiro em Claraval, que posteriormente se tornou o mosteiro-sede dos cistercienses, onde ele se provou um professor eficaz e um santo, que curava por meio do toque. Ele era amplamente conhecido por seus milagres, e peregrinos iam até ele em grandes números.

Bernardo se preocupava com os problemas do mundo em geral e participava dos mais importantes debates teológicos da época. No Concílio de Troyes em 1128, ele contribuiu para a aprovação do concílio da nova Ordem dos Templários, que havia sido fundada para a guerra contra os muçulmanos e que mais tarde foi contaminada por falsas doutrinas e alquimia arábica. Por meio delas, no entanto, ensinamentos arábicos alquímicos foram introduzidos na Europa, onde foram preservados até o século XVI. Após a morte do Papa Honório II, Bernardo defendeu com êxito as alegações de inocência de Inocêncio II contra as de Anacleto II (o "anticristo"). O papa viajava de um lugar a outro com o apoio da poderosa abadia, e, graças a Bernardo, o cisma na Igreja foi finalmente sanado.

São Norberto havia profetizado que a era do Anticristo estava se aproximando, pois isso havia sido revelado a ele em um sonho. Bernardo não acreditou nisso, entretanto, e só depois que Anacleto (Pietro Pierleoni) entrou em cena que ele aceitou a revelação de Norberto.

A imensa amplitude da influência de Bernardo é evidente nos resultados de suas batalhas contra Abelardo. Apesar de ser moralmente forte, ele não era páreo para o grande estudioso; sendo do tipo sentimento, ele era incapaz de seguir os argumentos sutis de Abelardo – e, ainda assim, a palavra dele foi o bastante para efetivar a condenação do último.

Bernardo, então, dirigiu sua energia para lutar contra os albigenses em Languedoc. Mas a Segunda Cruzada, que ele organizou lá, fracassou em obter quaisquer resultados e reduziu a influência dele dentro da Igreja. Isso novamente frustrou o impulso dele de converter os albigenses, e ele atribuiu a imperturbabilidade "daqueles cães" face à morte ao poder do diabo[1].

Por natureza, Bernardo não era nem um fiel cego nem um opressor e, não considerando o fanatismo dele, tinha um caráter nobre e uma postura conciliatória e diplomática. Arrasado por sua autodisciplina rígida e seu trabalho interminável, ele morreu em 20 de agosto de 1153.

A vida de São Domingos (1170-1221)

São Domingos, fundador da Ordem Dominicana (Ordem dos Pregadores), nasceu em 1170 em Caleruega, na antiga Castela. Ele passou dez ou doze anos em Palência, onde estudou principalmente Teologia. Ele foi ordenado no ano de 1195 como cônego da principal catedral de Osma, diocese de origem dele. Em 1203, ele acompanhou o bispo em missão diplomática real, em nome do rei de Castela, provavelmente à França ou à Itália, onde suas notáveis habilidades diplomáticas eram necessárias.

O Papa Inocêncio III o incumbiu, em 1205, de pregar aos albigenses em Languedoc, e, nos dez anos seguintes, esse foi o trabalho da vida dele (1205-1215).

---

[1]. Sermão 66, a respeito do Cântico dos Cânticos 2,15.

Os albigenses de Languedoc eram ligados aos bogomilos da Bulgária, aos patarinos da Lombardia, aos cátaros, e assim por diante, cujos ensinamentos eram maniqueístas e neoplatônicos. Os bogomilos, por exemplo, ensinavam a existência de duas divindades, Deus e satã, e que o mundo material era o reino do mestre satânico. Por esse motivo, eles rejeitavam totalmente o mundo e eram grandes ascetas que renunciavam a todas as posses materiais. Eles até recomendavam o suicídio por meio da inanição voluntária.

Domingos lutou ao lado de Simão de Monforte, mas não participou diretamente da Cruzada e não foi inquisidor. Seu método era conversar e discutir com os albigenses, e tentar convencê-los com seus sermões. Só quando os resultados fracassaram em corresponder às suas esperanças, ele recorreu a ameaças. Em seu último sermão em Languedoc, ele berrou amargamente: "Durante muitos anos, eu adverti vocês com gentileza, por meio de sermões, orações e lágrimas. Mas onde a bênção não funcionou, uma boa surra pode ser eficiente!"

A Ordem Dominicana foi organizada por pequenos grupos de voluntários que se uniram a Domingos durante a missão dele com os albigenses. Em 1218, ele recebeu permissão irrestrita de Honório III para fundar a ordem. Pode parecer que, com a decepção dele em ter fracassado com os albigenses, Domingos decidiu ir ele mesmo pregar aos tártaros nos rios Dniepre e Volga. Isso, no entanto, não aconteceria: ele morreu, exausto devido à privação, aos seus esforços incansáveis e também à severidade de sua vida dedicada apenas ao trabalho, em 6 de agosto de 1221 em seu monastério, em Bolonha.

Interpretação dos sonhos

A Antiguidade nos forneceu uma rica coleção de sonhos de mães de homens famosos. Podemos, portanto, considerar a possibilidade de que os sonhos daquelas mulheres previam o destino e a importância futura dos filhos. Entretanto, não temos muitos paralelos nos tempos atuais. Jung era da opinião que uma mulher geralmente não deveria ser perturbada durante a gravidez, pois essa é uma época de introversão maternal. Acreditava-se antigamente que tudo que impressionasse a mãe durante a gravidez tinha influência sobre a alma do filho que ainda não nascera. Sendo assim, podemos analisar tal sonho a partir de duas perspectivas: como uma previsão do destino do filho ou como a resolução de algum problema na alma da própria mãe.

Vamos examinar esses dois sonhos a partir do ponto de vista ingênuo, ou seja, como indicativos do destino da criança.

Simbolismo do cão
Como símbolo, o cão tem vários aspectos. Na Antiguidade, ele era associado ao lado escuro da Lua, ligado à deusa Selene (lua) e também a Ártemis, a deusa do nascimento, que levou Acteon a ser estraçalhado por dois cães por tê-la visto se banhando. À noite, Hécate podia ser ouvida, uivando com uma matilha de cães. Cérbero, o cão de guarda de três cabeças de Hades, era filho de Equidna, a filha metade cobra, metade mulher, de Gaia (a terra) e de Tifão. Os outros filhos deles eram a Quimera, Cila, a Górgona, o Leão da Neméia, a águia de Prometeu e Ortros, cão do monstro Gerion, que Hércules matou. Foi por meio desse cão, seu filho Ortros, que Equidna deu à luz a Esfinge[2].

Sirius, a estrela mais brilhante da constelação Canis Majoris (Cão Maior), que nasce e se põe com o sol, está ligada à época de calor mais intenso, o solstício do verão. O cão aparece nos mistérios

---

2. Sobre o simbolismo do cão, cf. JUNG, C.G. *Symbols of Transformation*. CW 5, par. 577 [*Símbolos da transformação*. Petrópolis: Vozes, 2011 (OC 5)].

de Mitra como um dos animais que pulam sobre o touro agonizante; a morte de Mitra como um touro é o momento de maior fertilidade. Na época do mais intenso calor, quando a praga é uma ameaça (o período de Sirius), cães eram sacrificados para Hécate. Ísis, a deusa egípcia, anda montada sobre um cão. Na Antiguidade, havia uma brincadeira com as palavras *kyon* e seu genitivo *kynos* ("cão"), e *kyontis*, que significa "estar grávida". Portanto, *kyon*, o cão, era associado à gravidez; o cão pertencia à Deusa Mãe.

O motivo de cura do cão e seu papel como psicopompo

Os cães são também um símbolo de Esculápio; eles eram a aparência teriomórfica dele. Devido ao seu sentido do olfato, oferendas eram levadas a eles. No Egito, o deus com cabeça de chacal Anúbis ajudou Ísis a reunir as partes do corpo de Osíris, que foram todas encontradas, exceto o falo, que havia sido engolido pelo peixe oxirrinco. Os cães, consequentemente, também representam o papel principal no ritual da morte; eles são os sacerdotes de Anúbis, cujo ofício é mumificar os cadáveres. Na Antiga Pérsia, os cadáveres eram jogados para os cães comerem; um cão também era trazido ao leito de morte da pessoa para ser alimentado por ela, para que os cães poupassem o corpo dela, assim como Hércules deu pães de mel a Cérbero em sua jornada ao submundo. É comum existirem figuras de cachorrinhos em lápides, pois os cães mostram o caminho para o além. Na mitologia asteca, um cachorrinho amarelo guia as pessoas ao outro mundo.

O motivo do cão também foi encontrado nos sistemas gnósticos. Em sua *Refutação de todas as heresias*, Hipólito fala da estrela da Cão Maior e da constelação Ursa Menor como se fosse um cão, e escreve o seguinte:

> A Ursa Maior é a primeira criação; sua forma é a de um caracol ou de uma roda, e se move no sentido in-

> verso. A Ursa Menor é uma imitação dela e é a segunda criação, o estreito portão para a redenção, pois ela pertence à constelação do Cão. O *logos* é um cão; ele protege os carneiros dos lobos; ele cria o cosmo, ou seja, a ordem. Quando a constelação do Cão ascende, todas as plantas que não se enraizaram profundamente definham; portanto, a estrela da Cão Maior é o juiz delas. Do mesmo modo que o cão, como *logos* julga as almas, se elas ainda não se enraizaram profundamente[3].

Um texto gnóstico se refere a uma mulher com a forma de um cão azul que é perseguida por um homem com o pênis ereto; ela é, consequentemente, a companhia da lua em uma *coniunctio* (união) sombria[4]. A forma de *logos* do cão também é enfatizada no simbolismo cristão, ou seja, é uma imagem de Cristo, gentil com aqueles que o aceitam e perigoso para seus oponentes. São Gregório se referia à piedade e considerava os homens semelhantes a cães. São Paulo era comparado a um cão indiano, que vive metade do tempo na terra e a outra metade na água.

No simbolismo alquímico, o cão indica o começo da transformação; ele é o símbolo da *prima materia*. Sendo assim, Ventura, citando Arnaldo, guia os adeptos: "Despedacem a cadelinha (*frange caniculam*)". Isso indicava que a cadela, como o cão, é um símbolo da *prima materia*, que deve ser dissolvida para ser transformada. Uma citação de Hermes em Khalid afirma que devemos "pegar um cão coetâneo e uma cadela armênia, cruzá-los, para que gerem um filhote que se assemelhe a um cão de cor celestial" e que "esse cão vai proteger seu amigo e você dos seus inimigos, e

---

3. *Elenchos* 4. 47. 10s. [Traduzido pela autora].
4. Ibid., 5. 20.6.

vai ajudá-lo onde quer que você esteja, estando sempre com você, neste mundo ou no próximo"[5].

O aspecto realista da imagem do cão
Cuvier afirmou uma vez: "O cão é uma das maiores conquistas do homem". Ele é usado na caça e como guardião. Ele é, ao mesmo tempo, natureza pura e o animal mais parecido de todos com o homem; psicologicamente, ele representa o contato ideal da humanidade com os seus instintos. Ele é conhecido no folclore por seu faro apurado, e afirma-se que ele prevê o futuro. Os cães sabem quando as pessoas morrem e, às vezes, eles ficam sem comer ao lado da sepultura do mestre deles. Eles são de tal forma um espelho do homem, que eles realmente representam o *alter ego* do homem. Existem numerosos exemplos dessa associação tão próxima; basta citar Frederico, o Grande, e seu "Bichette".

Agora, vamos aplicar o simbolismo do cão aos dois sonhos.

O cão perdeu sua independência e se tornou dependente dos seres humanos. Tanto São Bernardo quanto São Domingos eram também servos de um mestre: Cristo. Esse é o motivo de *katoché*[6]. Eles são prisioneiros de um destino especial; todo impulso deles de viverem a própria vida é controlado; eles são realmente os cães de Cristo[7], servindo-o neste mundo e, como cães, guiando as pessoas à esperança no outro mundo. Eles também são responsáveis por manter o rebanho unido, já que os hereges são os lobos ou "as pequenas raposas, que saqueiam os vinhedos"[8].

---

5. Cf. tb. o *Rosarium* e a citação em JUNG, C.G. *The Practice of Psychotherapy*, par. 458 [*A prática da psicoterapia*. Petrópolis: Vozes, 2011 (OC 16/1)].
6. Cf. VON FRANZ. *The Passion of Perpetua*. Irving, Texas: Spring, 1979, p. 44.
7. Em um jogo de palavras, os dominicanos se chamavam de *Domini canes*, "cães do Senhor".
8. Cântico dos Cânticos, 2,15.

Esses "cães" especiais, no entanto, têm um aspecto negativo também, pois eles serviram a apenas um ponto de vista; eles não lidaram com o problema da época deles. Bernardo foi incapaz de entrar num debate com Abelardo, ele apenas "latiu" para ele! E Domingos "latiu" para os albigenses. Não devemos desconsider o fato de que esse era o início da Inquisição, que tentava eliminar, por meio do puro poder, todo movimento herege. Como resultado, entretanto, o confronto religioso se tornou cada vez mais fanático. Tal solução para um conflito não é solução; mas, ao mesmo tempo, o homem ainda não era capaz de lidar com o problema de uma maneira individual e humana.

Esses dois homens eram do tipo sentimento, cheios de lealdade em relação a seu sentimento. Bernardo era capaz de curar por meio do toque; isso nos lembra do "movido do cão" de Esculápio e também de Anúbis. Em certo sentido, Bernardo também curava a divisão dentro da Igreja. Quando um homem desse tipo segue um caminho interior, que não parece ter sido a visão da época que ele adquiriu conscientemente, isso presumivelmente significa que suas convicções instintivas vêm da mãe; ela passou ao filho suas opiniões emocionais, como no caso de Agostinho; mas, em tal caso, o filho é simplesmente levado por um impulso despercebido; ele se desvia do conflito interior de dúvida religiosa e consequentemente entra em conflito com o *mundo exterior*. Abelardo tentou conciliar o aristotelismo com o pensamento teológico de seu tempo, para unir o realismo e o nominalismo em seu conceitualismo; ele tentou pensar em paradoxos e, ao mesmo tempo, resolver o problema na vida real. Nenhum de nossos santos foi atormentado por tentações interiores nem dúvidas; para eles, os lobos e raposas estavam no exterior, e eles latiam para eles. Eles eram levados inconscientemente pelo instinto. Com eles, a tradição cristã havia se tornado uma atitude instintiva, por meio da qual eles eram sempre apoiados na base. Mas isso também produz certa inércia em relação a investigar os problemas e resolvê-los dentro deles.

Como mencionado anteriormente, devemos também considerar os aspectos negativos do cão: como a sombria Mãe Hécate, como a morte e como o trazedor da loucura. Se examinarmos esse aspecto nesses dois homens, vemos que a atitude devota e zelosa deles, sem contar qualquer humanidade, provocava resultados muito negativos na época. O cão "levando uma tocha luminosa na boca" foi interpretado na época como "trazer luz ao mundo". Isso é verdade, por um lado, pois a Ordem Dominicana foi o berço da filosofia tomística e do espírito escolástico na Igreja Católica Romana. A intenção deles não era se refugiar na Inquisição, mas usar argumentos melhores e, desse modo, a filosofia eclesiástica produziu uma nova forma de pensamento europeu, que foi da maior importância. Naturalmente, o indivíduo é contaminado pela guerra que trava, e é por isso que o aristotelismo e boa parte da magia antiga (isto é, a ciência natural) foram engolidos por esse novo ensinamento filosófico – inclusive dezessete *sententiae* de Tomás de Aquino foram condenadas! Como resultado desse movimento escolástico, o lado intelectual do dogma foi desenvolvido; entretanto, a experiência de sentimento ingênuo do cristianismo dos primórdios foi parcialmente perdida e foi compensada pelo nascimento dos movimentos místicos (Mestre Eckhart; Ricardo, Hugo e Adão de São Vitor etc.).

O endurecimento contra os movimentos heréticos também causou certa inflexibilidade na atitude dogmática e levou gradualmente à infeliz cisma na Igreja. Nós deveríamos, portanto, interpretar o motivo da tocha não apenas como iluminação, mas também como um sinal de uma conflagração futura: ela vai incendiar o mundo. O fogo é, por si só, um acúmulo de energia, afetos e emoções, que literalmente causa destruição, mas que também traz iluminação. Ele é o portador de um novo esclarecimento, sem o qual nós jamais seríamos capazes de alcançar uma maior consciência. Essa tocha trouxe com ela um conflito difícil, mas ela também foi a parteira de um novo espírito europeu no qual nós ainda vivemos até certo ponto hoje. No sonho, o inconsciente traz o motivo sem comentário, como num instantâneo, por assim dizer, da situação momentânea.

Se compararmos os cães dos dois sonhos um com o outro, veremos que o cão de Bernardo era bastante comum, enquanto que o de Domingos, com a tocha na boca, não. Os primitivos chamariam o último de um "cão-doutor", o portador escondido de um espírito. Isso dá ao cão um arcabouço sobrenatural: ele é uma espécie de espírito em uma forma velada. Devemos nos perguntar como interpretar esse motivo do cão como um animal que está por trás do homem e o apoia. Ele aponta para uma possibilidade, uma tendência de elevar seu significado à consciência, e indica que há, ao mesmo tempo, uma incompatibilidade na consciência. Devido a certos preconceitos, não permitimos que os conteúdos não transpassem o limiar da consciência humana.

O cão de Bernardo representa outro motivo; apesar de ser um cão, ele é branco e vermelho. Essas duas cores pertencem aos estágios coloridos do processo alquímico; primeiro, vem o *nigredo* (escurecimento), às vezes seguido de um azul-esverdeado ou verde; então, o *albedo* (embranquecimento); depois dele, o *rubedo* (avermelhamento); e, com ele, o quarto estágio, o amarelo ou dourado.

O *nigredo* indica uma condição de depressão e tristeza, uma condição de ser levado por impulsos instintivos, paixões (o aspecto de animais selvagens), emoções etc. Sombra e *animus* ou *anima* aparecem nessa fase em uma forma destrutiva. Por esse motivo, o *albedo* é produzido por meio da lavagem e da limpeza. O *albedo* representa uma condição de iluminação; novas ligações se tornam claras, o sujeito se torna mais distanciado e mais objetivo em vista de seus impulsos interiores; o indivíduo fica acima de suas emoções. Essa é a época quando a "neve branca é repentinamente vista voar"[9]. Mas, nessa fase, o indivíduo também assume uma posição na vida solitária, separada e passiva demais. Então, vem o *rubedo*, ou avermelhamento; a vida retorna, ela não é mais dominada pelo eu, mas pelo Si-mesmo, havendo uma relação entre os dois novamente, mas de modo impessoal.

O simbolismo alquímico não está em oposição à visão cristã da época, ele a complementa, por assim dizer, ele luta para adicionar as etapas negras que faltam e, assim, completar o cristianismo em sua relação com a realidade e com o ser humano genuíno. Por volta do ano 1000 A.D. houve uma crise no cristianismo, e esses dois santos, e a alquimia também, tentaram, cada um a seu modo, saná-la; os santos latiram para os lobos, enquanto que o objetivo da alquimia era promover o aumento da consciência humana.

Vamos interpretar o sonho do ponto de vista da mãe. Em contos de fadas costumamos encontrar o motivo da madrasta má ou da sogra que calunia a jovem mãe e anuncia ao filho que a esposa dele deu à luz cães, o que indica sodomia. Existem mulheres que têm fantasias semelhantes antes do nascimento do filho.

O que o sonho significa psicologicamente? A intenção do inconsciente é ajudar a mulher a fazer algo para que o filho fique livre para seguir seu próprio destino. Alícia ficava preocupada em relação a esse motivo e com medo de que ela não desse à luz uma criança normal. Ela era francesa, de boa família, e enfrentava um problema muito difícil: o marido dela estava constantemente lon-

---

9. WILHELM, R. & JUNG, C.G. *The Secret of the Golden Flower*. Nova York: Harcourt/Brace/World, 1962, p. 53 [*O segredo da flor de ouro* – Um livro de vida chinês. Petrópolis: Vozes, 1971].

ge de casa; ela não podia viver seus instintos sem pecar. Na Grécia Antiga "cão" era uma palavra vulgar para o pênis e representava a sexualidade ordinária; sendo assim, os chamados "filósofos caninos", da escola do cinismo, por exemplo, praticavam relações sexuais em público para mostrarem o desprezo deles por todas as convenções. Em sua vida espiritual, Alícia era igualmente frustrada, já que uma mulher precisa da comunidade humana e de Eros para se desenvolver propriamente. Se ela não pode viver seu Eros na realidade, então, o inconsciente se torna sobrecarregado; se o instinto sofre, ela pode arranjar um cão-espírito como amante para ela. Em tais mulheres, o inconsciente é excessivamente constelado, e isso aumenta as fantasias que elas têm em relação aos filhos. Quando uma mulher fica sozinha, ela normalmente cai no *animus*. Os árabes dizem que o motivo pelo qual uma mulher leva uma vida solitária é que um gênio a capturou no deserto!

Apesar de muitas mulheres talvez terem tido sonhos semelhantes, eles nem sempre exercem a mesma influência sobre a vida da mulher. Esses sonhos revelam apenas um padrão particular, e o nível de influência desse sonho na vida depende da peculiaridade humana de mãe e filho. Bernardo e Domingos viveram o padrão de um complexo-mãe, mas de forma elevada e admirável. Nesses casos, o objetivo da análise é descobrir como um complexo-mãe tão poderoso, que não pode ser mudado, pode ser vivido. Tais fatores são profundos demais para serem eliminados. Estamos lidando com um padrão arquetípico básico; ele não pode ser preso, só pode ser vivido de um modo humano e aceitavelmente adequado, compatível com os valores pessoais do homem cuja alma ele contém. No caso dos santos, isso resulta em um sacrifício de valores pessoais, e a Igreja tem razão em canonizá-los. Outro homem talvez vivesse a vida de um cão de verdade em um nível ordinário. Quando uma mãe suprime sua vida instintiva, consequentemente o filho provavelmente vai viver esse sonho em uma medida excessiva. Mas ele só pode fazer isso se ele conseguir se distanciar. Mais comumente, no entanto, ele vai viver os desejos de sua mãe de *não* entrar *de jeito algum* em contato com o mundo.

Esses dois homens nunca tentaram sair disso; eles viveram dentro de suas limitações, eles assumiram o sacrifício de sua vida pessoal – mas eles projetaram a escuridão sobre o seus inimigos.

7 O sonho de Descartes

Introdução

O chamado "grande sonho" do jovem René Descartes sempre atraiu enorme interesse, pois o próprio Descartes o considerava de suma importância. Ele o achava digno de ser publicado e tentava interpretar seu simbolismo. Indisputavelmente, esse sonho representou um papel decisivo no desenvolvimento de Descartes, mas, infelizmente, só temos uma versão incompleta de seu conteúdo, relatado pelo Abade Adrien Baillet[1].

O sonho não foi muito investigado do ponto de vista da psicologia profunda. Mas Sigmund Freud disse uma vez a Maxime Leroy que era um sonho "de cima", ou seja, de um nível da psique muito próximo à consciência. Portanto, a maior parte de seu conteúdo poderia ter sido produzido conscientemente[2]. Além disso,

---

1. *Vie de M. Descartes* (2 vols., 1691), vol. 1, p. 39s., 50-51; Republicado em ADAM, C. & TANNERY, P. *Oeuvres de Descartes*. Vol. 10. Paris: [s.e.], p. 179s. (doravante citado como "*A-T*"). Essa edição de Adam e Tannery, publicada entre 1897 e 1913, em doze volumes e um suplemento, suplantou todas as outras. Uma tradução para o alemão do relato do sonho por Baillet aparece em JE OWER, I. *Das Buch der Träume*. Berlim: [s.e.], 1928. Trabalhei principalmente com essa tradução.
2. MARITAIN, J. *Le songe de Descartes*. Paris: Corrêa, 1932, p. 292 [*The Dream of Descartes, and Other Essays*. Nova York: (s.e.), 1944]. Cf. tb. a carta de Freud a Maxim Leroy em FREUD, S. *Gesammelte Schriften*. Vol. 12. Viena: [s.e.], p. 403s. [Some Dreams of Descartes: A Letter to Maxim Leroy. In: STRACHEY, J. et al. (orgs.). *The Complete Psychological Works of Sigmund Freud*. Vol. 21. Londres: (s.e.), 1927-1931, p. 203-204. – Alguns sonhos de Descartes: uma carta a Maxime

dois artigos do *International Journal of Psycho-Analysis*, em 1939 e em 1947, explicam o sonho do ponto de vista freudiano[3]. Vou discutir esses artigos mais à frente, ao longo de minha própria interpretação. Um excelente estudo de J. Rittmeister, "Die mystiche Krise des jungen Descartes", escrito antes, mas publicado depois deste capítulo, interpreta o sonho em concordância com a minha própria versão em muitos aspectos. Rittmeister morreu na Alemanha em 1943. Seu artigo foi publicado postumamente por A. Storch[4], que também escreveu uma comparação curta de nossas interpretações.

Apesar de os artigos que investigam o sonho de Descartes terem revelado muitas informações sobre os problemas pessoais dele, acreditamos que o sonho, em forma simbólica, também esclarece consideravelmente a situação espiritual do início do século XVII, revelando aspectos que ainda nos interessam hoje[5]. Para

---

Leroy. *Obras psicológicas completas de Sigmund Freud*. Vol. 21. Rio de Janeiro: Imago, 2011]. O livro de Leroy, *Descartes, le Philosophe au masque*, infelizmente não chegou às minhas mãos. Cf. tb. QUIRING, H. "Der Traum des Descartes". *Kant-Studien, Philosophische Zeitschrift*, vol. 46, n. 2, 1954-1955, p. 135s. Quiring considera o sonho meramente uma apresentação cifrada conscientemente formada da teoria de vórtices cosmogônicos de Descartes. Por outro lado, um psicólogo profissional deve contestar que, em toda a sua extensão, o sonho é genuíno o bastante, exibindo motivos típicos que não podem ter sido inventados.

3. Tenho uma dívida para com E.A. Bennet e F. Beyme, por chamarem minha atenção para esses artigos, que são difíceis de encontrar. Dr. Bennet foi muito gentil em consegui-los para mim.

4. *Confinia psychiatrica*, vol. 4, n. 4, 1961, p. 65-98.

5. Cf. GAGNEBIN, S. "La réforme cartésienne et son fondement géometrique". *Gesnerus*, vol. 7, n. 1/2, 1950, p. 119 (periódico trimestral publicado pelo Schweizer Gesellschaft für Geschichte der Medizin und der Naturwissenschaften): "A la réflexion on en viendrait [...] à conclure que ce qui reste vivant du cartésianisme *c'est l'analogie de notre situation actuelle et de celle dans laquelle il s'est formé.* [...] La chose la plus curieuse c'est que, peut-être, la géométrie sera de nouveau au centre de la nouvese réforme. C'est une géométrie qui est à la base de la Relativité généralisée". ("Ao refletir, uma pessoa poderia [...] chegar à conclusão de que o que permanece vivo da filosofia cartesiana é a analogia da nossa situação atual

usar o termo de Jung, esse é um sonho arquetípico. Ele contém uma mensagem suprapessoal. O símbolo básico do sonho – a tempestade, a fruta redonda, as centelhas de fogo e o "truque mágico" – são todos *imagens arquetípicas* com um significado coletivo que mostra que os eventos que ocorreram no inconsciente de Descartes e forçaram sua passagem para a luz da mente dele estavam profundamente emaranhados na religião geral e nos problemas científicos da época dele. Como o aspecto pessoal é também de grande importância, devemos considerá-lo em primeiro lugar[6].

A vida de Descartes

René Descartes nasceu em La Haye (Touraine) em 31 de março de 1596, o terceiro filho que sobreviveu de Joachim des Cartes[7], um conselheiro no parlamento *de* Rennes. Sua mãe, Jeanne Brochard, morreu um ano depois ao dar à luz o quinto filho, que não sobreviveu[8]. Seu pai se casou uma segunda vez. Descartes nos conta que herdou as feições pálidas e a tosse incessante da mãe[9]. Aos oito anos de idade, ele foi enviado para o colégio jesuíta

---

com aquela na qual ela foi formada. [...] O aspecto mais curioso é que a geometria vai estar, talvez, novamente no centro da nova reforma. É a geometria que está na base da relatividade generalizada.")

6. Para a literatura recente sobre Descartes, cf. SEBBA, G. *Bibliographia cartesiana* – A Critical Guide to the Descartes Literature, 1800-1960. Haia: Nijhoff, 1964 [Archives Internat de l'Histoire des Idées, vol. 5]. • RÖD, W. *Descartes*: Die innere Genesis des cartesianischen Systems. Munique/Basileia: Reinhardt, 1964. Cf. tb. a literatura lá citada.

7. Originalmente "de Quartis". Posteriormente, o pai de Descartes assumiu o título de "Gentilhomme de Poitou". A família dele pertencia à *petite noblesse*. O avô e um dos bisavôs haviam sido médicos.

8. Para maiores detalhes, cf. ADAM, C. *Descartes*: sa vie et ses oeuvres. Paris: [s.e.], 1910, p. 9 (doravante citada como "Adam"; essa obra é o vol. 12 de *A-T*). O filho mais velho, Pierre, também havia morrido. Sendo assim, apenas três filhos sobreviveram (ibid., p. 9).

9. Ibid., p. 15.

real de La Flèche, em Anjou. Lá, o Padre Etienne Charlet e o Padre Dinet permitiam consideravelmente que ele cuidasse de sua saúde delicada. Como ele tinha um quarto só para ele, costumava deitar na cama e meditar – um hábito que se aferrou a ele ao longo de toda a vida – e seus colegas de escola o apelidaram de *"le chambriste"*[10]. O pai era pouco útil ao menino delicado, sempre com a cara enfiada em livros ou perdido em seus pensamentos[11]. Mas Descartes se dava bem com a irmã, que se tornou a Madame de Crévy, e com o filho dela. Aos dezesseis anos, ele deixou La Flèche para viver em Paris. Lá, ele conheceu os amigos Mydorge e outros (possivelmente Mersenne). Com eles ele se dedicava à matemática, à música e à filosofia – sobretudo os escritos de céticos como Montaigne e Charron. Ele levava a vida de um típico *gentilhomme*, lutando esgrima, andando a cavalo, jogando *jeu de paume*, tocando música; as mulheres, no entanto, ele educadamente evitava[12]. Em Paris, também, ele costumava passar a maior parte da manhã na cama, retirando-se cada vez mais para a reclusão completa. Ele manteve esses hábitos ao tomar parte da batalha holandesa de Maurício de Nassau (que era protestante, mas aliado da França) contra os espanhóis[13].

O prolongado sítio de Breda foi um período de prazer para Descartes, que ele empregou em ceder à sua inclinação filosófica.

---

10. Ibid., p. 20.

11. Ibid., p. 7. Uma vez, ele comentou a respeito de seu filho que "il n'était bon qu'à se faire releir en veau" ("ele não servia para nada, exceto ser preso em pele de bezerro") (ibid., p. 7n.).

12. Uma vez, ele comentou: "Une belle femme se rencontre trop rarement, aussi rarement qu'un bon livre et un parfait prédicateur". ("Uma mulher bonita é raramente encontrada, tão raramente quanto um bom livro ou um pastor perfeito") (Ibid., p. 70).

13. Para mais detalhes, cf. ibid., p. 41.

Ele também ficou amigo do físico e médico de Dordrecht, Isaak Beeckmann, com o qual ele discutia principalmente a aplicação da matemática na física e vice-versa[14].

Em 1619 ele assistiu à coroação de Ferdinando II da Áustria em Frankfurt e ficou alojado no Bairro de Ulm, onde ele passou o inverno inteiro meditando espiritualmente em um quarto aquecido (*"dans un poêle"*) na casa de uma família alemã de classe média. Lá, Descartes vivenciou sua famosa "iluminação", sua grande descoberta matemática, e o seguinte sonho, que vamos discutir. Ele tinha, então, vinte e três anos de idade. Tudo o que realmente sabemos mais sobre essa importante fase da sua vida é que ele provavelmente já estava em contato com o rosacrucianista Johannes Faulhaber[15] e ficou muito impressionado com o movimento[16]. Se ele chegou a entrar para a sociedade é incerto e, na verdade, improvável[17]. Em seu *Discours de la méthode* (*Discurso sobre o método*), ele afirma que reconhecia ter lido os alquimistas e os mágicos o bastante para não ser enganado por eles[18]. Ele sem dú-

---

14. *A-T*, vol. 10, p. 52. Cf. tb. GILSON, E. "L'innéisme cartésien et la théologie". *Revue de Métaphisique et de Morale*, 22, 1914, p. 465.

15. Cf. Adam, p. 47, 49. Para mais detalhes, cf. *A-T*, vol. 10, p. 252.

16. *A-T*, vol. 10, p. 193: "M. Descartes [...] se sentit ébranlé".

17. Cf. tb. MARITAIN, J. *Le songe de Descartes*, p. 13s. • *A-T*, vol. 10, p. 193s. No entanto, ele moldou as iniciais R.C. no selo dele, da mesma maneira que os rosacrucianistas moldaram a deles (*A-T*, vol. 10, p. 48).

18. *A-T*, vol. 10, p. 63. Em *Discours de la méthode* (*A-T*, vol. 6, p. 9), ele afirma: "Et enfin pour les mauvaises doctrines je pensois desia connoitre assés ce qu'elles valoient pour n'estre plus suiet a estre trompé, ny par les promesses d'un Alchemiste, ny par les prédictions d'un Astrologue, ny par les impostures d'un Magicien, ny par les artifices ou la vanterie d'aucun de ceux qui font profession de sçavoir plus qu'ils sçavent". (E quanto às falsas doutrinas, eu achava que já sabia o bastante do valor delas para não ficar propenso a ainda ser enganado, seja pelas promessas de um alquimista, pelas previsões de um astrólogo, pelos embustes de um mágico ou pelos artifícios ou jactâncias de quaisquer daqueles que professam saber mais do que sabem.) Para mais detalhes, cf. SIRVEN, J. *Les anée*

vida conhecia as obras de Agrippa von Nettesheim, *Ars Magna*, de Raimundo Lúlio[19], *De Magnete*, de Athanasius Kircher[20] e *Magia Naturalis*, de Joannes Baptista.

Previamente, em La Flèche, ele havia conhecido as obras de Galileu, que só posteriormente foi condenado pela Igreja. Em especial, Lúlio e a questão da astrologia o assombraram (*hanté*) durante muito tempo[21]. Ele provavelmente havia lido o tratado alquímico *Physika kai mystika* de Pseudo-Demócrito e nomeado uma obra sua de *Democritica*, inspirado nesse tratado[22]. Após incontáveis perambulações infrutíferas e uma participação relativamente passiva na Batalha da Montanha Branca, próxima a Praga, contra o "Rei de Inverno", Frederico do Palatinado, Descartes voltou a Paris. Em 1623 ele foi a uma peregrinação à Madona de Loreto, perto de Veneza[23], para cumprir uma promessa que ele havia feito na ocasião do sonho. Então, ele participou de certos festivais da Igreja que foram celebrados em Roma.

O conflito entre os pensadores livres (como Vanini) e a Igreja tornou a vida na França impossível para ele; entretanto, quando ele foi chamado pelo cardeal jesuíta de Bérulle para se opor ao pensador livre Chandoux em um debate, ele triunfou sobre seu oponente[24].

Descartes, então, foi morar na Holanda, onde o comércio externo e a expansão colonial estavam no auge. Era a época de Rem-

---

d'apprentissage de Descartes (1596-1628). Paris: [s.e.], 1925, p. 50-51. Cf. tb. a literatura citada aqui.

19. Adam, p. 31.

20. *A-T*, vol. 10, p. 6.

21. SIRVEN, J. *Les anée d'apprentissage de Descartes*. Op. cit., p. 113ss.

22. Ibid., p. 69. (*Democritica* foi perdida.) Descartes também se ocupou do significado de seu sonho e de seu "caráter divino" (ibid., p. 69). Cf. tb. *A-T*, vol. 11, p. 468.

23. Em relação à atitude em relação à Virgem, cf. Adam, p. 27.

24. Cf. VON BROCKDORFF, C. *Descartes und die Fortbildung der Kartesischen Lehre*. Munique: [s.e.], 1923, p. 15s. • Adam, p. 64s., 73 e 95.

brandt e de Frans Hals[25]. Ele mudou de casa não menos do que vinte e quatro vezes e mantinha seu endereço o mais secreto possível. Como ele amava muito a natureza, buscava lugares para morar no interior. A residência dele costumava ser dividida em duas partes: um *salon de réception* e, atrás dele, um laboratório secreto, onde ele dissecava animais (ele chegou ao ponto de vivissectar coelhos)[26], lapidava e polia lentes de telescópio, e fazia outros tipos de trabalhos científicos[27]. Durante esse período, ele trabalhou no *Le Monde*, uma espécie de enciclopédia de todas as ciências naturais. Porém, após a condenação de Galileu, ele não ousou publicá-la[28], porque nela ele defendia uma teoria galileana que estava relacionada a algumas de suas teorias[29]. Ele distribuiu o conteúdo dela por outras obras dele, sendo que partes dela não foram lançadas antes de ele morrer. Na época, as primeiras discussões dele com seus oponentes filosóficos ortodoxos aconteceram, sendo que os últimos o acusavam de minar a religião. Ele procurou e obteve o apoio de seu antigo mestre, o Padre Dinet de La Flèche, e proteção diplomática e política por meio da embaixada francesa. Na

---

25. O último pintou o retrato dele. Cf. Adam, p. 101.

26. Carta a Plempius (*A-T*, vol. 1, p. 527). Ele acreditava que os animais eram autômatos (cf. SIRVEN, J. *Les anée d'apprentissage de Descartes*. Op. cit., p. 321).

27. Adam, p. 161, 193 e 233. Ele também teve um jardim botânico experimental (ibid., p. 495).

28. Para mais detalhes, cf. VON BROCKDORFF, C. *Descartes und die Fortbildung der Kartesischen Lehre*. Op. cit., p. 16. Cf. tb. GAGNEBIN, S. "La réforme cartésienne et son fondement géometrique". Op. cit., p. 109. • Cartas de Descartes de dezembro de 1640 a Mersenne (*A-T*, vol. 3, p. 263s. e 394s.). A respeito das alegadas insinceridade e covardia dele, cf. tb. MARITAIN, J. *Le songe de Descartes*. Op. cit., p. 50-52.

29. A respeito da teoria do vendaval de Descartes, cf. FLECKENSTEIN, J.O. "Cartesische Erkenntnis und mathematische Physik des 17. Jahrhunderts". *Gesnerus* 7, n. 3-4, 1950, p. 120s.: "A partir das pequenas esferas dos quatro elementos básicos, elevam-se vórtices que levam à formação do mundo".

verdade, ele não tinha a menor intenção de enfrentar lutas filosóficas e as evitava com espírito pacífico e diplomático[30]. Nessa época, o *Principia* dele foi publicado, assim como a correspondência dele com Elisabeth von der Pfalz sobre a relação do corpo com a mente. Essa última deu origem ao tratado *Les passions de l'âme*[31].

Nesse ponto da vida, Descartes se envolveu com uma empregada doméstica holandesa, Helena Jans, o que resultou no nascimento de uma filha, Francine. Mas a menina morreu quando tinha por volta de cinco anos de idade[32], e não ficamos sabendo de mais nada sobre a mãe. Descartes fala desse episódio como "uma ligação perigosa da qual Deus o resgatou" (*"dangereux engagement dont Dieu l'a retiré"*) e enfatizou mais tarde "que Deus, em prosseguimento à mesma graça, havia impedido-o então de abandonar a religião" (*"que Dieu par une continuation de Sa même grâce, l'avait préservé jusque-là de la récidive"*). Em uma carta, ele admite ter tido na juventude uma queda passageira por uma moça ligeiramente estrábica. O mesmo sentimento notavelmente frio – ou talvez o medo de aceitar o sentimento – é mostrado na expressão que ele usa ao falar da morte quase que simultânea da irmã e do pai, a saber, que ele vivenciava um considerável *"désplaisir"*[33].

Em seus retratos, Descartes nos parece extremamente cético, sem distinção, com desconfiança e com olhos introspectivos ao

---

30. VON BROCKDORFF, C. *Descartes und die Fortbildung der Kartesischen Lehre*. Op. cit., p. 24s. • Adam, p. 331, 341 e 366.

31. VON BROCKDORFF, C. *Descartes und die Fortbildung der Kartesischen Lehre*. Op. cit., p. 19-21.

32. Adam, p. 230s., 287; tb. p. 575n: "La mort de Francine lui causa 'le plus grand regret, qu'il eût jamais senti de sa vie'" ("A morte de Francine causou a ele 'o maior remorso que ele sentiu na vida'"). Cf. tb. p. 337s.

33. Adam, p. 16. Muitas biografias fazem muito alvoroço em torno do duelo dele por causa de uma moça durante a época de estudante. Porém, esse evento me parece um assunto puramente social, sem uma importância mais profunda.

mesmo tempo. Ele era baixo e de estatura delicada, ele se vestia na maioria das vezes de preto e era dolorosamente asseado. Ele usava o cabelo caído sobre a testa, como uma cortina preta que chegava quase até os olhos.

Em 1649, por meio de seu amigo Pierre Chanut, embaixador da França na Suécia, Descartes foi indicado como professor particular de Filosofia à Rainha Cristina da Suécia[34], uma moça de apenas vinte anos de idade. O pobre *chambriste* tinha de dar aulas nas primeiras horas da manhã[35]. Além disso, sua jovem aluna, cujos hábitos espartanos e cuja energia desmedida pareciam ser o resultado de uma possessão feroz por parte do *animus*, obrigou-o a reorganizar o sistema acadêmico da Suécia. Entretanto, enquanto tratava com devoção de Chanut, que sofria de uma inflamação dos pulmões, o próprio Descartes contraiu a doença e morreu em 11 de fevereiro de 1650, aos cinquenta e quatro anos de idade.

Os eventos que precedem o sonho são vagos, mas sabemos definitivamente que o jovem Descartes teve o sonho em seu *poêle* em Ulm no primeiro ano da catastrófica Guerra dos Trinta Anos. Esse sonho causou uma impressão tão profunda nele, que ele o relatou em um artigo especial, *Olympica*[36], sugerindo assim que sentia que o sonho "havia vindo de cima" – apesar de, evidentemente, não do Deus do cristianismo. Leibniz zombou da natureza "quimérica" dessa obra[37]. O conteúdo da obra original, que se perdeu, está relatado em *La vie de M. Descartes*, de Adrien Baillet[38].

---

34. Ibid., p. 512s.
35. Ibid., p. 549.
36. Ibid., p. 49.
37. Em relação a esse período da vida dele, cf. a obra padrão de Sirven (*Les Années d'aprendissage de Descartes*) e a literatura lá citada, esp. p. 141n e 152.
38. Vol. 1, p. 39s. e 50-51. Cf. a nota 1 deste capítulo.

O sonho

Descartes começa seu relato do sonho com as seguintes palavras: "No dia 10 de novembro de 1619, quando eu estava cheio de entusiasmo, pois havia descoberto a base da maravilhosa ciência"[39]. Na margem, lê-se: "Em 11 de novembro de 1620, eu comecei a entender os fundamentos da maravilhosa descoberta"[40]. Esse é evidentemente um caso de inspiração ou de iluminação inconsciente; só um ano depois, ele começou a entendê-la conscientemente e fazer uso dela[41]. Na época do sonho, ele estava em um estado de extrema exaustão, resultado de ter lutado ardentemente para livrar sua mente de todo o preconceito, para que ele pudesse conhecer sua mente em um estado absolutamente puro (*"intellectus purus"*) e, por meio disso, descobrir a verdade – o único objetivo da vida dele[42]. Como ele nos conta em *Discours de la méthode*[43], ele voltou sua atenção inteiramente para dentro:

> Após ter passado alguns anos assim estudando no livro do mundo e tentando adquirir alguma experiência, um dia, eu tomei a decisão de estudar *o meu próprio interior também*, e usar todos os poderes da minha mente para escolher os caminhos que eu deveria

---

39. "X Novembris 1619 cum plenus forem Enthousiasmo et mirabilis scientiae fundamenta reperirem [...]" (*A-T*, vol. 10, p. 179).
40. "X Novembris 1620 coepi intelligere fundamentrum Inventi mirabilis" (ibid.).
41. Cf. SIRVEN. J. *Les Années d'aprendissage de Descartes*. Op. cit., p. 122.
42. Ele explicou "deitado na cama durante muito tempo" como *"tristitia"*, e em *Cogitationes privatae* (*A-T*, vol. 10, p. 215), ele afirma: "Adverto me, si tristis sim, aut in periculo verser, et tristia occupent negotia, altum dormire et comedere avidissime; si vero laetitia distendar, nec edo nec dormio". ("Eu noto que, se fico triste, ou corro perigo, e assuntos tristes ocupam o meu tempo, eu durmo mais profundamente e como com maior voracidade, mas, se a alegria me preenche, eu não como nem durmo.")
43. Cf. SIRVEN. J. *Les Années d'aprendissage de Descartes*. Op. cit., p. 114.

seguir; no que eu obtive muito mais êxito, assim me parece, do que se eu nunca tivesse largado meu país ou os meus livros[44].

Provavelmente, não foi por acaso que o grande sonho de Descartes tenha ocorrido durante o "exílio" dele na Alemanha, pois, para os franceses, os alemães costumam representar a "paisagem da alma", sobre a qual eles projetam seu inconsciente – sua sombra e seu lado romântico – e também a sua falta de moderação, seu pensamento especulativo e assim por diante. Descartes descreve esse novo experimento como uma perambulação no escuro[45]: "Mas, como um homem que anda sozinho no escuro, eu resolvi ir tão devagar, e usar tanta circunspecção em todas as coisas que, mesmo se eu tivesse muito pouco, eu pelo menos tomava cuidado para não cair"[46]. Desse modo, ele chegou bastante perto do limiar do inconsciente e até teve uma premonição de que teria um sonho significativo naquela noite[47]. Ele afirma, de fato, que o mesmo espírito ("*le génie*") que o inspirou com entusiasmo já havia previsto o sonho quando ele foi para a cama e que a mente humana não havia tido participação nesse sonhos[48]. G. Cohen, que alega

---

44. "Aprés que j'eus employé quelques années à étudier ainsi dans le livre du monde et à tâcher d'acquérir quelque expérience, je pris un jour résolution d'étudier *aussi en moi-même* et d'employer toutes les forces de mon esprit à choisir les chemins que ja davais suivre; ce qui me réussit beaucoup mieux, ce me semble, que si je ne me fusse jamais éloigné ni de mon pays, ni de mes livres."

45. *A-T*, vol. 6, p. 16-17. Cf. tb. SIRVEN, J. *Les Années d'aprendissage de Descartes*. Op. cit., p. 115.

46. "Mais comme un homme qui marche seul et dans les ténèbres, je me résolous d'aller si lentement et d'user tant de circonspection en toutes choses, que si je n'avais que fort peu, je me gardais bien, au moins de tomber."

47. Em contradistinção a Sirven (p. 116), eu considero que Maritain está absolutamente correto em comparar esse exercício de Descartes com a *via purgativa* dos místicos, apesar de ser, de fato, deslocado para um plano intelectual.

48. *A-T*, vol. 10, p. 189.

que Descarte era um rosacrucianista, também pede uma atenção especial para o seguinte ritmo significativo na vida dele: em 10 de novembro de 1618, houve a reunião com Isaak Beeckmann, mentor espiritual dele, como Descartes o chama; e em 10 de novembro de 1619, ocorre o grande sonho; e em 11 de novembro de 1620 acontece a descoberta da "*scientia mirabilis*", ou as possibilidades da aplicação da mesma[49].

É impossível identificar com qualquer grau de certeza a "maravilhosa descoberta" que, como ele diz, ele fez na noite que precedeu o sonho[50]. Isso pode consistir, em primeiro lugar, na descoberta dele que os quatro campos do quadrívio – matemática, geometria, aritmética e astronomia – podem, assim como a música[51], ser todos reduzidos a uma "*mathématique universelle*", cujos princípios básicos são a periodicidade dos números e suas relações proporcionais[52]; em segundo lugar, que a álgebra pode ser expressada por letras do alfabeto, e que os números ao quadrado e ao cubo etc., por pequenos números sobrescritos em vez de se usarem sinais algébricos; em terceiro lugar, que as quantidades podem ser expressas por linhas e vice-versa, possibilitando que a

---

49. Cf. SIRVEN. J. *Les Années d'aprendissage de Descartes*. Op. cit., p. 121, 298. Infelizmente, a obra de Gustave Cohen (*Ecrivains français en Hollande de la première moitié du XVIIe siècle*. Paris: [s.e.], 1920) não chegou às minhas mãos.

50. Para mais detalhes, cf. Adam, p. 50. SIRVEN. J. *Les Années d'aprendissage de Descartes*. Op. cit., passim.

51. Ótica e mecânica foram acrescentadas subsequentemente.

52. *Regulae* (*A-T*, vol. 10, p. 451): "[...] sciendum est omnes habitudines quae inter entia eiusdem generis esse possunt, ad duo capita esse referendas: nempe ad ordinem, vel ad mensuram". ("[...] é necessário saber que todas as relações que podem existir entre seres deste tipo estão organizadas segundo dois tópicos: a saber, a ordem hierárquica e a proporção mensurável".) Em relação à importância dessa experiência, cf. tb. BRUNSCHVICG, L. *Descartes et Pascal*: lecteurs de Montaigne. Neuchâtel: [s.e.], 1945, p. 102s.

geometria, a álgebra e a matemática se fundam, tornando-se *uma disciplina científica: a geometria analítica*[53].

G. Milhaud mostrou, contudo, que a "descoberta" só foi, segundo todos os indícios, elaborada *após* o sonho[54]; portanto, eu suspeito que, nessa época, Descartes tenha provavelmente percebido essas conexões apenas intuitivamente e, mais tarde, tenha elaborado-as segundo as específicas formulações mencionadas anteriormente.

Eu gostaria de ilustrar essa ideia por meio da explicação de Poincaré da gênese das descobertas matemáticas, sobre as quais ele escreveu um estudo psicológico de extraordinário interesse[55]. Poincaré parte do fato de que nem todos os pensadores talentosos têm talento para a matemática e chega à conclusão de que "uma *prova* matemática não é simplesmente um encadeamento de silogismos, mas uma série de silogismos *que são dispostos em uma ordem específica*, e a ordem na qual esses elementos individuais aparecem é muito mais importante do que os próprios elementos"[56]. Segundo Poincaré, o talento para a matemática é um sentimento intuitivo de ordem matemática[57], e a descoberta matemática ocorre por meio da seleção pré-consciente a partir da abundância de dadas possibilidades e combinações. Poincaré, então, relata como ele mesmo fez uma dessas descobertas:

> Durante duas semanas eu me esforcei em provar que não existiam as funções do tipo que eu subsequente-

---

53. Adam, p. 55.
54. MILHAUD, G. Descartes savant. In: MARITAIN, J. *Le songe de Descartes*. Op. cit., p. 255.
55. POINCARÉ, H. "Die mathematische Erfindung". *Wissenschaft und Methode*. Leipzig/Berlim: [s.e.], 1914, p. 35s.
56. Ibid., p. 38.
57. Ibid., p. 39.

mente denominei funções fuchsianas. Na época, eu era muito inexperiente; todo dia, eu me sentava à minha escrivaninha por uma hora ou duas, experimentando com um grande número de combinações sem chegar a qualquer resultado. Uma noite, contrariando meu hábito, eu bebi um pouco de café preto e não consegui dormir. Muitos pensamentos me assolaram. Eu senti como eles colidiam um com o outro até que, finalmente, dois deles se juntaram e formaram uma combinação estável. Pela manhã, eu havia provado a existência de uma classe de funções fuchsianas, as mesmas que são deduzíveis a partir da série hipergeométrica. Eu só precisava revisar o resultado, o que foi terminado em algumas horas[58].

Poincaré, então, fala de uma descoberta posterior similar que, na forma de um pensamento súbito, apareceu perante os olhos dele com absoluta certeza, conforme ele caminhava um dia. Prosseguindo, ele diz:

A irrupção desse repentino esclarecimento é muito surpreendente; nele, vemos um sinal certo de um trabalho inconsciente prévio de muito tempo; a importância desse trabalho inconsciente para a descoberta matemática é incontestável. [...] Quando alguém está trabalhando em um problema difícil, muitas vezes, acontece de ele não fazer progresso algum no início do trabalho. Então, o sujeito se permite descansar por pouco ou muito tempo e, depois disso, senta-se novamente em sua escrivaninha. Durante a primeira meia hora o indivíduo novamente não descobre nada. Então, subitamente, a ideia decisiva se apresenta. [...]

---

58. Ibid., p. 41-42.

> Provavelmente, o trabalho inconsciente continuou durante o período de descanso, e o resultado desse trabalho é revelado mais tarde ao matemático. [...] Mas tal revelação não ocorre apenas durante uma caminhada ou uma viagem. Ela também chama a nossa atenção durante um período de trabalho consciente, mas, nesse caso, ela é independente desse trabalho, e o último serve no máximo como um catalisador; é semelhante ao estímulo que incitou o resultado – obtido durante o período de descanso, mas que havia permanecido inconsciente – a tomar a forma consciente [...][59].

De fato, os esforços infrutíferos quanto a um problema trazem, por assim dizer, as atividades do inconsciente à tona, e seus resultados aparecem na consciência como inspirações.

> As manifestações inconscientes especialmente privilegiadas que são capazes de aparecer na consciência são aquelas que, direta ou indiretamente, influenciam a nossa sensibilidade mais profundamente. Vai ser notado com espanto que, aqui, nesta ocasião de debate matemático que parece depender apenas da inteligência, os sentimentos tenham que ser levados em consideração. Isso torna-se inteligível, entretanto, se descrevermos a nós mesmos o sentimento pela beleza matemática. O sentimento pela harmonia de números e forma, pela elegância geométrica [...] oferece satisfação às nossas necessidades estéticas e, ao mesmo tempo, fornece ajuda para a nossa mente, que ele sustenta e guia. À medida que ele desdobra um todo bem ordenado perante nossos olhos, ele nos permite antever uma lei matemática[60].

---

59. Ibid., p. 44-45.
60. Ibid., p. 47, 48.

Acho que essas observações de Poincaré podem nos dar uma ideia do que aconteceu a Descartes na véspera do seu sonho. Ele deve ter vivenciado um "esclarecimento" matemático semelhante, ou uma visão intuitiva de certas combinações, ou padrões ordenados e possivelmente tenha até chegado à (de certa forma, prematura) conclusão de que, nesse "esclarecimento", ele tivesse descoberto ou um tipo de ciência universal, ou as leis dela. Uma guerra passional ainda é disputada hoje entre os membros da chamada escola de matemática "formalista", que acreditam que a matemática é baseada em argumentos conscientes (como, por exemplo, Bertrand Russell e G. Frege, entre outros), e os intuitivos, que reconhecem que as descobertas matemáticas podem se originar de uma visão intuitiva de ordem matemática. Em *The Psychology of Invention in Mathematical Field* (A psicologia da invenção na matemática)[61], Jacques Hadamard mostrou que as descobertas matemáticas são, muito provavelmente, normalmente determinadas por processos psíquicos pré-conscientes. Eu creio que, naquele período de sua vida, Descartes teve uma intuição matemática, que ele, mais tarde, tentou elaborar por meio do pensamento racional.

Segundo Sirven[62], Descartes já tinha, mesmo naquela época, intuitivamente percebido seu "*méthode*" todo, ou seja, o modo dele de pensar, e as descobertas matemáticas foram o primeiro de seus frutos. Sirven acredita, no entanto, que o "*méthode*" foi baseado na ideia ainda geralmente aceita da unidade de todas as ciências ("*l'unité des sciences*"). Seu primeiro produto é a ideia de

---

61. Princeton: [s.e.], 1949. Cf. VAN DER WAERDEN, B.L. *Einfall und Überlegung*: Drei kleine Beiträge zur Psychologie des matematischen Denkens. Basileia/Stuttgart: Birkhäuser, 1954.

62. P. 17 e passim.

uma *"mathématique universelle"*. Como E. Gilson enfatiza[63], para Descartes, é o caso de "tout ce qui est susceptible de connaissance vraie [...] esta par définition susceptible de connaissance mathémathique. L'idée de l'unité du corps des sciences[64] [...] est donc inséparable, chronologiquement et logiquement, de l'extension de la méthode mathématique à la totalité du domaine de la connaissance"[65]. Essa crença na unidade era fácil para Descartes, que considerava os conhecimentos matemáticos como "verdades absolutas"[66].

---

63. Na edição dele da obra de Descartes: *Discours de la méthode*: texte et commentaire. Paris: [s.e.], 1947, p. 60, 157 e 214. Apud SIRVEN, J. *Les anée d'apprentissage de Descartes*. Op. cit., p. 123-124 e 167.

64. Meu comentário: Em *Le songe...*, Maritain também admite isso, mas enfatiza que Descartes realmente acreditava que um homem pudesse reformar a ciência e que ele era esse homem.

65. "[...] tudo que pode ser verdadeiramente compreendido é, [...] por definição, capaz de ser conhecido matematicamente. A ideia da unidade dos ramos da ciência [...] é, portanto, inseparável, tanto cronológica quanto logicamente, da extensão do método matemático à totalidade do domínio do conhecimento". Entre outras coisas, Descartes também disse: "Ces longues chaînes de raisons toutes simples et faciles dont les géomètres ont coutume de se servir [...] m'avaient donné occasion de m'imaginer que toutes les choses qui peuvent tomber sous la connaissance des hommes s'entresuivent en même façon". ("Essas longas correntes de razões, todas simples e fáceis, que os geômetras têm o hábito de usar [...] me levaram a imaginar que tudo que o homem pode aprender pode estar ligado da mesma forma") (Apud LAPORTE, J. *Le racionalisme de Descartes*. Paris: [s.e.], 1945, p. 13.

66. Para exemplos, cf. LAPORTE, J. *Le racionalisme de Descartes*. Op. cit., p. 7n. Os conceitos de dimensão, tempo e espaço são, para ele, os conceitos constituintes do conhecimento puro; eles estão além do questionamento, sejam vistos acordados ou em um sonho: "Atqui Arithmeticam, Geometricam [...] quae nonnisi de simplicissimis et maxime generalibus rebus tractant, atque utrum eae sint in rerum natura necne parum curant aliquid certi atque indubitati continere. Nam sive vigilem, sive dormiam duo et tria simul iuncta sunt quinque, [...]" ("Porém, a aritmética, a geometria [...] lidam apenas com as coisas mais simples e gerais, e, mesmo que elas não apareçam na natureza física, há sempre algo livre da dúvida e certo nelas. Pois, em vigília ou durante o sono, dois mais três é igual a cinco") (*A-T*, vol. 7, p. 20. Apud BARTH, H. "Descartes' Begründung der Erkenntnis". Berna: [s.e.], 1913, p. 33). A respeito dessa questão, cf. tb. GONSETH, F. *Les mathématiques et la réalité*. Paris: Alcan, 1936, p. 55s.

Essa convicção já foi derrubada, e a base de realidade do pensamento matemático se tornou uma questão de acalorada discussão. Hoje os matemáticos estão conscientes, como explica o Prof. F. Gonseth[67], que o pensamento matemático ocorre em um "campo de consciência" entre dois polos de realidade complementares: um chamado "exterior" e o outro chamado "interior", ambos transcendendo a consciência[68]. Descartes via esses dois domínios como coincidentes em seu caráter ordenado e não se preocupava com a natureza que transcendia a consciência e "transmatemática" deles[69]. Em vez disso, ele acreditava ser capaz de decifrar o mistério deles apenas com a matemática. Provavelmente, o que ele realmente tinha em mente era o caráter ordenado imanente dos processos do pensamento que haviam sido liberados[70] pelos arquétipos (os "números" a *veritates innatae* dele) e, com eles,

---

67. GONSETH, F. *Les mathématiques et la réalité*. Op. cit., p. 58s. Cf. tb. p. 79s., 376s.

68. Em uma carta do Prof. Gonseth ao autor: "Les mathématiques se situent dans un champ de connaissance placé entre deux pôles complémentaires, l'un étant le monde des réalités dites extérieures, l'autre le monde des réalités dites intérieures. Ces deux mondes sont tous les deux transconscientiels. Ils ne sont ni l'un ni l'autra donnés tels quels, mais seulement par leur traces dans le champ conscientiel. Les mathématiques portent cette double trace". ("A matemática está localizada em um campo de conhecimento entre dois polos complementares: um, o mundo da realidade, chamado de exterior; o outro, de interior. Esses dois mundos estão além da consciência. Eles não são apreensíveis como tais, mas as marcas deles aparecem no campo da consciência. A matemática mostra essa marca dupla.")

69. Cf. a crítica dessa visão de Descartes, de que a matéria e a consciência são *"entia"* estáticas e objetivas, em WHITEHEAD, A.N. *Science and the Modern World*. Nova York: [s.e.], 1948, p. 201ss. [*A ciência e o mundo moderno*. São Paulo: Paulus, 2006]. Whitehead nos dá um esboço geralmente de fácil leitura das ideias de Descartes e do desenvolvimento delas.

70. Ele afirma em relação à aritmética e à geometria: "Haec enim prima rationis humanae continere et ad veritates ex quovis subiecto eliciendas se extendere debet". ("Pois isso deveria conter as primeiras [coisas] da razão humana e se estender às verdades a serem buscadas a partir de qualquer tema que existir.") (*A-T*, vol. 10, p. 374-377. Apud BARTH, H. "Descartes' Begründung der Erkenntnis". Op. cit., p. 9). Por outro lado, ele desistiu do jogo do simbolismo puramente numérico.

a ideia de um "conhecimento absoluto"[71]. Ele claramente achava que poderia formular isso melhor por meio dos conceitos básicos da matemática ou de outra forma, em termos mais gerais, por meio de um método científico universal e da linguagem simbólica[72]. Penso ter sido esse o motivo de *Ars Magna*, de Raimundo Lúlio, tê-lo "perseguido" durante tanto tempo, já que essa obra representa um esforço semelhante de "apreender" uma "verdade absoluta" por meio do simbolismo matemático. A obra de Lúlio também fora baseada em uma inspiração inconsciente[73] e, consequentemente, o fez merecer o título de *doctor illuminatus*. Ela consistia de uma correlação de certas artes mnemotécnicas antigas com as quais o orador esperava decorar seu discurso sem esforço. Metrodorus de Scepsis havia inventado uma arte pela qual ele associava as partes de qualquer discurso que ele fosse proferir com o "círculo mágico" das casas zodiacais. Essa ideia, que, à primeira vista, parece tão absurda, na verdade, não é quando percebemos que, por meio da profundidade atual da psicologia de Jung, foi descoberto que a organização central dos processos psíquicos pré-conscientes se deve a um centro psíquico regulatório que Jung denominou "o Si-mesmo" e que se manifesta, como sabemos, na forma do mandala[74]. O horóscopo e os padrões de pensa-

---

71. A respeito dessa ideia, cf. JUNG, C.G. "Synchronicity: An Acausal Connecting Principle". *The Structure and Dynamics of the Psyche* (CW 8).

72. Cf. tb. a explicação de Sirven de que ele havia encontrado "les fondaments consistant une méthode générale" (as fundações que compõem um método geral") (SIRVEN, J. *Les anée d'apprentissage de Descartes*. Op. cit., p. 126-127).

73. Para uma visão geral, cf. PLATZECK, E.-W. *Raimund Lull, sein Leben – seine Werke*: Die Grundlagen seines Denkens. 2 vols. Düsseldorf: Schwann, 1962.

74. Cf. JUNG, C.G. *The Archetypes and the Collective Unconscious* (CW 9, parte I) [*Os arquétipos e o inconsciente coletivo*. Parte 1. Petrópolis: Vozes, 2011 (OC 9/1)]. • *Psychology and Alchemy* (CW 12) [*Psicologia e alquimia*. Petrópolis: Vozes, 2011, passim (OC 12)].

mento de Lúlio são estruturas desse tipo[75]. Nesses mandalas mnemotécnicos, nós consequentemente vemos uma primeira ideia pré-científica de que o Si-mesmo pode ser o "fator regulador" máximo dos nossos processos de pensamento e das nossas estruturas de memória. Esses mandalas mnemotécnicos, que também existem para servir à organização e à concentração da alma, surgiram durante a Renascença (Marsílio Ficino e Pico della Mirandola) e eram considerados dotados de um poder mágico regenerador sobre o universo (Giordano Bruno)[76]. Eles representariam uma imagem de uma misteriosa ordem do cosmo que abarcava tudo dentro da alma do homem. Como Paolo Rossi demonstrou de modo muito convincente, essas tradições exerciam uma profunda influência sobre o jovem Descartes. A essa ideia – de que, construindo um mandala, pode-se encontrar um modelo estrutural comum do universo *e* da mente humana – estava ligada a esperança de que seria possível descobrir uma espécie de "computador de ideias" – um sistema lógico geralmente válido, por meio do qual todo o conhecimento essencial pudesse ser inferido[77]. Parece extremamente provável que Descartes tenha sido influenciado por ideias como essas e que, intuitivamente, ele tenha confiado em algo como uma ordem universal da existência (presumivelmente na forma de mandala) e tenha ficado emocionalmente dominado pelo pensamento de que ele havia tido um vislumbre do mistério central de toda a existência. Portanto, é natural supor que essa visão fosse um mandala, pois o sistema cartesiano de coordenadas

---

75. Cf. ROSSI, P. *Clavis Universalis* – Arte mnemoniche e logica combinatoria da Lullio a Leibniz. Milão: [s.e.], 1960 [*A chave universal* – Artes da memorização e lógica combinatória. Bauru: Edusc, 2004, p. 48].

76. Cf. YATES, F. *Giordano Bruno and the Hermetic Tradition*. Londres: Routledge & Kegan Paul, 1964 [*Giordano Bruno e a tradição hermética*. São Paulo: Cultrix, 1995].

77. Cf. ROSSI, P. *Clavis Universalis*. Op. cit., *passim*.

que resultou dessas intuições também é um mandala. G. Milhaud considera que ele houvesse descoberto "coisas de uma ordem superior, coisas divinas ou sagradas" (*"des chose d'en haut, des chose divines ou célestes"*) e tivesse, portanto, nomeado seu tratado de *Olympica*[78], assim como, no sonho, ele havia interpretado a tempestade como a "mente" e o relâmpago como o "espírito da verdade"[79]. Milhaud estava, com isso, inclinado a pensar que Descartes havia descoberto uma *linguagem universal de interpretação simbólica*, algo que ia até além da pura matemática. No mínimo, parece provável que Descartes tivesse sido tocado por imagens arquetípicas ordenadas do inconsciente e buscado compreendê-las intelectualmente. Números são representações arquetípicas, que parecem ser baseadas em padrões arquetípicos que realmente unem os mundos da psique e da matéria de forma ainda inexplicada. Além disso, o rosacruciano Johannes Faulhaber, com quem Descartes provavelmente se comunicava na época, havia, em 1619, lançado um livro, *Numerus figuratus sive Arithmetica arte mirabili*[80] *inaudita nova constans*, sobre o simbolismo dos

---

78. MILHAUD, p. 56. Apud SIRVEN, J. *Les anée d'apprentissage de Descartes*. Op. cit., p. 55-57.

79. Sirven (*Les anée d'apprentissage de Descartes*, p. 151) afirma: "Ses diverses remarques nous permetent d'expliquer sans peine comment Descartes est passé des 'spirtualia' aus 'Olympica', des choses de l'esprit aux choses de Dieu. Il est parti du symbolisme mathématique pour former *un symbolisme intellectuel* et s'en est tenu d'abord aux exemples du vent et de la lumière, que lui avait légués la tradition scolaire. Mais la lecture de St. Augustin lui permit de passer aux chose divines et d'exprimer par de nouveaux exemples l'action de Dieu dans le monde". ("Esses comentários variados [ou seja, a interpretação de Descartes da tempestade como espírito etc.] permitem-nos explicar com bastante facilidade Descartes ter trocado 'as coisas espirituais' pelas 'olímpicas'; as coisas do espírito pelas coisas de Deus. Ele deixou o simbolismo matemático para formar um *simbolismo intelectual* e, de início, ateve-se a exemplos transmitidos a ele pela tradição escolar. Mas o estudo de Santo Agostinho permite que ele prossiga às coisas divinas e expresse a ação de Deus no mundo por meio de novos exemplos".)

80. Notem a expressao *arte mirabili*.

números[81]. Na época, Descartes, também, estava planejando escrever um livro chamado "Trésor mathématique de Polybe le Cosmopolite". Talvez ele estivesse buscando estabelecer princípios de pensamento universalmente derivados da ordem de inteirezas naturais como, por exemplo, o resultado das relações proporcionais dos números[82]. Ele certamente estava buscando uma ciência universal simbólico-matemática e acreditava que ele havia tido um pressentimento de seus rudimentos[83] e de sua "linguagem".

Aqui está a versão de Adrien Baillet do relato que Descartes fez de seu sonho[84]:

> Descartes nos conta que, quando ele se deitou para dormir em 10 de novembro de 1619, ele ainda estava

---

81. Cf. SIRVEN, J. *Les anée d'apprentissage de Descartes*. Op. cit., p. 279, 298. Uma publicação em meu poder coloca assim: *Ansa inauditae et* mirabilis novae Artis *Arcanis aliquot propheticis et Biblicis numeris [...] qua ordo semper a Deo observatus, dum numeris [...] Pyramidalibus observatus est [...]* Frankfurt: [s.e.], 1613. A obra trata principalmente das especulações a respeito de números mencionados na Bíblia.

82. Cf. *Cogitationes privatae* (A-T, vol. 10, p. 215): "Larvatae nunc scientiae sunt quae, larvis sublatis, pulcherrime apparerent. *Catenam scientiarum pervidenti, nos difficilius videbitur, eas animo retinere quam seriem numerorum*". ("Agora, as disciplinas estão disfarçadas: essas pareceriam mais bonitas se as máscaras fossem removidas. Para qualquer um contemplando a corrente, não parece mais difícil se lembrar delas do que da série de números inteiros.") Cf. SIRVEN, J. *Les anée d'apprentissage de Descartes*. Op. cit., p. 226-227.

83. Sirven (*Les anée d'apprentissage de Descartes*. Op. cit., p. 123-124) está correto ao chamar a atenção para "*reperirem*" (imperfeito), querendo dizer que ele estava a ponto de encontrar a "*scientia mirabilis*" e ainda não, contudo, a possuía. Cf. tb. *A-T*, vol. 10, p. 360, Primeira regra: "Scientia omnes nihil aliud sunt quam humana sapientia quae una et eadem manet quantumvis differentibus subiectis applicata". ("Todas as disciplinas não são nada além de sabedoria humana, sempre uma e a mesma, aplicada a quantos temas diferentes se quiser.")

84. Em geral, minha versão de Baillet segue a tradução para o alemão de I. Je ower em seu *Das Buch der Träume*, p. 90s. No entanto, eu mudei algumas palavras ("faculdade" em vez de "seminário", "exótico" em vez de "estranho", e "curvar" em vez de "tomar") para permanecer mais próxima ao texto francês. Eu coloquei algumas palavras em itálico que são importantes na interpretação resultante.

cheio de entusiasmo e completamente absorvido pelo pensamento de ter, nesse dia, descoberto as bases de uma "ciência maravilhosa". Durante a noite ele teve três sonhos consecutivos, que ele achou que só pudessem ter sido inspirados por um poder superior. Tendo adormecido, ele imaginou que via *fantasmas* e ficou apavorado com essas aparições. Ele imaginou que estivesse andando pelas ruas e ficou tão horrorizado com as visões, que teve que se inclinar para o lado esquerdo[85] para atingir seu objetivo, pois ele sentiu uma grande fraqueza do lado direito e não conseguia se sustentar. Envergonhado de andar daquela maneira, ele fez um grande esforço para ficar ereto, mas *ele foi atingido por um vento violento*. O vento o apanhou como um *furacão* e o fez girar em volta do pé esquerdo três ou quatro vezes. Não era isso, entretanto, o que mais o assustava. Ele achava tão difícil ir adiante, que tinha medo de cair a cada passo que dava, até que, percebendo [os portões de] uma universidade abertos em seu caminho, ele entrou, para *buscar refúgio* e ajuda para a sua aflição. Ele tentou alcançar a *capela da universidade*, onde ele pensou, em primeiro lugar, em rezar; mas, *percebendo que havia passado por um conhecido sem o ter cumprimentado*, ele quis, por educação, voltar. [Ao tentar fazer isso, entretanto,] *ele foi jogado de volta com violência pelo vento, que soprava na direção da Igreja*. No mesmo instante, ele percebeu *outro homem no pátio da universidade*, que chamava Descartes educadamente pelo nome e o informava que, se ele estivesse procurando o Sr. N., que ele ti-

---

85. Je ower traduz *se renverser* como "tombar", mas, nesse caso, Descartes não poderia ter ido mais longe.

nha algo para ele. Descartes tinha a impressão *de que esse [objeto] seria um melão que havia sido trazido de uma terra exótica.* Grande foi o espanto dele quando notou que as pessoas que haviam se agrupado em volta do homem, para conversarem umas com as outras, conseguiam ficar eretas e firmes sobre seus pés, enquanto que, no mesmo lugar, ele próprio tinha que andar todo torto e de modo cambaleante, mesmo com aquele vento, que, várias vezes, havia ameaçado derrubá-lo e o havia abatido consideravelmente.

Nesse momento, ele acordou, sentindo uma dor definida. *Ele temia que isso fosse o efeito de espíritos do mal, dispostos a levá-lo para o mau caminho.* Ele imediatamente se virou para o lado direito, pois ele havia adormecido sobre seu lado esquerdo e tinha tido aquele sonho. Ele rezou para Deus protegê-lo das consequências maléficas do sonho e preservá-lo de todos os infortúnios que pudessem ameaçá-lo como punição por seus pecados. Ele reconheceu que os pecados dele eram atrozes o bastante para atrair a ira dos céus sobre a cabeça dele, apesar de que, até então, sob os olhos dos homens, ele havia levado uma vida razoavelmente irrepreensível. *Ele ficou acordado durante duas horas, refletindo sobre o problema do bem e do mal no mundo dele,* e então adormeceu.

Outro sonho se seguiu imediatamente. *Ele pensou ter ouvido um estampido agudo e violento,* que ele supôs ser uma trovoada [*coup de foudre*]. Ele ficou tão assustado, que acordou de imediato.

Ao abrir os olhos, ele se deu conta de uma infinidade de *centelhas* espalhadas pelo quarto todo. Isso já havia acontecido com ele muitas vezes antes, e não era incomum que ele acordasse no meio da noite e descobrir que a visão dele estava clara o bastante para que ele percebesse os objetos próximos a ele. Dessa vez, entretanto, ele resolveu recorrer a explicações emprestadas da filosofia e, ao abrir e fechar os olhos alternadamente e observar a natureza dos objetos que ele via, ele tirou conclusões favoráveis, que pareciam convincentes para a sua mente. Assim, o medo dele desapareceu e, com a mente tranquila, ele adormeceu novamente.

Logo depois disso, ele teve um terceiro sonho, que não foi tão terrível quanto os dois anteriores.

Nesse último sonho, ele encontrava um livro sobre a mesa dele, sem saber quem o havia deixado lá. Ele o abriu e ficou maravilhado de ver que era um *dicionário*, esperando que pudesse ser *útil* a ele. No instante seguinte, *outro livro* apareceu, tão novo para ele quanto o primeiro e de origem igualmente desconhecida. Ele descobriu que era uma coleção de poemas de diversos autores, cujo título era *Corpus Poetarum* etc. (na margem: "Dividido em cinco livros, impresso em Lyon e Genebra etc.")[86]. Ele ficou curioso para descobrir o que ele continha e, ao abrir o livro, os olhos dele pousaram sobre a frase *"Quod vitae sectabor iter?"* Ao mesmo tempo, *ele viu um homem que ele não conhecia*, que mostrava a ele um poema que começava com as palavras *"Est et non"*, e exaltou a excelência dele. Descartes disse ao homem que conhecia o poema, que estava entre os idílios de Ausônio e estava incluído na grande coleção de poemas que estava sobre a mesa dele. Ele quis mostrá-lo ao homem e começou

---

86. É bastante certo que ele deve ter lido esse livro em La Flèche. Cf. Adam, p. 21, n. 2.

a virar as páginas do livro, gabando-se de conhecer a ordem e a arrumação perfeitamente. Enquanto ele procurava, o homem perguntou onde ele havia comprado o livro. Descartes respondeu que não poderia dizer como o havia conseguido, mas que, um instante atrás, *ele estava com outro livro nas mãos, que havia desaparecido*, sem que ele soubesse quem o havia trazido nem quem o havia levado embora novamente. Ele mal havia terminado de falar quando o livro reapareceu na outra ponta da mesa. Ele descobriu, entretanto, que o dicionário não estava mais completo[87], sendo que, antes, parecia estar. Enquanto isso, ele encontrou os poemas de Ausônio na antologia de poetas, que ele estava folheando; mas, incapaz de encontrar o poema que começava com *"Est et non"*, ele disse ao homem que conhecia um poema mais bonito do mesmo autor, que começava com *"Quod vitae sectabor iter?"* O homem pediu que ele o deixasse ver, e Descartes estava procurando-o atentamente quando ele se deparou com *um número de pequenos retratos – gravuras em placas de cobre –* que o fizeram exclamar quanto à beleza do livro; mas não era a mesma edição daquele que ele conhecia.

A essa altura, tanto o homem quanto os livros desapareceram e sumiram do olho da mente dele, mas ele não acordou. O impressionante é que, estando em dúvida se essa experiência era um sonho ou uma visão, ele não apenas decidiu, enquanto ainda dormia, que era um sonho, como ele também o interpretou antes de acordar. Ele concluiu que *o dicionário significava a conexão entre todas as ciências* e que a cole-

---

87. Je ower: "não era tão completo".

ção de poemas, intitulada *Corpus Poetarum* apontavam especial e claramente para *a união íntima da filosofia e a sabedoria*. Pois ele pensou que ninguém deveria se surpreender de descobrir que os poetas, mesmo aqueles cuja obra parece ser apenas um passatempo bobo, produzem pensamentos muito mais profundos, sensatos e melhor expressos do que aqueles encontrados nos escritos dos filósofos. *Ele atribuiu esse milagre à qualidade divina do entusiasmo e ao poder de imaginação*, que permite que a *semente de sabedoria (existente na mente de todos os homens como as centelhas do fogo na pedra do isqueiro)*[88] germine com maior facilidade e mais brilhantismo do que a "razão" dos filósofos. Continuando a interpretar o sonho durante o sono, Descartes concluiu que o poema sobre "que tipo de vida um indivíduo deve escolher", que começava com "Quod vitae sectabor iter", apontava para o conselho sonoro de um sábio ou até para a Teologia Moral. Ainda incerto se estava sonhando ou meditando, ele acordou calmamente e, com os olhos abertos, continuou a interpretar seu sonho com o mesmo espírito. Os poetas representados na coleção de poemas ele interpretou como a revelação e o entusiasmo que foram concedidos a ele. O poe-

---

88. O mesmo pensamento aparece em *Cogitationes privatae* (*A-T*, vol. 10, p. 217): "Mirum videri possit, quare graves sententiae in scriptis poetarum, magis quam philosophorum. Ratio est quod poetae per entusiasmum et vim imaginationis scripsere: sunt in nobis semina scientiae, ut in silice, quae per rationem a philosophis educuntur, per imaginationem a poetis excutiuntur magisque elucent. ("Maravilhosamente, poetas são mais ricos em pensamentos sérios do que os filósofos. Os poetas escrevem pela força da imaginação e com entusiasmo; todos nós carregamos as sementes da sabedoria dentro de nós, como uma pedra de isqueiro, que é acesa pelos filósofos por meio da razão, [mas] os poetas a acendem por meio da imaginação e a chama brilha com mais intensidade".)

ma "Est et non" – que é o "Sim e não" de Pitágoras –, ele compreendeu como a verdade e o erro de todo o conhecimento humano e da ciência profana. Quando ele viu que todas essas coisas estavam se saindo tão satisfatoriamente conforme o desejo dele, ele ousou acreditar que era o *espírito da verdade* que desejou, por meio do sonho dele, revelar a ele os tesouros de todas as ciências. Agora, não restava mais nada a ser explicado, exceto os pequenos retratos gravados em metal que ele havia encontrado no segundo livro. Esses, ele não procurou mais elucidar após receber a visita de um pintor italiano no dia seguinte.

Interpretação do primeiro sonho

A exposição do sonho consiste na afirmação um tanto nebulosa de que Descartes estava assustado com a presença de "vários fantasmas" e achou que estivesse andando por ruas em direção a um (desconhecido) destino. O medo dele o fez se curvar para o lado esquerdo ("*se renverser*"), pois ele sentia uma grande fraqueza do lado direito.

As aparições fantasmagóricas podem estar ligadas a essas experiências do dia anterior[89], pois elas são a forma primordial do "espírito", uma incorporação, em outras palavras, da atividade criadora de imagens do inconsciente[90], que o homem primitivo sempre viu como fantasmas ou espíritos[91].

---

89. Desde a publicação do artigo de Milhaud na *Revue de Métaphysique et de Morale* (jul./1916, p. 610-611), tem sido comum considerar o "Enthusiasmus" coincidente com o sonho, mas não vejo por que o relato de Baillet deva ser depreciado; o sonho parece ser bem mais uma representação do "significado" do entusiasmo.

90. Cf. JUNG, C.G. "The Phenomenology of the Spirit in Fairy Tales". *The Archetypes and the Collective Unconscious*, p. 212-213. ["A fenomenologia do espírito no conto de fadas". *Os arquétipos e o inconsciente coletivo*. Parte 1. Petrópolis: Vozes, 2011 (OC 9/1).

91. Ibid., p. 208-209.

Enquanto que essa é a forma pela qual a mente confronta de verdade o homem primitivo, "com um desenvolvimento cada vez maior, ela entra no domínio da consciência humana e se torna uma função sob o controle do homem; enquanto que seu caráter autônomo original é aparentemente perdido"[92]. O homem, entretanto, jamais deve se esquecer

> do que ele arrasta para essa esfera e daquilo com que ele preenche sua consciência. Pois ele não criou a mente, é a mente que possibilita que ele crie; ela dá o impulso a ele, o lampejo repentino do *insight*, da perseverança, do entusiasmo e da inspiração. Mas isso penetra tanto no ser humano, que o homem fica altamente tentado a acreditar que ele próprio é o criador do espírito e que é dono dele. Na verdade, entretanto, é o fenômeno primordial da mente que se apossa do homem, e do mesmo modo pelo qual o mundo físico parece ser a ferramenta disponível do objetivo dele, na verdade, ela acaba com a liberdade do homem e se torna uma obsessiva *idée-force*. A mente ameaça o homem ingênuo com a presunção. [...] O perigo se torna maior quanto mais o objeto exterior cativar o nosso interesse e quanto mais o homem se esquecer de que, junto com a diferenciação da nossa ligação com a natureza, deveria seguir também uma diferenciação similar de nossa relação com a mente, para criar o equilíbrio necessário[93].

Sem dúvida, Descartes corria o perigo de se identificar com sua descoberta científica e de negligenciar a natureza autônoma dessa experiência. (Pense só no "*Cogito ergo sum*" dele – "Penso, logo existo"![94]) Segundo a visão dele, todas as reações corporais,

---

92. Ibid., p. 212-213.

93. Ibid., p. 212-214. Descartes também esperava que a ciência nos tornasse "os mestres e possuidores da natureza" (Adam, p. 229).

94. *A-T*, vol. 7, p. 27.

assim como as sensações e as percepções sensoriais, podem ser separadas do eu – como acontece, por exemplo, no sonho –, mas o pensamento não pode ser abstraído desse modo. Ele diz: "Cogitare? Hic invenio: cogitatio: *haec sola a* me divelli nequit". ("Pensar? Aqui, eu descubro: Pensando! Só isso não pode ser tirado de mim"[95].) O pensamento é, assim, a função da consciência por excelência, que está completamente unificada com o eu[96] (e, para Descartes, a alma consiste apenas do eu pensante[97]). Em outras palavras, Descartes se identifica completamente com sua função pensamento[98]. Mas, por esse mesmo motivo, ele corre o perigo de negligenciar a natureza "autônoma" de sua experiência reflexiva; sendo assim, a "mente" em sua forma primordial o assombra mais pavorosamente à noite. Também nesses fantasmas se encontra escondido tudo que ainda ultrapassa a própria compreensão dele a respeito dessa descoberta[99]: os processos arquetípicos no fundo e

---

95. Apud BARTH, H. "Descartes' Begründung der Erkenntnis". Op. cit., p. 56.

96. A alma é a *"res cogitans"* (BARTH, H. "Descartes' Begründung der Erkenntnis". Op. cit., p. 59). Cf. tb. o comentário de Barth (p. 53) na seguinte passagem da carta de Descartes a Mersenne (*A-T*, vol. 3, p. 394): "pour ce qui est de l'Ame, c'est encore une chose plus claire. Car n'étant comme j'ai démonstré qu'une chose qui pense, el est impossible que nous puissions jamais penser à une chose que nous pensons [...]" ("No que diz respeito à alma, ela é às vezes ainda mais inteligente. Sendo, como já demonstrei, nada mais que algo que pensa, é impossível que pensemos em algo sem ao mesmo tempo ter ideia da nossa alma, como de algo capaz de pensar em tudo que pensamos.") Também é indicativo do tipo de Descartes ele ter relegado o sentimento à esfera do corpo.

97. Cf. JUNG, C.G. *Psychological Types* (CW 6). Op. cit.

98. A principal função psicológica dele era provavelmente o pensamento introvertido. Cf. o comentário de Fleckenstein (p. 133): "Para ser preciso, a descrição de todos os processos físicos permanece assim nada além de uma imagem, de um modelo, com o qual podemos fazer cálculos".

99. Cf. GONSETH, F. *Les mathématiques et la réalité*. Op. cit., p. 378: "Aussitôt qu'elles ont trouvé leur expression, *les pensées revêtent une certaine existence autonome*. L'esprit qui les a conçues les reconnaît comme siennes, mais ne les habite plus complètement". ("Assim que encontram sua expressão, os pensamentos assumem certa autonomia de existência. A mente que os concebeu os reconhece

a alvorada de um novo espírito da época, com suas tendências perigosas, ameaçando a ordem humana das coisas. Essa não foi precisamente a época da eclosão da Guerra dos Trinta Anos, cujas consequências estavam destinadas a destruir toda a cultura no coração da Europa por um longo tempo adiante?[100]

A palavra *fantasmas*, além disso, evoca o pensamento dos mortos. Aqui, devemos nos lembrar de que a mãe de Descartes morreu quando ele ainda era criança. Para ele, a imagem da mãe permanecia no além, e ele estava destinado a ficar sem o carinho e a proteção maternais de que uma criança necessita para que ela consiga se afastar do mundo de imagens do inconsciente coletivo e enfrentar a vida. Sendo assim, no caso dele, sem dúvida, uma porta havia ficado aberta para o mundo dos espíritos, a terra dos mortos. Sem dúvida, é por isso que ele nunca conseguiu projetar a *anima* em uma mulher de verdade. Quando a mãe morre tão cedo, ela normalmente deixa uma enorme ânsia secreta no filho, tanto que, como Jung explica, nenhuma outra mulher consegue alcançar a figura – mais poderosa por estar tão distante – da mãe.

> Quanto mais distante e irreal a mãe do sujeito, mais profundamente a vontade de tê-la mexe com o filho nas profundezas da alma dele, que está lá para despertar a imagem primordial e eterna da mãe, razão pela qual tudo que contém protege, nutre e auxilia assume para nós a forma da mãe [...][101].

---

como seus, mas eles não mais a habitam completamente.") O eu é, portanto, apenas um canal para conteúdos intelectuais que se anunciam pré-conscientemente e, após a formulação deles, eles autonomamente buscam seu próprio desenvolvimento posterior.

100. Com bastante correção, Maritain fala, a respeito de Descartes, de um "mythe de la science". (Cf. SIRVEN, J. *Les anée d'apprentissage de Descartes*. Op. cit., p. 308n.)

101. Jung afirma isso a respeito de Paracelso; cf. *Paracelsica*. Zurique: [s.e.], 1942. • "Paracelso, o médico". *O espírito na arte e na ciência*. Petrópolis: Vozes, 2011, p. 45 [OC 15]. Henri Bergson também descreveu corretamente a matemá-

No caso de Descartes, essas mães eram a *Mater Ecclesia* e a Ciência, sendo que a última ele comparava a uma mulher casta[102].

Ligar esses fantasmas ao pano de fundo despercebido da descoberta científica dele por um lado e com a imagem da mãe e da *anima* pelo outro não é tão inconsistente quanto pode parecer à primeira vista: a simplificação de Descartes da matemática e o fato de que ele exaltava a última como o único meio válido de representar os processos físicos contribuiu com as obras de Kepler, de Galileu e de outros[103], principalmente no sentido da construção de uma concepção puramente mecanicista do mundo, que permaneceu válida até o final do século XIX. Mas o que foi perdido na época, como mostrou W. Pauli[104], foi a unidade da realidade que incluía o observador; também foi perdida a antiga doutrina da correspondência, na qual o fator psíquico e a ideia de uma ordem teológica significativa na natureza ainda tinham seu lugar. Descartes definitivamente

---

tica e o *méthode* de Descartes como um *proles sine matre creata* ("prole criada sem mãe") (cf. J. Sirven (*Les anée d'apprentissage de Descartes*. Op. cit., p. 1), que segue H. Bergson ("La Philosophie". *Science française*. Paris [s.e.], 1916).

102. Em *Cogitationes privatae* (*A-T*, vol. 10, p. 214), ele afirma: "Scientia est velut mulier, quae si pudica apud virum maneat, colitur; si communis fiat, vilescit". ("A ciência é como uma mulher, que é querida se permanecer modesta, com um homem só, mas que se torna vulgar ao se prostituir com muitos.")

103. Descartes conhecia a obra de "Vitellio" (Witelo) e "Paralipomena ad Vitellionem", de Kepler, assim como as obras de Galileu (cf. SIRVEN, J. *Les anée d'apprentissage de Descartes*. Op. cit., p. 283).

104. "Die Einfluss archetypischer Vorstellungen auf die Bildung naturwissenschaftlicher Theorien bei Kepler". In: JUNG, C.G. & PAULI, W. *Naturerklärung und Psyche*. Zurique: Rascher Verlag, 1952 ["The Influence of Archetypal Ideas on the Scientific Theories of Kepler". In: JUNG, C.G. & PAULI, W. *The Interpretation of Nature and the Psyche*. Nova York/Londres: (s.e.), 1955]. O Prof. Pauli teve a gentileza de me enviar a seguinte explicação por carta: "Também houve uma tentativa, em princípio, de levar em consideração os fatores condicionantes psíquicos do observador. Kepler também faz isso, mas com a tendência, sempre mais aparente, de eliminá-los da observação 'objetiva' da natureza".

negou a existência de uma *causa finalis* nos eventos naturais[105]. Como Pauli aponta ainda[106] – com referência às teorias de Kepler – na verdade, foi a imagem (entre outras coisas) de uma *anima mundi* (alma do mundo) objetivamente existente e de um fator psíquico objetivo em geral que foi descartada na época – que, em outras palavras, tornou-se inconsciente. A imagem da Trindade foi projetada no mundo material e foi buscada lá, enquanto que o quarto princípio foi perdido novamente[107]. Com Kepler, o caráter tridimensional do espaço é uma imagem da Trindade, e as leis matemáticas da natureza são as leis na mente de Deus; com Descartes, a veracidade e a estabilidade imutável de Deus garantiam a regularidade das leis físicas do movimento[108]. Em seu *Principia* (2.37), Descartes afirma que esta é a primeira lei da natureza:

> Cada coisa, desde que seja simples e não dividida, sempre permanece o tanto quanto possível no mesmo estado e nunca muda, a não ser devido a causas externas. [...] Uma segunda lei é que cada parte da matéria, por si só, nunca tende a continuar se movendo ao longo de linhas curvas. [...] A causa da última lei é a mesma da anterior, a saber, a imutabilidade de Deus e a

---

105. Cf. *Meditation* 4: "Eu acredito que essa classe toda de causas que as pessoas têm o hábito de inferir a partir de seus fins não deveria ser usada na física" (apud FELSCH, C. *Der Kausalitätsbegriff bei Descartes*. Langensalza: [s.e.], 1891, p. 11).

106. Nessa carta, citada acima, n. 104, Pauli diz: "em relação ao 'problema-*anima*' moderno, [podemos nos lembrar de que] o século XVII tentou *eliminar o conceito de alma do mundo físico*. A tendência era, consequentemente, limitar a alma cada vez mais para o ser humano individual. O que foi abandonado [...] foi a ideia do fator psíquico-objetivo. No século XVII a psique se tornou puramente subjetiva".

107. Essa falta da concepção do *anima mundi* na visão de Descartes do mundo físico está consequentemente também relacionada ao problema pessoal dele de não ser capaz de integrar sua *anima* pessoal.

108. *Meditation* 6 e *Principia* 2.36-37. Cf. STOCK, H. *The Method of Descartes in the Natural Sciences*. Nova York: [s.e.], 1931, p. 11-15.

simplicidade de operação pela qual Ele conserva o movimento na matéria. [...] Por meio dessa imutabilidade das operações dele, Deus mantém o mundo exatamente no mesmo estado no qual Ele o criou.

O conhecimento das simples leis físicas do movimento da matéria basta, consequentemente, para explicar completamente todos os fenômenos naturais[109]. A possibilidade de que Deus pudesse ter um aspecto de Trickster ou pudesse enganar, ou se comportar irracionalmente ou de modo não causal é, para Descartes, inimaginável[110]. Deus, pelo contrário, garante que a natureza obedeça a leis e garante também as ideias claras e distintas na mente dos homens, o que constitui um *órganon* para se investigar o mundo físico[111]. Ele diz, em *Meditation* I: "Geralmente, podemos afirmar com certeza que Deus pode fazer tudo o que somos capazes de compreender, mas não que ele não possa fazer o que não podemos compreender". ("Et généralement nous pouvons bien assurer que Dieu peut faire tout ce que nous pouvons comprendre, mais non pas qu'il ne peut faire ce que nous ne pouvons pas comprendre".) Ele pode, de fato, agir de modo diferente, mas Ele não *vai* fazer isso. Como Barth formula: "Os atos da vontade de Deus se vestem com as leis das puras concepções da natureza; eles coincidem com a ordem intelectual"[112].

Para Descartes, a "lógica" interior de eventos físicos é, portanto, completamente idêntica à *logik* interior de nosso próprio

---

109. *Principia* 2.23. Cf. tb. STOCK, H. *The Method of Descartes in the Natural Sciences*. Op. cit., p. 12.
110. Cf. tb. STOCK, H. *The Method of Descartes in the Natural Sciences*. Op. cit., p. 11.
111. Ibid., p. 12. Comentário sobre *Meditation* 6.
112. BARTH, H. "Descartes' Begründung der Erkenntnis". Op. cit., p. 87.

pensamento[113]. Assim como em Espinosa, o curso do nosso pensamento (*ordo et connexio idearum*) é o mesmo que o dos eventos físicos (*ordo et connexio rerum sive corporum*)[114]. Wolfgang Röd[115] desenvolveu de modo convincente essa fundação prática (ou deveríamos, talvez, chegar ao ponto de chamá-la de concretística?) do pensamento cartesiano e mostrou o quanto Descartes esperava, desse modo, alcançar a certeza em relação às suas visões filosóficas e até às morais. Para ele, o determinismo físico, assim, quase se tornou uma prova da existência de Deus, pois as cadeias causais de eventos psíquicos e físicos se originam em Deus como a *causa prima*[116] e, como enfatiza Felsch[117], Descartes também atribuiu um funcionamento ordenado a Deus, ou seja, às origens metafísicas, e fez apenas algumas concessões à liberdade de Deus por razões de prudência teológica. Podemos, por conseguinte, concluir que, *para ele, a atividade de Deus é essencialmente idêntica ao princípio da causalidade*. Ele próprio tinha, com isso, consciência de que o princípio de causalidade pertence às *notiones communes* ou *veritates aeternae* inerentes[118]. Felsch enfatiza aqui a correspondência com Kant, que, do mesmo modo, afirmava que a causalidade pertence às "categorias da razão pura".

---

113. Apud FELSCH, C. *Der Kausalitätsbegriff bei Descartes*. Op. cit., p. 9.
114. Ibid. p. 9-10.
115. RÖD, W. *Descartes*: Die innere Genesis des cartesianischen Systems. Op. cit., passim.
116. FELSCH, C. *Der Kausalitätsbegriff bei Descartes*. Op. cit., p. 8.
117. Ibid. p. 9.
118. Principia phil., 1.39, 49, 75. Apud FELSCH, C. *Der Kausalitätsbegriff bei Descartes*. Op. cit., p. 14.

Descartes defendia que a visão de que o funcionamento da causalidade nada tem a ver com o tempo[119]; para ele, o próprio tempo é uma série descontínua de momentos (instantes)[120].

É, portanto, significativo que os sonhos representem sua qualidade essencial por meio de fenômenos fantasmagóricos ou eventos parapsicológicos. Se o inconsciente traz à tona tais fenômenos em um sonho, ele deseja estampar a existência desses fatos sobre o sonhador. Tais fenômenos são, entretanto, como Jung mostrou em seu artigo sobre sincronicidade[121], acontecimentos acausais, nos quais um evento físico exterior coincide de modo significativo com um conteúdo psiquicamente constelado, mas não pode ser

---

119. FELSCH, C. *Der Kausalitätsbegriff bei Descartes*. Op. cit., p. 15.

120. Como Fleckenstein (p. 135) enfatiza: "Descartes era incapaz de conceber a formulação matemática de funções contínuas, pois a tendência dele era eliminar o parâmetro do tempo na física. Foi Newton quem introduziu o parâmetro do tempo na física, e em seus pensamentos particulares sobre metafísica ele inclusive o denominou uma substância da '*vita divina*' – assim como, para ele, o espaço era o '*sensorium Dei*'". Fleckenstein também comenta (p. 126): "A base da mecânica cartesiana é a conservação do impulso ou, em sua forma original, do *quantum* de movimento que é o produto da massa e da velocidade. Descartes ainda não conhecia o aspecto vetorial da velocidade e a via apenas como um fator escalar, o que o levou a contradições ao derivar suas leis de impulso. [...] Como Descartes usava apenas as leis da geometria analítica dentro da estrutura da geometria euclidiana, ele superou os preconceitos dos físicos da Antiguidade na forma, mas não na essência, pois a mecânica dele permanece idêntica àqueles da Antiguidade". Ibid., p. 127: "No mundo de Descartes, existem apenas colisões rígidas que transferem o *quantum* do movimento, mas não as forças continuamente em ação que causam mudanças de estado. Ele tentou entender os eventos cósmicos a partir da multiplicidade de distribuição do *quantum* do movimento em vez de entendê-los a partir do que permanece contínuo dentro das mudanças temporais. Foi Leibniz que, mais tarde, conseguiu isso por meio de seu princípio da energia, que ele teve que defender em sua disputa com os cartesianos". Ibid., p. 128: "Descartes é incapaz de entender uma mudança contínua, especialmente temporal, pois ele busca a eliminação do parâmetro do tempo em sua 'geometrização' da física". Cf. tb. ibid., p. 123s.

121. "Synchronicity: An Acausal Connecting Principle" (CW 8) [*Sincronicidade*. Petrópolis: Vozes, 2011 (OC 8/3)].

visto como algo que tem uma conexão causal com isso. Descartes não via esse princípio de sincronicidade e, na verdade, rejeitava sua concepção paralela contemporânea, a doutrina de *correspondentia*. Ele até a excluiu de seu pensamento[122]. Sua aceitação unilateral e exclusiva das leis da causalidade produziu uma falta de clareza no sistema dele no que diz respeito à relação de alma e corpo, falta essa que um de seus seguidores, Arnold Geulinex[123], tentou esclarecer, introduzindo a ideia de que dois fatores correm paralelamente um ao outro, como dois relógios aos quais se dá corda ao mesmo tempo[124].

Descartes supôs que a conexão entre corpo e alma deveria ser buscada na experiência das *"passiones"* (emoções como eventos psicológicos)[125]. Somos lembrados de que, segundo Jung, fenômenos sincronísticos são especialmente aptos a acontecerem quando um conteúdo arquetípico foi constelado e, com ele, um estado de tensão emocional no observador. Descartes, porém, não foi capaz de esclarecer a ideia das *passiones* mediadoras ou de relacioná-la às visões do mundo físico[126]. Como consequência, ele excluiu não só a *anima*, mas os problemas do mal e do irracional.

---

122. Naturalmente, Descartes não conseguia reconhecer o princípio da sincronicidade no sentido junguiano, mas ele descartou suas manifestações iniciais, como a doutrina das correspondências, a *causa finalis* e por aí em diante.
123. A respeito de quem, cf. VON BROCKDORFF, C. *Descartes und die Fortbildung der Kartesischen Lehre*. Op. cit., p. 152.
124. O Prof. Pauli chamou atenção para esses fatos.
125. Cf. VON BROCKDORFF, C. *Descartes und die Fortbildung der Kartesischen Lehre*. Op. cit., p. 19s.
126. Ele refletiu sobre a função da glândula pineal, que ele conjeturava ser o "ponto de ligação" do corpo e da alma. Para detalhes acerca desse problema em especial, cf. JEFFERSON, G. "René Descartes on the Localisation of the Soul". *Irish Journal of Medical Science*, n. 285, set./1949), p. i s.. Cf. tb. a literatura lá citada. Tenho uma dívida para com o Dr. E.A. Bennet por ter chamado a minha atenção para esse artigo.

Nessa iluminadora noite de terror, o inconsciente certamente procura marcar precisamente essa área de fatos e problemas antes de Descartes de forma impressionante, mas o último não compreende. Em vez disso, ao primeiramente despertar assustado, ele pensa na "influência dos espíritos do mal", apesar de não aprofundar essa ideia.

Sob essa perspectiva, é compreensível que Descartes, assustado de início ao acordar de seu sonho, deveria pensar que os espíritos do mal haviam estado trabalhando; pois não só ele havia excluído a *anima* de sua descrição do mundo, como também havia excluído o problema do mal e também o elemento do irracional.

A aparição dos fantasmas é a causa para, ou coincide com, o fato de que Descartes pensa que está andando por ruas; ele é jogado para fora de sua vida introvertida estabelecida no quarto dele e levado à vida coletiva – uma compensação pelo medo dele de entrar na vida de seres humanos comuns[127]. Além disso, existe um impulso de correr atrás de objetivos coletivos, mesmo que ainda seja algo desconhecido para ele. Mais adiante, esse medo o leva a se curvar para baixo no lado esquerdo (ou se jogar para o lado esquerdo?)[128]. Do mesmo modo, isso deve ser entendido, em primeiro lugar, como uma compensação; o inconsciente quer forçá-lo

---

127. Em seu artigo "Three Dreams of Descartes" (*International Journal of Psycho-Analysis*, 28, 1947, p. 11s., J.O. Wisdom interpreta esse motivo como o medo inconsciente de impotência de Descartes (complexo de castração), apesar de que, a não ser que estejamos inclinados a acreditar na teoria freudiana do "censor", é desconcertante saber por que Descartes sofria de tal medo ou por que isso seria descrito dessa forma. Nenhum distúrbio sexual era perceptível no caso de Descartes, mas, em vez disso, via-se uma atrofia da vida do sentimento. Por outro lado, Wisdom (28s.) corretamente enfatiza o conflito em Descartes entre seu intelecto e sua ânsia pela vida. Quero agradecer ao autor por ter me enviado o artigo.

128. *Se renverser.*

para a esquerda, para o *sinistro* ("esquerda"), para o lado feminino, que ele adora demais negligenciar e subestimar[129].

É o medo que causa que Descartes se curve para a esquerda. Estranhamente, os fantasmas não aparecem à esquerda (onde, mitologicamente falando, parece ser o lugar deles), mas à direita, aparentemente porque, à direita, havia um ponto fraco, uma porta

---

129. Cf. J. Rittmeister ("Die mystische Krise des jungen Descartes". *Confinia Psychiatrica*, 4, 1961, p. 81), onde a "esquerda" é interpretada de modo semelhante ao que eu procurei fazer. O "lado esquerdo" corresponde ao lado sombrio da função inferior, que, em tipos intelectuais, é normalmente o sentimento. Para Descartes, isso se torna o diabo, que reverte o ponto de vista anterior e (no caso do sonhador) o aleija nos pés. Não é, questiona Rittmeister, de fato, impressionante que a saudade da mãe, do lar e assim por diante se aplique a todos aqueles personagens mitológicos, como Harpócrates (Hórus), Hefesto, Édipo e Filoctetes, que eram aleijados em seus membros inferiores**** Quanto ao lado esquerdo como o feminino e o ctônico, cf. BACHOFEN. *Versuch über die Gräbersymbolik der Alten*. Basileia: [s.e.], 1859, p. 171s.: "A mão esquerda de Ísis, *aequitatis manus*, é um dos símbolos carregados na procissão". APULEIO. *Metamorphoses* XI e 1: "A mão esquerda é 'otiosa'". MACRÓBIO. *Sat.* 7.13: "Rapazes são gerados a partir do testículo direito, as moças, do esquerdo". Cf. tb. PLUTARCO. *Symp.* 8.8 e 5.7. Segundo Platão (*Leis* 4), o lado esquerdo e um número par de animais sacrificados eram oferecidos aos deuses ctônicos, enquanto os deuses do Olimpo recebiam o lado direito e um número par de animais. A esquerda está associada ao Norte; a direita, ao Sul. Sacrifícios para ou pelos mortos são executados com a mão esquerda. Cf. JUNG, C.G. *Psychology and Alchemy*, p. 121 [*Psicologia e Alquimia*]), acerca da circum-ambulação para a esquerda: "A esquerda, o lado 'sinistro,' é o lado inconsciente. Consequentemente, um movimento para a esquerda equivale a um movimento na direção do inconsciente, enquanto um movimento para a direita é 'correto' e almeja a consciência". Cf. tb. o comentário de Jung sobre o sonho 22 no mesmo volume (p. 156), no qual "A 'esquerda' deve ser completamente suprimida" e onde Jung comenta mais adiante (p. 160-161, 163-165): "Assim como a 'direita' denota o mundo da consciência e seus princípios, por 'reflexo', o retrato do mundo deve ser virado para a esquerda, produzindo assim um mundo correspondente em reverso. Nós poderíamos igualmente dizer: por meio do reflexo, a direita aparece como o reverso da esquerda. Consequentemente, a esquerda parece ter tanta validade quanto a direita; em outras palavras, o inconsciente e sua – em sua maior parte ininteligível – ordem se tornam a contraparte simétrica da mente consciente e de seus conteúdos, apesar de ainda não estar claro qual delas é refletida e qual está refletindo. Para levar adiante a nossa reflexão, poderíamos tomar o centro como o ponto de interseção de dois mundos que se correspondem, mas que estão invertidos pelo reflexo".

aberta para os conteúdos do inconsciente. Como o inconsciente o empurra para a esquerda, é evidente que ele próprio tem uma tendência de se desviar demais para a direita, o que, da mesma forma, corresponde a certa *inconsciência* – pois a consciência é um fenômeno do centro, entre o instinto e o espírito. Em *On the Nature of the Psyche* ("Considerações teóricas sobre a natureza do psíquico")[130], Jung compara a vida psíquica a um raio de luz que se desdobra em um espectro, do qual um extremo representa as ânsias e os instintos, a saber, os processos de vida psicoides, que gradualmente atingem os processos químicos do corpo, enquanto o outro consiste de (igualmente psicoide) conteúdos arquetípicos, o elemento do espírito[131]. Ambos os polos acabam transcendendo a consciência. Nesse sentido, pode-se dizer que Descartes, por meio de sua meditação de certo modo compulsiva, chegara próximo demais ao polo espiritual e se tornara, com isso, inconsciente demais nesse lado (em outras palavras, ele perigava ser possuído por conteúdos arquetípicos). Por conseguinte, ele sentiu "uma grande fraqueza" do lado direito, e o motivo do sonho se empenha em retificar a situação, direcionando-o para a esquerda[132]. Além disso, o sonho o obriga a se curvar para baixo de modo a contrabalançar o "entusiasmo" deveras pretensioso dele (como Maritain enfatiza, ele se considerava, na verdade, *o* homem chamado para reformar toda a ciência da época dele)[133].

---

130. *The Structure and Dynamics of the Psyche* (CW 8).

131. Em *Cogitationes privatae* (*A-T*, vol. 10, p. 218), o próprio Descartes afirma que o vento é o espírito: "Ventus spiritum designat, motus cum tempore vitam, lumen cognitionem, calor amorem, activitas instantanea creationem". ("O vento designa o espírito; movimento com tempo: vida; luz: cognição; calor: amor; atividade instantânea: criação.")

132. Rittmeister (p. 81-82) crê que a direção da tempestade é uma regressão ao passado primordial e à Mãe de Deus.

133. Cf. *A-T*, X, 18s.

Envergonhado, ele, contudo, tenta andar ereto, só para se sentir apoderado por um furacão violento que o gira em volta de seu pé esquerdo. Os fantasmas se transformam no πνεύμα (*pneuma* ou espírito divino), em uma tempestade que o ameaça. Esse espírito o gira em volta dele mesmo no momento exato em que ele se esforça para ficar ereto: "Cuidado para não cuspir *no sentido contrário* ao do vento!"[134] O homem da Renascença, que se desprende de sua humildade medieval e, levantando-se, começa a confiar em seu próprio pensamento – esse é o homem que é pego pela tempestade destrutiva, que já havia começado a soprar de modo ameaçador nos "Irmãos do Espírito Livre", nos "Amigos de Deus no Reno", nas "Ordens Terceiras" e em outros movimentos do Espírito Santo[135]. Esse furacão pode ter a ver com a "tempesta-

---

134. NIETZSCHE, F. *Thus Spoke Zarathustra*. Nova York: Modern Claret, 2011, fim do capítulo 28, "The Rabble", p. 111 [*Assim falou Zaratustra*. São Paulo: Martin Claret, 2011]. Wisdom (p. 15-16) interpreta o vento como a imagem do pai, que parece ser tanto fertilizante quanto ameaçadora, quando Descartes tenta consumar o ato sexual.

135. Maritain (p. 25) enfatiza o grau ao qual Descartes sentia ter sido possuído por uma espécie de *Sapientia Dei* ou pelo Espírito Santo: "C'est ainsi, croyons nous, que Descartes aperçut, ramassée dans une seule intuition, l'idée vitale, le λόγος σπερματικὸς ["razão seminal"] de sa réforme philosophique". ("Foi assim, acreditamos nós, que Descartes percebeu e reuniu em uma única intuição a ideia vital, o *Logos spermatikos* da reforma filosófica dele".) Ele creditava (p. 25) "[...] à la Science universelle qui élèvera notre nature à son plus haut degré de perfection" ("[...] na ciência universal que vai elevar nossa natureza ao mais alto grau de perfeição"). Maritain continua (p. 27): "L'enthousiasme solitaire qui l'anime a une origine divine, l'ivresse de la nuit du 10 novembre 1619 est une ivresse sainte, elle este en sa personne comme une pentecôte de la raison". (O entusiasmo solitário que o anima tem uma origem divina; a embriaguez da noite de 10 de novembro de 1619 é uma embriaguez santa; é como um Pentecostes da razão.") "[C'est] la science même de Dieu et des Anges. S'il em est ainsi, c'est sans doute par un effet de l'idéalisme et si j'ose dire de l'angélisme qui caractérise em général la philosophie cartésienne" (p. 30). ("É a ciência própria de Deus e dos anjos. Se for assim, é, sem dúvida, como consequência do idealismo, ou, diria eu, da qualidade angélica, que geralmente caracteriza a filosofia cartesiana.") Maritain

de" da Reforma e da Contrarreforma, que começam a romper com a antiga ordem das coisas na Alemanha, onde Descartes vivia na época. A tempestade nos diz que os fantasmas do primeiro sonho, sem dúvida, pertenciam ao anfitrião dos mortos, ao anfitrião dos caçadores selvagens, Wotan[136]. Descartes estava entre aqueles que haviam sido tomados pelo novo espírito; as descobertas dele ajudam a abrir caminho para o estabelecimento de outra *Weltanschauung*, aquela de uma era em ascensão, da qual são característicos o desenvolvimento, por um lado, do pensamento científico, mas, por outro, do cresciemento de um *hubris* pernicioso de consciência pelo qual gerações futuras vão ter que pagar. O lado esquerdo está novamente caracterizado como útil; é só sobre o pé esquerdo que Descartes ainda é capaz de manter seu apoio sobre a terra, mas, mesmo assim, o vento o gira ao redor dele mesmo três ou quatro vezes(!).

Esse furacão faz com que ele gire sobre seu próprio eixo, tanto que ele tem de olhar em todas as direções da bússola ao girar – uma compensação por seu ponto de vista unilateral. O objetivo do inconsciente é uma ampliação do horizonte dele e uma mudança do centro de rotação do mundo exterior para a esfera interna dele.

(p. 31) entende muito claramente o *hubris* do novo pensamento científico e, por essa razão, acredita que "c'est le songe d'une nuit d'automne *excité par un malin génie* dans un cerveaus de philosophe [...]" ("[...] é o sonho de uma noite de outono, instigado *no cérebro de um filósofo por um espírito malicioso*. [...]").

136. A respeito da ideia de que, por trás desse afloramento do espírito germânico, está a imagem de Wotan, cf. Jung, "Wotan" (CW 10, OC 10), esp. p. 16s. Wotan (Odin) é um deus do vento ou da tempestade, o líder do *wüetis heer*, ou seja, o anfitrião dos mortos, o grande mágico que, como diz Jung (ibid.), incorpora "[...] o emocional impulsivo, e também o lado intuitivo e inspirador do inconsciente". Para a fenomenologia mitológica, cf. Ninck (*Wodan und germanischer Schicksalsglaube*. Jena: [s.e.], 1935) e Mogk (*Germanische Religionsgeschichte und Mythologie*. Berlim/Leipzig: Gruyter, 1927, p. 64s.). Wotan também se comporta como uma figura fantasmagórica (ibid., p. 65). Ele é o primeiro criador do entusiasmo (ibid., p. 67); ele também é um enganador de mulheres (ibid., p. 74) e mágico.

Essa imagem do furacão também parecer ser projetada na teoria cosmogônica dele, segundo a qual, o mundo emana de uma difusão igual continuamente em expansão de matéria, na qual as pequenas esferas dos quatro elementos primários caem em um movimento em espiral e começam a girar em torno delas mesmas e em torno de outros pontos centrais, que, agora, são as estrelas[137]. Como Fleckenstein aponta, esses vértices cartesianos bizarros constituem "o primeiro esforço na direção de uma física contínua"[138]. Por si sós, os mitos da criação são representações geradas pelo inconsciente da emergência da consciência, tanto que, a partir da própria teoria de Descartes, pode-se concluir que esses movimentos em espiral no sonho poderiam significar o início de uma nova consciência despertando.

Há um detalhe digno de nota no fato de que Descartes é girado *três ou quatro* vezes. A relação problemática de três e quatro é precisamente *o* tema psicologicamente significativo, que já foi expresso no axioma alquímico de Maria, a Profetisa, "Um se torna dois, dois se tornam três, e do terceiro, nasce o um que é o quarto"[139]. "Essa incerteza", comenta Jung,

> tem um caráter duplo – em outras palavras, as ideias centrais são tão ternárias quanto quaternárias. O psicólogo não pode senão mencionar o fato de que um enigma semelhante existe na psicologia do inconsciente: a função menos diferenciada ou "inferior"[140] é tão contaminada pelo inconsciente coletivo que, ao se tornar inconsciente, faz aflorar o arquétipo do Si-mesmo

---

137. Segundo FLECKENSTEIN, J.O. "Cartesische Erkenntnis und mathematische Physik des 17. Jahrhunderts". Op. cit., p. 122-124.
138. Ibid.
139. Cf. JUNG, C.G. *Psychology and Alchemy*. Op. cit., p. 23.
140. Cf. o capítulo sobre "Definições" em JUNG, C.G. *Psychological Types*. Op. cit.

também – τὸ ἓν τέταςτον, como afirma Maria, a Profetisa. Quatro significa o feminino, o maternal, o físico; três, o masculino, o paternal, o espiritual. Sendo assim, a incerteza em relação a três ou quatro equivale a uma oscilação entre o espiritual e o físico. [...]

Como já mencionado, esse é precisamente *o* problema para Descartes, que separava o físico e o psíquico com seu pensamento causal e sua visão de mundo mecanicista correspondente, e que era incapaz de integrar o quarto – o feminino e maternal – à sua vida pessoal. Pode ser possível alegar aqui que há motivos demais envolvidos na interpretação detalhada do sonho, mas, afinal, o sonho *realmente* afirma exatamente – e isso é típico de "grandes sonhos" assim – que Descartes é girado três ou quatro vezes, nem mais nem menos[141]. Pode ser mencionado, além disso, que o nome "Descartes" era originalmente "de Quartis"!

Enquanto é tão extensivamente girado, Descartes é atormentado por um medo constante de cair, de tocar o solo, ou seja, da realidade, do maternal/feminino. Então, ele vê uma universidade, que está aberta, e resolve buscar ajuda e proteção, oferecendo uma prece na capela de lá. Como enfatiza Maritain, esse lugar bem poderia ter alguma ligação com o colégio jesuíta de La Flèche, no qual Descartes foi criado[142] e, portanto, representaria o aprendizado espiritual e toda a estrutura das concepções ortodoxas dentro dele, por meio das quais – como na época da Contrarreforma – ele tentou se salvar de ser possuído pelo novo espírito (na época do sonho, ele estava servindo no exército de Maximilia-

---

141. Cf. JUNG, C.G. *Psychology and Alchemy*. Op. cit., p. 101-104, 119-120 e esp. 144, 148 e 153.

142. Assim Maritain conclui seu artigo "Le Songe..." (p. 5-7). Infelizmente, ele considera que, para os católicos, "le commerce avec les génies excitateurs des songes" ("o tráfico com espíritos instigando sonhos") só pode parecer suspeito.

no da Baviera). A ventania sopra na direção da Igreja. Portanto, não pode ser o vento que antes preenchia a antiga igreja. Parece mais uma tempestade que tem sua origem não *dentro* da Igreja, mas *fora* dela. "O vento sopra para onde quiser", e a Igreja não é mais o receptáculo dele, mas, segundo as circunstâncias, um obstáculo no caminho do vento ou um refúgio para aqueles que o temem. A situação da época não poderia ser mais adequadamente representada em termos simbólicos! O próprio Descartes ficou intrigado com esse paradoxo. Ele interpretou o vento como "o espírito do mal que tentou empurrá-lo à força para um lugar ao qual ele queria ir voluntariamente" ("le mauvais génie que tâchait le jeter par force dans un lieu où son dessein étoit d'aller volontairement")[143]. Uma nota de margem acrescenta:

> *A malo Spiritu ad Templum propellebar: C'est pourquoi Dieu ne permit pas qu'il avançât plus loin et qu'il se laissât emporter, même en un lieu saint, par un Esprit qu'il n'avait pas envoyé: quoy qu'il fût très-persuadé, que c'eût été l'Esprit de dieu qui luy avoit fait faire les premières démarches vers cette Église*[144].

Descartes fica naturalmente em dúvida quanto ao vento ser o Espírito de Deus ou ser o espírito de satã, que também foi cogitado como um *ventus urens*, vindo do Norte[145]. A incerteza de Des-

---

143. *A-T*, vol. 10, p. 185.

144. Eu fui empurrado por um espírito do mal na direção da Igreja: É por isso que Deus não permitiu que ele [Descartes] fosse adiante e fosse levado embora – mesmo que para um lugar sagrado – por um espírito que Ele não havia enviado, apesar de ele [Descartes] estar completamente convencido de que havia sido, em primeiro lugar, o espírito de Deus que o havia feito dar o primeiro passo na direção daquela Igreja (*A-T*, vol. 10, p. 185).

145. Cf. os seguintes artigos em *Patr. Lat.*: "Rhabanus Maurus", vol. 110, col. 860; "Adam Scotus", vol. 198, col. 760; "St. Eucharisti.", vol. 50, col. 739; "St. Victor Garnerius", vol. 193, col. 59; "Gregor Magnus", vol. 76, cols. 1.019, 1.026 e 1.054 etc. Mais detalhes em Jung, *Aion* (CW 9, parte I; OC 9, parte 1).

cartes em relação ao significado moral da tempestade pode ser comparada à dúvida vivenciada por Santo Inácio de Loyola quando, em uma visão profundamente benéfica, viu uma cobra "cheia de olhos luminosos, apesar de eles não serem realmente olhos"[146]. Mais tarde, entretanto, ele concluiu que provavelmente havia sido uma aparição diabólica[147]. São Niklaus von Flüe também teve subsequentemente que reavaliar sua visão assustadora de Deus, pois essa experiência pessoal quase o enlouqueceu[148]. Esse também é um caso semelhante, de certo modo; por si só, é uma imagem sem moral alguma, emergindo espontaneamente do inconsciente e simbolizando uma experiência primordial do espírito cujos efeitos poderiam ser vários: ele, o que se permitiu ser levado embora pela tempestade, enfureceu-se com a Igreja; enquanto que ele, o que buscou refúgio, estava condenado a se esconder na Igreja, com as janelas e portas bem fechadas, e não poderia deixá-la e andar livremente de novo sem correr perigo. Poucos, de fato, tiveram a humildade suficiente para se dobrar na direção da terra – certamente, não Descartes, pois, subsequentemente, ele decidiu explicar a tempestade como a obra de um espírito do mal.

Na pressa dele, entretanto, ele notou que havia passado por um conhecido sem o cumprimentar, mas, quando ele se esforça para voltar e consertar essa omissão, o vento o detém. Infelizmente, nos faltam associações ou declarações que possam nos dizer quem pudesse ser esse Sr. N e, sendo assim, somos incapazes de

---

146. Cf. FUNK, P. *Ignatius von Loyola*. Berlim: [s.e.], 1913, p. 57, 66. Cf., além disso, a exposição de Jung em "The Process of Individuation" (Eidgenössische Technische Hochschule Lectures. Zurique, junho 1939-março 1940; impresso particularmente).

147. JUNG, C.G. "The Process of Individuation". Op. cit., p. 24.

148. Cf. JUNG, C.G. "Brother Klaus". *Psychology and Religion* (CW 11) [*Psicologia da religião*. Petrópolis: Vozes, 2011 (OC 11/1).

descobrir que papel ele representava na psique de Descartes[149]; mas ele evidentemente era um homem por quem Descartes provavelmente tinha um sentimento positivo ou certo respeito, já que ele se arrependia de não o ter cumprimentado. Podemos apenas afirmar, portanto, que o "conhecido" representa uma parte da personalidade de Descartes que, em seu estado de entusiasmo, ele corre o perigo de negligenciar. O dom incomum que esse jovem de apenas vinte e três anos tinha no campo do pensamento – alcançando de fato o gênio criativo – obviamente sugere que ele se desenvolveu de um modo muito unilateral e, até certo ponto, ele até suplantou sua própria natureza, deixando partes de sua personalidade não desenvolvidas para trás. Além disso, a inclinação natural dele para escapar da vida e o medo de envolvimentos amorosos, assim como o ceticismo dele, encorajou ainda mais esse desenvolvimento unilateral de seu pensamento introvertido.

Nós sabemos que, na época do sonho, Descartes estava fazendo um esforço especial para tomar consciência de seu próprio pensamento; portanto, podemos supor que o aspecto da personalidade pelo qual ele negligentemente passa está conectado a suas emoções, e a seu lado do sentimento e, em um âmbito mais geral, está ligado à sua quarta função indiferenciada. Sendo assim, pode não ser um equívoco conjecturar uma figura-sombra de Descartes no Sr. N. que, não obstante, tem um significado positivo para ele e que ele apenas negligenciou, não rejeitou. Seria interessante saber o que Descartes disse em seu tratado perdido "De genio Socratis"; pois, no caso de Sócrates também, havia realmente uma personalidade realmente dividida, ligada com os traços do cabirismo exibidos pelo *daimonion* dele. Era provável que Descartes ti-

---

149. Freud já havia expressado perfeitamente seu desgosto de que as associações de Descartes, que precisavam de uma *certa* interpretação, fossem deficitárias – o que é especialmente constatado em relação a essas figuras humanas.

vesse interesse em Sócrates, pois ele projetava seu próprio problema nele. Ele também fala do fato de que *"le génie"* o avisou antecipadamente sobre o grande sonho[150]. Não fica exatamente claro o que ele quis dizer com o *"génie"* dele; ele provavelmente o concebia, como Sirven supõe, tal qual uma espécie de *spiritus familiaris* ou *"cousin de l'ange gardien"*[151].

No sonho, Descartes certamente tenta compensar sua falta, mas, então, ele se defronta com o vento. A tentativa de compensar teria sido um passo em direção à obtenção da totalidade interior, mas, precisamente nesse ponto, toda a resistência das tendências coletivas se faz sentir. Esse confronto com o *Zeitgeist*, exigindo um esforço para entrar em entendimento com ele e uma autoafirmação individual frente a ele, é um passo que, como mostra sua biografia, Descartes nunca empreendeu firmemente. Não foi ele mesmo que disse, ao falar da aparição dele no mundo, *"Larvatus prodeo"* ("[Somente] com uma máscara, eu apareço em público!")[152]. Porém, não foi só exteriormente que ele evitou qualquer risco de se revelar; interiormente, também, ele se manteve curiosamente indeciso em relação às questões religiosas mais críticas

---

150. *A-T*, vol. 10, p. 186: "Il ajoute que le Génie qui excitait en luy l'enthousiasme dont il se sentait le cerveau échauffé depuis quelques jours, luy avoit prédit ce songe avant que de se mettre au lit et que l'esprit humain n'y avoit aucune part". ("Ele acrescenta que o espírito que havia despertado nele o entusiasmo, por meio do qual ele sentiu, durante vários dias, que o cérebro dele estava sendo esquentado, havia previsto o sonho para ele antes de ele ir dormir, e que a mente humana não havia tido participação alguma nisso.")

151. Cf. SIRVEN, J. *Les anée d'apprentissage de Descartes*. Op. cit., p. 131-132.

152. Adam, p. 305, e *A-T*, vol. 10, p. 10, p. 213 (*Cogitationes privatae*): "Ut comoedi, moniti ne in fronte appareat pudor, personam induunt, sic ego, hoc mundi theatrum conscensurus, in quo hactenus spectator exstiti larvatus *prodeo*". ("Assim como os comediantes, prevenidos de que a vergonha pode aparecer no rosto, vestem uma máscara, eu vou mascarado quanto vou ao teatro do mundo, no qual, até hoje, fui um mero espectador".)

da época dele e à conduta pessoal da vida dele. A falta de uma mãe o privou da vitalidade e do contato enraizado com a terra, que teria permitido que ele se mantivesse de pé contra a tempestade.

Mesmo assim, a tentativa dele de alcançar o Sr. N., que havia sido deixado para trás, traz uma mudança positiva no sonho: no pátio da universidade, outro homem o aborda, dizendo que, se Descartes estiver procurando o Sr. N., ele gostaria de dar algo a Descartes, que pensa ser o objeto um melão, trazido de uma terra exótica.

A Igreja como abrigo espiritual, de alguma forma, desapareceu do campo de visão de Descartes no sonho, mas, no lugar dela, o pátio da universidade ainda lhe serve de "temenos" maternal e protetor[153]. O pátio da universidade representa a educação espiritual rígida que Descartes havia recebido nas mãos dos padres jesuítas e que nunca deixou de colorir toda a filosofia dele[154]. As pessoas dentro do quadro são todas capazes de ficar de pé eretas; só ele continua a ser impedido pelo vento.

---

153. J.O. Wisdom interpreta a escola como "mãe" no sentido personalístico tipicamente freudiano, apesar de a Igreja, e também a escola, provavelmente tivessem uma importância maternal no significado da palavra para Descartes.

154. Cf. Adam, p. 22. Para detalhes do currículo escolar e dos professores de Descartes, cf. Sirven (*Les anée d'apprentissage de Descartes*. Op. cit., p. 27s., 31s.), que comenta que Aristóteles e Tomás de Aquino, em particular, eram estudados extensivamente. Sirven salienta (p. 31s.): "Nous saisissons ainsi sur le vif l'interaction des diverses influences qui se sont exercées sur son esprit [de Descartes] et que nous sommes obligés de séparer pour rendre notre exposé plus précis. Mais *l'idée primitive qui l'a orienté dans ce sens* [de uma disciplina intelectual de pensamento] *lui est venue de la logique de l'Ecole dont il a simplifié peut-être à l'excès les directions générales*" (os itálicos são meus). ("Assim, captamos a essência da interação das diversas influências que eram exercidas sobre a mente dele [de Descartes] e que nós somos obrigados a separar para acrescentar precisão à nossa exposição. Porém, a primeira ideia primitiva que o orientou nessa direção [de uma disciplina intelectual de pensamento] veio a ele a partir da lógica escolástica, cujas instruções gerais ele simplificou, talvez em excesso.")

Ele é o "possuído", aquele que foi tocado pelo *Zeitgeist*. Aqui, o sonho enfatiza a situação individual dele. O homem desconhecido que Descartes encontra no pátio da universidade poderia muito bem representar o lado dele que ainda permanecia completamente dentro da estrutura do espírito da Igreja – uma figura que simboliza o espírito tradicional ou o catolicismo dentro dele. Foi apontado muitas vezes, e com justiça, que, em algum lugar dentro dele mesmo, Descartes acalentava uma espécie de crença rígida e estática, algo bem separado da busca espiritual intelectual da vida dele – um "fides *non* quaerens intellectum" ("uma fé que *não* busca compreensão"), como Maritain tão agudamente coloca[155]. É muito provável que seja esse aspecto de Descartes o que é incorporado pelo homem no pátio. Esse homem dá a ele uma missão interessante: ele deve levar algo ao Sr. N. – e Descartes pensa, no sonho, que é um melão.

Sendo assim, entre o Sr. N., por quem ele havia passado na rua, e o homem no pátio da universidade, há evidentemente uma ligação, uma espécie de sistema de escambo ou de troca de presentes, no qual Descartes é chamado a representar um papel instrumental. Obviamente, esse lado interior de Descartes, que "ficou para trás", ainda é amplamente mantido pelo espírito tradicional da universidade. O Sr. N., como já mencionado, representa uma parte inconsciente da personalidade, mas a qual – e isto é significativo – não coincide com o católico dentro dele, pois, no sonho, ele aparece fora da "estrutura" da Igreja, na rua, na esfera coletiva e profana. Portanto, ele talvez simbolize uma figura-sombra não cristã. Como Descartes nunca se importou com essa parte inconsciente de sua personalidade, ela deve ter se nutrido em algum

---

[155]. Cf. tb. a literatura adicional lá citada acerca desse problema.

outro lugar, presumivelmente na universidade. Isso pode estar ligado ao fato de que, sempre que atacado, Descartes sempre buscou a ajuda de seus antigos mestres de escola, Père Charlet e Père Dinet. Como, enquanto personalidade, ele nunca foi unido em seu interior e nunca teve sua sombra ao seu lado, faltava a ele a força para enfrentar a batalha espiritual da sua época.

O objeto que Descartes deve levar ao Sr. N. é realmente bem inesperado: um melão, que, presume ele, deve ter sido trazido de uma terra exótica.

No Oriente, como na África e no Sul da Europa, o melão tem um significado simbólico importante. Essa fruta já era conhecida no Ocidente e nas regiões mediterrâneas na Antiguidade e provavelmente se espalhou do Egito para todas as direções[156]. Já na época de Moisés, os melões estavam entre as frutas por causa das quais os filhos de Israel desejavam ardentemente a terra do Egito:

> O bando de estrangeiros que estava no meio deles foi tomado de um apetite incontrolado, de modo que até os israelitas voltaram a lamentar-se e a dizer: "Quem nos dera comer carne! Estamos lembrados dos peixes que comíamos de graça no Egito, dos pepinos, dos melões, verduras, cebolas e alhos! Agora estamos definhando à míngua de tudo. Não vemos outra coisa senão maná"[157].

Essa passagem é importante à medida que, na literatura patrística, a partida dos judeus do Egito é entendida como um rompimento com a inconsciência pagã politeísta[158]. Os melões são, consequentemente, o alimento adorado da *sombra pagã* dos judeus, ou, ainda mais, dos cristãos. Isso é significativo, pois nós es-

---

156. Cf. CELSIUS. *Hierobotan*, 1.356 e 2.47.
157. Nm 11,5-6.
158. Para o material, cf. VON FRANZ, M.-L. "The 'Passio Perpetuae'". *Spring*. Nova York: Analytical Psychology Club of New York, 1949.

peculamos que o Sr. N. pode ter representado uma sombra não cristã de Descartes. Essa passagem da Bíblia, além do mais, teria sido conhecida de Descartes.

Na esfera grega da cultura, o melão se chama πέπων ("maduro, totalmente cozido;" também apelido carinhoso para crianças). Em um escólio, ele é chamado de *spermatias*[159], provavelmente por causa de sua abundância de sementes. Para distingui-lo da melancia, o melão comestível redondo foi especificamente conhecido como μηλοπέπων ("maçã-marmelo")[160], devido a sua forma de maçã (*mēlon* = maçã). Essa é a origem das palavras latinas *melo, melonis* e da nossa palavra "melão". Já era tema de reflexão para os antigos o motivo de essa fruta ser chamada de "madura", já que todas as frutas presumivelmente merecem essa denominação[161]. Ele era valorizado pela quantidade de água que continha e por seu efeito refrescante e laxativo[162]. Na medicina popular medieval, suas sementes, cozidas em leite, eram usadas como remédio para tuberculose[163]. Isso é digno de nota, considerando que Descartes sofria de pulmões fracos e morreu de inflamação dos pulmões (contraída na Suécia, durante o inverno frio e tempestuoso do Norte).

---

159. Pollux sobre Atenas. 6.46C.
160. PLINY. *Nat. Hist.* 19.67.
161. Cf. PAULY-WISSOWA. *Realencycl. des Altertums*, s.v. "Melone".
162. PLINY. *Nat. Hist.* 21.6: "caro peponis mirifice refrigerat" ("polpa de melão é maravilhosamente [refrescante] resfriante"). É considerada particularmente υγρός ("úmida").
163. Cf. VON HOVORKA, O. & KRONFELD, A. *Vegleichende Volksmedizin*. Vol. 2. Stuttgart: [s.e.], 1909, p. 34.

No imaginário chinês do *I Ching*[164], o oracular *Livro das mutações*, o melão é simbolizado pelo signo *ch'ien*, "Céu", pois *ch'ien* é redondo. Mas é enfatizado que o melão se estraga facilmente e, portanto, pertence ao princípio feminino da escuridão, Yin. A imagem de "um melão coberto com folhas de salgueiro" é, assim, interpretada como "linhas escondidas – que então se reduzem a uma do céu"[165]. "Linhas escondidas" significam, na China, um padrão do Tao que o homem ainda não conhece e que, quando ele subitamente aflora à consciência do homem após um processo de amadurecimento no inconsciente, é comparado à queda de uma fruta madura de cima. Então o oráculo evidentemente diz que *o melão representa uma ordem consciente latente dentro da escuridão, que repentina e inesperadamente se torna manifesta.*

O tema principal dessa seção inteira do *I Ching* mostra o encontro inesperado de uma moça corajosa e desavergonhada que se associa a cinco homens, motivo pelo qual, nos dizem que ninguém deve se casar com ela[166]. O comentário continua:

> Entretanto, as coisas que devem ser evitadas na sociedade humana têm significado nos processos da natureza. Aqui, o encontro de forças terrenas e celestiais é de grande importância, pois, no momento em que uma força terrena entra e a força celestial está no seu auge – no quinto mês – todas as coisas se desenrolam no mais alto grau de sua manifestação

---

164. *The I Ching, or Book of Changes*. 3. ed. Princeton, NJ: Princeton University Press, 1967 [*I Ching, o livro das mutações*. São Paulo: Pensamento], vol. 1, n. 44, "Coming to Meet". Em relação ao "nove na quinta posição", cf. vol. 2, p. 260.

165. Um provérbio espanhol também fala do melão: "Por la mañana oro / a mediodía plata / por la noche mata" ("De manhã, ouro; ao meio-dia, prata; mas, à noite, mata") Outro diz assim: "Se você comer melão à noite, até o vizinho vai se sentir mal".

166. *I Ching*. Op. cit. Vol. 2, p. 257.

material, e as forças da escuridão não conseguem prejudicar a força da luz.

Segundo o comentário, esse princípio Yin sombrio é, no entanto, *simbolizado pelo melão*. Desse modo, o melão está ligado aqui à imagem de uma *anima* heterista, que ainda ostenta uma porção de natureza inadulterada e inassimilável, que é perigosa para a ordem humana convencional. (A ligação de Descartes com Helena Jans nos vem à mente.) Essa ligação do símbolo do melão com a imagem da *anima* se deve ao fato de que essa é uma fruta muito aquosa, e a água é um símbolo disseminado para a essência viva da psique[167]. Os antigos alquimistas nunca se cansavam de criar sinônimos novos e expressivos para essa água. Eles a chamavam de *aqua nostra, mercurius vivus, argentum vivum, vinum ardens, aqua vitae, succus lunariae*, e assim por diante, pelos quais eles denotavam um ser vivo não desprovido de substância, em oposição à imaterialidade rígida da mente no abstrato[168]. A expressão *succus lunariae* ("planta seiva da lua") aponta exatamente para a origem noturna da água, e *aqua nostra*, como *mercurius vivus*, para o aspecto terreno dela. *Acetum fontis* é uma poderosa água corrosiva que dissolve todas as coisas criadas e, ao mesmo tempo, leva-nos ao mais durável de todos os produtos, o misterioso lapis ("pedra")[169]. Essas amplificações alquímicas se provam não tão improváveis quanto podem parecer de início; esse elemento aquoso no melão, sem dúvida, faz alusão à *anima* e ao proble-

---

167. Cf. JUNG, C.G. *Psychology and Alchemy*, p. 71s. [*Psicologia e alquimia*. Petrópolis: Vozes (OC 12)].

168. É possível comparar isso com o fenômeno fantasmagórico no terceiro sonho de Descartes, no qual essa qualidade de "corpo-sutil" do psíquico também é indicada.

169. Apud JUNG, C.G. *Psychology and Alchemy*. Op. cit., p. 71-72.

ma do mal, como pode ser mostrado ainda mais claramente em um conto de fadas japonês, "Princesa Melão"[170], que se desenrola deste modo:

> Um casal de idosos sem filhos vivia sozinho nas montanhas. Enquanto a mulher estava se banhando no rio, ela viu um imenso melão flutuando na direção dela, vindo da parte do alto do rio, e o levou para casa. Quando os idosos o abriram, eles encontraram dentro uma pequena menina maravilhosamente linda, que eles chamaram de "Princesa Melão". Ela cresceu e se tornou uma donzela sagaz e bonita. Um dia, quando o casal de idosos foi a uma festividade da aldeia, e a moça ficou tomando conta da casa sozinha, o perverso demônio Amanojaku veio, levou-a embora e a amarrou a um pé de ameixa no jardim. Ele, então, assumiu a forma dela e tomou o seu lugar. Porém, ela conseguiu atrair a atenção dos pais, que voltavam para casa, contando a eles o que havia acontecido, para que eles pudessem matar o demônio.

Segundo outra versão, o demônio devora a princesa, mas é condenado pelo crime e executado; e é o sangue que ela derramou que tingiu os milhos-da-itália de vermelho.

Seguindo a lógica das associações precedentes do sonho, é importante que esse espírito-melão tenha se originado na água ("lavado pelo córrego da vida e dos acontecimentos") e que ela tenha atraído para si um demônio perverso, pois ela tinha antecedentes sombrios semelhantes. Essa princesa-melão nos faz lembrar de um dos motivos centrais de um grupo de contos de fadas

---

170. DIEDERICHS, E. (org.). *Japanische Volksmärchen*. Jena: [s.e.], 1938, p. 185s. ["Die Märchen der Weltliteratur"].

europeu do tipo de "Os Três Limões" (ou laranjas)[171]: Um príncipe procura uma bela esposa e, com a ajuda de uma mulher idosa, encontra um limoeiro à beira de uma nascente. Três vezes, ele arranca uma fruta; a cada vez aparece imediatamente uma linda mulher, que diz: "Me dê algo para beber". Só na terceira tentativa ele consegue dar de beber a ela rapidamente o bastante para que ela não morra, como aconteceu com as duas primeiras, e ela fica diante dele em sua beleza nua. Ele permite que ela se esconda atrás de uma árvore enquanto vai buscar roupas para ela. Mas, durante a ausência dele, ela é descoberta por uma malvada moura (cozinheira, bruxa etc.), que a mata e assume o lugar da vítima. A mulher morta reaparece como uma pomba, é morta de novo e, do sangue dela, brota um limoeiro. Quando o príncipe novamente abre uma das frutas, ela aparece redimida, e a moura é punida. Aqui, também, a *anima*[172] está escondida dentro da fruta amarela redonda; e, como a princesa-melão, ela também atrai uma figura correspondentemente sombria e ctônica que, para os homens, constela o problema do enfrentamento do mal.

Esse problema do mal nos conduz a mais um significado do melão. Como o alimento ritual daqueles conhecidos como os *electi*[173], essa fruta exerce um papel simbolicamente importante no maniqueísmo. O significado e o propósito do modo de vida manique-

---

171. Cf. BOLTE, J. & PLIVKA, G. *Anmerkungen zu den Kinder und Hausmärchen der Brüder Grimm*. Vol. 4. Leipzig: [s.e.], 1930, p. 257, e as versões lá fornecidas. Mais variações podem ser encontradas no vol. 2 (1915), p. 125.

172. Cf. FISCHER, A. "Die Quitte als Vorzeichen bei Persern und Arabern und das Traumbuch des 'Abd-al-Raní an-Nabu-lúsí". *Zeitschrift der deutschen morgenländischen Gesellschaft*. Leipzig: [s.e.], 1914, p. 301: marmelos, peras, laranjas e "pequenos melões" são comparações poéticas frequentemente usadas para seios de mulher. Entre os persas, o marmelo era um *symbolum boni* (p. 275) porque ele tem aroma de almíscar, cor de ouro e forma de lua cheia (p. 300).

173. *Electi* = "altos iniciados".

ísta é salvar os "embriões de luz" aprisionados na escuridão e devolvê-los ao domínio original da luz. Plantas e árvores são particularmente ricas em embriões de luz; dentro delas, vivem os *anima passibilis* do Salvador (aquele aspecto da alma do Salvador que era capaz de sofrer), "que é crucificado em toda árvore"[174]. Plantas e corpos humanos contêm o maior número desses embriões de luz, pois eles têm origem nas sementes dos arcontes, os deuses planetários que compõem o séquito de Yaldabaoth. Os *electi*, os mais altos adeptos entre os maniqueístas, eram, portanto, estritamente vegetarianos; eles apenas comiam plantas que continham uma grande quantidade desses embriões de luz, entre os quais os pepinos e melões eram especialmente citados. O objetivo era armazenar o elemento de luz contido em tais frutas dentro do corpo – que levava uma vida casta – e, assim, removê-lo do processo de procriação. Em uma escala pequena, os *electi* eram, como o moinho do cosmo[175], uma espécie de máquina para o acúmulo do elemento da luz; por meio da digestão, eles liberavam as partículas de luz e, ao morrerem, essas retornavam ao domínio da luz[176].

O sabor e o cheiro agradáveis do melão, assim como sua bela cor, são, sem dúvida, o motivo pelo qual (segundo Santo Agosti-

---

174. Cf. PUECH, S.C. "Der Begriff der Erlösung im Manichäismus". *Eranos-Jahrbuch 1936*. Zurique: [s.e.], 1937, esp. p. 258-259.
175. Cf. BEESON, C. (org.). *Acta Archelai*. Leipzig: [s.e.], 1906, p. 12-13. • JUNG, C.G. *Psychology and Alchemy*. Op. cit., p. 364-365.
176. Cf. PUECH, S.C. "Der Begriff der Erlösung im Manichäismus", p. 259. • BAUR, F.C. *Das manichäische Religionssystem*. Tübingen: [s.e.], 1831, esp. p. 250 e 287. SANTO AGOSTINHO. *Contra Faustum* 5.10: "Si melioris meriti sunt (auditores) in melones et cucumeres vel in alios aliquos cibos veniunt, quo vos madacaturi estis, ut vestris ructatibus cito purgentur". ("Se eles [os ouvintes] são dignos de algo melhor, que venham a pepinos, melões e outros alimentos que vão comer, que *eles* rapidamente serão purgados de suas eructações.")

nho) ele pertencia aos "tesouros dourados de Deus"[177]. Como fruta que contém luz, ela faz lembrar o papel da maçã do paraíso, cujo consumo mediou à humanidade o conhecimento do bem e do mal que, até então, pertencia somente a Deus. A maçã realmente contém embrionariamente a possibilidade de se tornar consciente, o γνώσεως θεου ("vivência cognitiva de Deus"), por meio da compreensão dos opostos de bem e mal contidos dentro dele. Descartes certamente conhecia bem a importância maniqueísta do melão, já que ele estava familiarizado com a obra de Agostinho *De Genesi contra Manichaeos*[178] e, portanto, deve ter lido os outros tratados dele contra os maniqueístas, que normalmente eram editados junto com ele. Sendo assim, podemos supor que, para ele, o

---

177. Cf. BAUR, F.C. *Das manichäische Religionssystem.* Op. cit., p. 250. • SANTO AGOSTINHO. *De moribus Manichaeorum,* cap. 16 (MIGNE. *Patr. Lat.,* vol. 32, col. 1.362): "Cur de thesauris Dei melonem putatis aureum esse et pernae adipem rancidem? [...] [col. 1.363:] An bona tria, ubi simul fuerint, i. e., color bonus et odor et sapor, ibi esse maiorem boni partem putatis?" ("Por que vocês contemplam, dos tesouros de Deus, o melão dourado e a rançosa gordura do presunto? [...] Vocês acham que esses dois ficam bem juntos, ou seja, [...] têm cor, sabor e aroma bons a ponto de serem o melhor do bom?"). Cf. tb. VON LE COQ, A. "Die buddhistische Spätantike in Mittelasien: die manichäischen Miniaturen, II Teil" (*Ergebnisse der kgl. preuss* – TurfanExpedition. Berlim: Reimer, 1923), onde, na gravura 816, melões são reproduzidos. Como von le Coq percebe (p. 52), é uma representação do chamado festival βημα em homenagem ao martírio de Mani em 273 A.D. Essa cerimônia foi celebrada na presença da tribuna vazia (βημα), a cadeira do mestre. Os cinco passos que levam até ela significavam os cinco elementos ou graus – magistrados, episcopados, presbíteros, diáconos e eleitos. À direita e à esquerda, ficavam o sol e a lua, pois Mani está "medius Solis et Lunae" ("entre o sol e a lua"). Em frente à tribuna, ficava uma tigela com três camadas de frutas: no fundo, melões amarelos; no meio, uvas; e, por cima, melões verdes. Sobre a mesa havia pães de trigo na forma do disco do sol, com a curva da lua crescente ao redor dele. Agradeço a Jung pela referência a esse material.

178. Cf. SIRVEN, J. *Les anée d'apprentissage de Descartes.* Op. cit., p. 145s. e esp. p. 147-148. A definição de Descartes de Deus como "*purus intellectus*" claramente vem do tratado *De Genesi contra Manichaeos* (SIRVEN, J. *Les anée d'apprentissage de Descartes.* Op. cit., p. 147).

melão, assim como a maçã do paraíso, pode ter significado uma tentativa de ponderar mais profundamente sobre o problema do bem e do mal e, em contradição com a concepção eclesiástica de mal como um *privatio boni* ("privação do bem")[179], para tomar parte do reconhecimento maniqueísta da realidade divina do mal. Na época, ele se sentia oprimido por um *mauvais génie*, mas ele não tratou do problema subsequentemente com maior profundidade no nível filosófico. Certamente, não foi por acidente que ele sonhou com esse símbolo maniqueísta e, ao acordar, como ele mesmo registrou, "durante duas horas, ele teve muitos pensamentos a respeito do bem e do mal deste mundo". A imagem do melão, de fato, sugere a ideia do alcance de uma consciência baseado em uma experiência de vida – por meio da aceitação da *anima* e do conflito entre bem e mal. Essa imagem é, ao mesmo tempo, o feminino, que fazia a mediação entre o elemento eclesiástico de Descartes e o lado interior não eclesiástico dele.

A ideia maniqueísta da liberação dos embriões de luz também é encontrada em vários sistemas gnósticos. Os setianos, por exemplo, defendiam a seguinte doutrina[180]. O Todo consiste de Três Princípios (ἀρχαι): a Luz acima, a Escuridão abaixo, e, entre elas, um *Pneuma* puro e de aroma doce. A Luz brilhou para dentro da Escuridão, que era uma "água terrível", que, depois disso, lutou para manter os embriões de luz por meio do aroma do *Pneuma*. Porém, os poderes desses três princípios primordiais (δυνάμεις) eram infinitos, "cada um racional e capaz de raciocinar" (φρόνιμσι και νσεραι). Eles se colidiram, e a colisão deles foi "como a im-

---

179. Para mais detalhes, cf. abaixo, p. 176s.
180. HIPÓLITO *Elenchos* V. 19-22 [org. por P. Wendland. Leipzig: [s.e.], 1916). Cf. tb. LEISEGANG, H. *Die Gnosis*. 2. ed. Leipzig: [s.e.], 1924), p. 151s.

pressão de um selo"[181]; e, como havia infinitos números desses poderes, infinitas colisões aconteceram, e incontáveis impressões (εικόνες) de infinitos selos resultaram disso[182]. Com isso, o cosmo, em sua multiplicidade, veio a existir. Cada parte do cosmo é, no entanto, uma mônada que reproduz o cosmo inteiro em miniatura. O perfume do *Pneuma*, que subia junto com a luz, agora disseminado nesse infinito (como σπινθηρ φωτόδ, "centelha de luz"), e *um vento criador poderoso*[183], *que elevava todas as coisas*, levantou-se das águas primais e atiçou suas ondas, que ficaram grávidas e se apoderaram da luz que, junto com o *Pneuma*, havia sido dissipada. Essa é apenas uma pequena (insignificante) centelha[184], "como um pedaço separado de um raio de luz, que é derrubado até o mundo variadamente combinado, misturado e físico, e que 'troveja sobre as águas' (Sl 29,3)". O pensamento e as aspirações da Luz superior prosseguem em direção à redenção, mais uma vez, desse espírito[185] e, por esse motivo, o Homem também deve se empenhar na mesma direção.

Outra (os ofíticos) facção descreve a criação do mundo da seguinte maneira[186]: o Pai e o homem primitivo são uma luz que vi-

---

181. "[...] γίνεται γαρ των δυνάμεων συνδρομή οιονεί τύπς σφραγίδος" ("[...] pois é nascido dos poderes uma confluência tumultuada como uma impressão em um selo.")

182. Αύται ουν εισιν αι εικσνες αι των διαφορων ξωων ιδεαι. (Essas são as figuras, as "formas ideias" de vários seres vivos.) A primeira colisão faz a ιδεα σφραγίδος ("impressão do selo") de céu, terra e assim por diante. Expresso em linguagem atual, esses "selos" são os arquétipos que produzem as "imagens".

183. ανεμσς σφσδρος και λαβρος και παοης γενεσεως αιτιος (um vento penetrante e violento, causa de todos os começos). Isso pode ser comparado à tempestade do sonho de Descartes.

184. σπινυήρ ελαχίστος ("a centelha mínima").

185. Aí, ele bebe a "bebida de água viva" e deixa de lado a "forma do servo".

186. IRENEU. *Haer.* cap. 30. Cf. tb. LEISEGANG, H. *Die Gnosis*. Op. cit., p. 174s.

vem sagrada e eternamente no poder no βυθός ("abismo"). Dele, deriva-se o Ennoia ("Pensamento, Reflexão") assim como o Filho e o segundo homem; debaixo dele, fica o *Pneuma*; e ainda mais abaixo ficam a Escuridão, o Caos, a Água e o Abismo, acima do qual paira o espírito, a primeira mulher. Dessa mulher, o Pai criou o terceiro homem, Cristo. A mulher, no entanto, não consegue suportar a grandeza de sua luz, e corre e voa para a esquerda, para baixo, para o mundo terreno. Essa luz que corre para a esquerda possui um orvalho de luz no qual o Prunikos (ou seja, o "da esquerda") está envolvido e é puxado para baixo, e ele luta para se erguer novamente com a ajuda desse orvalho de luz. A consumação ocorre quando o orvalho de luz completo é apanhado e transformado no eterno Aion[187]. A ideia da luz perdida na matéria também aparece aqui.

Os gnósticos "Barbelo" ensinaram o seguinte[188]. Do Pai primitivo, deriva-se Barbelo (possivelmente, "Dos Quatro, vem Deus"). Mas o filho dela, Yaldabaoth (Sabaoth, o Senhor do Sétimo Céu), torna-se arrogante e declara-se o único Deus. Barbelo chora pela transgressão dele "e agora aparece perante os arcontes (deuses dos planetas, que formaram o séquito de Yaldabaoth) em uma forma arrebatadora e os subtrai de sua semente por meio da ejaculação deles, para, por meio dessa tática, trazer os poderes deles, que estavam espalhados em muitas criaturas, de volta a ela"[189]. Esse é o motivo pelo qual o homem também deve retirar seu poder procriador ou seu sêmen do processo terreno de formação e guiá-lo, mais uma vez, para o divino. Leisegang comenta:

---

187. LEISEGANG, H. *Die Gnosis*. Op. cit., p. 183.
188. EPIFÂNIO. *Panar.*, 25-26. Cf. tb. LEISEGANG, H. *Die Gnosis*. Op. cit., p. 186s.
189. LEISEGANG, H. *Die Gnosis*. Op. cit., p. 189-190.

A partir disso, podemos entender a passagem do "Evangelho de Eva", citado por Epifânio[190]:

> Do alto de uma alta montanha eu vi um homem enorme e outra figura enrugada, Deus, o Pai, com Barbelo, que é enrugada porque seu poder foi tirado dela; e eu ouvi algo como uma voz de trovão, e eu me aproximei para ouvir, e a voz falou comigo e disse: "Eu sou tu e tu sois eu, e, onde quer que tu estejas, eu estarei, e eu estou espalhado por todas as coisas. E, quando quiseres, toma-me; quando, no entanto, tu me tomares, estarás tomando a ti mesmo"[191].

Essa tomada do poder foi, então, simbolicamente expressa por meio da união seminal deles, que também era considerada por eles como uma "fecundidade" do corpo. Para eles, a redenção consistia em unir a semente deles com a substância procriadora do universo, ou seja, retirá-la de seu destino terreno e a conduzir de volta para a fonte divina original de todas as sementes[192].

Intimamente ligada espiritualmente às ideias maniqueístas, está a doutrina do gnóstico Basílides. Segundo ele, o Deus "não existente" (potencial) primeiro cria uma semente do cosmo[193]; "assim como a semente da mostarda contém, ao mesmo tempo, tudo comprimido no menor dos espaços [...]". Portanto, essa semente não manifestada compreende a totalidade-semente do cosmo. Nesse sêmen reside a "filiação tripartida", da qual o elemento mais eminente se apressa imediatamente a voltar para o Pai acima e o segundo elemento também corre para cima novamente, carrega-

---

190. *Panar.*, 26.3.1.
191. LEISEGANG, H. *Die Gnosis*. Op. cit., p. 195.
192. Ibid., p. 196s.
193. Ibid., p. 215s.

do pelas asas do *Pneuma*. Somente a terceira parte, "que precisa ser limpa", permanece abaixo, presa à massa da totalidade cósmica das sementes, e "faz o bem e permite que o bem seja feito a ela"[194]. Essa terceira filiação ainda precisa ser redimida por meio do processo conhecido como φυλοκρινήοις, a separação das naturezas[195]. Aqui também, o homem deve cooperar para guiar esse poder de Deus, que está preso à matéria, de volta ao seu lugar, no alto.

A ideia maniqueísta da salvação dos embriões de luz é esclarecida com a ajuda desses paralelos gnósticos. Segundo a concepção maniqueísta, esses embriões estão contidos especialmente em pepinos, melões e frutas semelhantes, cuja massa de sementes provavelmente sugeria a ideia de um *thesaurus* ou totalidade de sementes[196]. Uma secção transversal dessas duas frutas gera o desenho de um mandala[197], o que certamente explica o significado maniqueísta do melão como um "tesouro dourado" de Deus: é um símbolo do Si-mesmo. Não é por acaso que seu nome grego também enfatize sua forma redonda (semelhante à da maçã), que lembra as imagens da totalidade psíquica, do Si-mesmo[198].

O símbolo do melão poderia ser comparado ao "corpo redondo de luz" dos alquimistas, que eles também descrevem como a

---

194. Ibid., p. 218s.
195. Cf. JUNG, C.G. *Aion*, p. 80 [Aion – Estudo sobre o simbolismo do si-mesmo. Petrópolis: Vozes, 2011 (OC 9/2)].
196. *Thesaurus* também significa "lar querido, colo querido".
197. Para esse termo, cf. JUNG, C.G. *Psychology and Alchemy*, p. 42 [*Psicologia e alquimia*. Petrópolis: Vozes, 2011 (OC 12)] e mais especificamente "Concerning Mandala Symbolism". *The Archetypes and the Collective Unconscious*, p. 355 e passim ["O simbolismo do mandala". *Os arquétipos e o inconsciente coletivo*. Petrópolis: Vozes, 2011 (OC 9/1)].
198. Cf. *Psychology and Alchemy*. Op. cit., p. 41-42.

"gema do ovo" ou "o ponto vermelho do sol no meio"[199]. É uma imagem semelhante àquela que o alquimista Gerhard Dorn descreve como o "centro infalível do meio". Comentando essa ideia, Jung afirma:

> O ponto no centro é o fogo. Nele, está baseada a forma mais simples e completa, que é o que o redondo é. O ponto é o que mais se aproxima da natureza da luz, e a luz é um *simulacrum Dei*. O firmamento foi criado no meio das águas, por assim dizer [...]; no homem também há um *lucidum corpus*, ou seja, o *humidum radicale*, que se origina das águas acima do firmamento. Esse *corpus* é o bálsamo sideral, que mantém o calor corporal. [...] O *corpus lucens* é o *corpus astrale*, o firmamento ou a estrela dentro do homem[200].

Essas amplificações do escopo de pensamento de Paracelso me parecem serem esclarecedoras a respeito do melão também.

A rede verde no melão parece as linhas dos meridianos sobre o globo terrestre; sendo assim, é óbvio olhar para o melão como uma espécie de microcosmo. É uma imagem do "firmamento" interior, da totalidade psíquica, que é aqui trazida à tona pelo inconsciente como um contrabalanço ao fenômeno do macrocosmo, que tão imensamente fascinou Descartes[201].

Nessa instância, o *"rotundum"* é manifestamente uma fruta, por meio da qual o Si-mesmo é descrito como algo que cresceu naturalmente, o resultado de um processo silencioso de amadurecimento. É um símbolo de uma luz e de uma ordem que, no entanto, amadurecem na escuridão da criação natural. Como Jung de-

---

199. JUNG, C.G. *Paracelsica*. Op. cit., p. 116-118.
200. Ibid., p. 116s.
201. Lembrem-se de que ele queria escrever um livro intitulado *Le monde*, no qual desejava desenhar um retrato completo do macrocosmo.

monstra em seu artigo "A árvore filosófica"[202], os motivos de plantas e árvores têm um significado importante, que é imensamente esclarecido por amplificações do campo da alquimia. No *Visio Arislei*[203], por exemplo, é mencionada uma árvore preciosa, cujo fruto satisfaz a fome da humanidade para sempre, como o *panis vitae* ("pão da vida") de Jo 6,35. As árvores do sol e da lua do *Romance de Alexandre* também são frequentemente citadas, e Benedictus Figulus as equiparou com as macieiras do Jardim das Hespérides e sua fruta rejuvenescedora[204]. A árvore simboliza toda a obra alquímica[205]; ao mesmo tempo, é também "uma forma metamórfica do homem, por assim dizer, já que ela advém do homem primitivo e se torna o homem"[206]. Jung conclui sua interpretação da árvore da seguinte maneira:

> À medida que a árvore, tanto moral quanto fisicamente (*tam ethice quam physice*), simboliza a obra e o processo de transformação, fica claro também que ela indica o processo de vida em geral[207]. Sua identidade com Mercurius, o *spiritus vegetativus*, confirma essa ideia. Como a obra representada pela árvore é um mistério da vida, da morte e do renascimento, essa interpretação também se aplica à *arbor philosophica*, assim como o atributo da sabedoria; que oferece uma dica valiosa à psicologia. Desde tempos há muito passados, a árvore serve como um símbolo

---

202. *Estudos alquímicos*. Petrópolis: Vozes, 2011 (OC 13).
203. Ibid. Antigo texto alquímico.
204. Ibid., p. 416, com mais exemplos.
205. Ibid., p. 418-420.
206. Ibid., p. 421, com mais exemplos.
207. Também a cabalística Árvore da Vida, que cresce de cima para baixo e que, como S. Hurwitz me informou, identifica-se com *Adam Kadmon* [N.A.].

de gnose e sabedoria. Sendo assim, Ireneu afirma que, para os barbelitas, a árvore nasceu do homem (ou seja, a Άνφρωπος) e a gnose, e esses, também, eles chamavam de gnose. Na gnose de Justino, o anjo da revelação, Baruch, é denominado ξύλον τής ζωής, que nos lembra das árvores do sol e da lua que previam o futuro no *Romance de Alexandre*[208].

Porém, como Jung explica em outra passagem, gnose significa "uma percepção que brota da experiência interior, um tipo de percepção que é, ao mesmo tempo, uma experiência vital"[209]. Descartes sofria da falta desse tipo de percepção, pois ele enfatizava demais o pensamento consciente e pouco a inspiração inconsciente. É por isso que o inconsciente colocou esse objetivo para ele.

Os melões crescem à sombra das folhas de uma planta rasteira, grudados ao solo. (Considere a compulsão de Descartes de se curvar para baixo.) Esse motivo de "crescer da e sobre a terra", desse modo, enfatiza fortemente aquilo pelo qual a sombra dele ansiava: ficar presa à realidade terrena.

No sonho, Descartes pensa que o melão vem de uma terra exótica. Ele vem de longe; é algo "estranho", de uma natureza diferente e não familiar. Como Jung afirma, no começo, o Si-mesmo muitas vezes aparece como algo estranho, como o "completamente outro", pois, para o eu, ele vai parecer totalmente remoto, desde que o último continue preso às suas próprias ficções[210]. Uma consciência como a de Descartes, cujos interesses eram tão definidamente direcionados ao objeto exterior, teria mais particularmente de encontrar esse aspecto do Si-mesmo, já que

---

208. *Estudos alquímicos.* Op. cit., p. 422.

209. *Seminar über die psychologische Intepretation von Kinderträumen, 1931-1940*, p. 18-19. Citado a partir da edição impressa particularmente, com a gentil permissão de C.G. Jung.

210. Cf. o exemplo em *Psychology and Alchemy.* Op. cit., p. 176-177.

> O Si-mesmo, como polo oposto do mundo, seu "absolutamente outro", é o *sine qua non* de todo o conhecimento empírico e da consciência de sujeito e objeto. Só por causa dessa "alteridade" psíquica é que a consciência é possível de algum modo. A identidade não torna a consciência possível; é somente a separação, o destacamento e a confrontação agonizante que produzem a consciência e a compreensão. [...] Mesmo hoje, o homem ocidental acha difícil ver a necessidade psicológica de um sujeito de cognição transcendental como o polo oposto do universo empírico, apesar de o postulado de um Si-mesmo que confronta o mundo, pelo menos como "ponto de reflexão", ser uma necessidade lógica[211].

Descartes, de fato, percebia essa necessidade logicamente, mas não reconhecia plenamente sua realidade psíquica, razão pela qual o melão apareceu no sonho dele como algo estranho. Posteriormente, ele costumava perambular com prazer pelas docas holandesas, olhando para as curiosas novas importações de além-mar, que ele também gostava de investigar em seu cômodo secreto de dissecação. Com isso, ele buscava descobrir as manifestações da *lumen naturale* ("luz natural"), em cuja existência ele acreditava, já que ele também acreditava na existência da luz revelada. Essa luz natural é, segundo ele, a razoabilidade de nossas ideias claras e distintas, e das leis mecânicas da natureza, que foram criadas por Deus e cuja regularidade é garantida[212]. Descartes

---

211. Apud JUNG, C.G. & KERÉNYI, C. *Introduction to a Science of Mythology*. Londres: Routledge & Kegan Paul, 1951, p. 125.
212. Cf., entre outros: VON BROCKDORFF, C. *Descartes und die Fortbildung der Kartesischen Lehre*. Op. cit., p. 48-49. • GAGNEBIN, S. "La réforme cartésienne et son fondement géometrique". Op. cit., p. 117.

frequentemente, além disso, fazia uso da imagem da semente e do fruto ao falar do processo interior de pensamento. Por exemplo, em seu *Regulae ad directionem Ingenii* (Regras para a direção do espírito), ele afirma:

> [...] a mente humana contém algo divino no qual as sementes dos pensamentos proveitosos estão tão bem disseminadas, que elas muitas vezes, mesmo quando negligenciadas e sufocadas por meio de aplicações falsas, geram frutos espontâneos. Isso nós vivenciamos mais facilmente na aritmética e na geometria. Suas descobertas foram "frutos espontâneos", produzidos por meio dos princípios inerentes do método [...]; se zelarmos deles conscientemente, eles podem atingir a maturidade plena[213].

O próprio Descartes interpretou o melão como um símbolo "*des charmes de la solitude*"[214], uma interpretação evidentemente sugerida pelo significado de πέπων, "amadurecimento secreto"[215]. Esse amadurecimento secreto da personalidade é a compensação pelo fato de ser assolado e arrastado pela tempestade e separado de sua própria natureza. Mais tarde, Descartes realmente lutou nessa direção, mas uma coisa permaneceu uma impossibilidade para ele nesse empreendimento: fincar raízes na terra.

---

213. *A-T*, vol. 10, p. 33. Nessa mesma passagem, ele também diz: "Habet enim humana mens nescio quid divini, in quo cogitationum utilium semina iacta sunt". ("Pois a mente humana possui algo de divino no qual as sementes dos pensamentos úteis são plantadas.") Ele também fala de *"quaedam veritatum semina"* ("certas sementes da verdade") *A-T*, vol. 10, p. 376) e, em *Cogitationes privatae* (*A-T*, vol. 10, p. 217), de *"semina scientiae"* ("sementes da ciência"). Cf. tb. LAPORTE, J. *Le racionalisme de Descartes*. Op. cit., p. 116-117. • GAGNEBIN, S. "La réforme cartésienne et son fondement géometrique". Op. cit., p. 118.

214. *A-T*, vol. 10, p. 185 e n.

215. Ou, como Wisdom (p. 16) muito pertinentemente afirma: "uma relação serena com a mãe-terra".

No sonho, Descartes deve levar o melão para o Sr. N., por quem ele havia passado – a parte dele mesmo com a qual o símbolo deveria uni-lo[216]. Não se pode deixar de imaginar por que essa sombra não é capaz de viver simplesmente com base no símbolo eclesiástico de Cristo e no meio de graça que a Igreja permite. Presumivelmente, é porque esses símbolos do Si-mesmo não mais exercem um efeito suficientemente imediato e natural para atrair diretamente as partes inconscientes da personalidade. Portanto, apesar de essas partes inconscientes ainda serem nutridas dentro da estrutura da Igreja, elas precisam de "luz" na forma de um "alimento natural"[217], que, segundo o sonho, a Igreja realmente não fornece casualmente, mas considera profano.

Os símbolos do Si-mesmo dentro da estrutura da concepção eclesiástica são de "natureza tal qual o *pneuma*", em especial, são *sine umbra peccati* ("sem a sombra do pecado original"). A imagem de Cristo ou da hóstia, por exemplo, incorpora apenas a luz, o aspecto redentor do Si-mesmo[218]. Com esses meios de graça, a sombra de Descartes só seria capaz de se elevar espiritualmente a distância da terra, mas esses meios não o podem ajudar a se enraizar. Desse modo, ele não se encontra envolvido na realidade física que o Sr. N. dentro dele requer e que criaria a compensação correta para sua atitude intelectual em relação à vida. Isso explica o intento do inconsciente de que Descartes fosse instrumental nos procedimentos, de que *ele* devesse levar o melão para o Sr. N. Em outras palavras, ele deveria estar conscientemente preocupado com as necessidades da sombra dele e levar à última o alimento

---

216. A respeito da função "unificadora" do símbolo, cf. JUNG, C.G. *Psychological Types*. Op. cit., *passim*.

217. Cf. a "Aniada" em Paracelso, que ele chama de "frutas e poderes do paraíso e dos céus, e também os sacramentos dos cristãos" (JUNG, C.G. *Paracelsica*. Op. cit., p. 122-124).

218. Para mais detalhes, cf. JUNG, C.G. *Aion*. Op. cit., passim, esp. p. 80.

dela, como um *auditor* maniqueísta ao *electus*. Desse modo, ele estaria até servindo à Igreja em certo sentido, pois, na época, a Igreja, cega por seu desejo de deter a Reforma, estava ansiosa, como afirma o sonho, para "se livrar" da experiência natural e individual do Si-mesmo, presumivelmente como algo sem utilidade e "exótico", em outras palavras, como algo estranho, alheio e sem lugar próprio, já que o Si-mesmo, como já mencionado, é vivenciado como algo que é diferente – como o "totalmente outro".

Mesmo assim, em primeira instância, o melão está no poder da Igreja, muito provavelmente porque o princípio feminino inconsciente está projetado nele. Ele também, entretanto, representa aquela tradição simbólica natural, tomada do paganismo, que ainda sobrevive dentro da estrutura da Igreja – no outro campo, como o sonho tão pertinentemente afirma – e ao qual o problema maniqueísta também pertencia[219]. O homem no pátio e o Sr. N. são ambos partes inconscientes de Descartes, e é interessante ver como eles desejam se conectar por meio dele ou da mediação dele. Ele deve encontrar um lugar para eles no consciente, para que eles possam se unir; ao mesmo tempo, o melão, que representa o feminino, age como o princípio mediador ou como o "símbolo unificador". Podemos ir mais longe e dizer que, da mesma forma que ele representa não só o Si-mesmo, mas a *anima* também, a função mediadora do melão no sonho está ligada ao fato de que, ao despertar, Descartes fez uma promessa de ir, em peregrinação, à Madona de Loretto. Aqui, uma tentativa de uma solução da tensão no modo de vida cristão é sugerida para o que só agora encontrou expressão oficial no *Declaratio Solemnis* da *Assumptio Mariae*.

---

219. Compare com essa doutrina moral "provisória" de Descartes, que, segundo ele, consistia no comando "d'obéir aux lois et aux coutumes de son pays, retenant constamment le religion en laquelle il avait été instruit dès son enfance" ("de obedecer às leis e aos costumes de seu país, apegando-se rapidamente à religião na qual ele havia sido criado desde a infância") (apud GAGNEBIN, S. "La réforme cartésienne et son fondement géometrique". Op. cit., p. 108).

No mesmo momento em que Descartes recebe a incumbência de entregar o melão, ele nota que é o único do grupo no pátio da universidade que é incapaz de ficar ereto contra o vento, apesar de o vento ter enfraquecido. Como já foi sugerido, ele é o escolhido, movido pelo *Zeitgeist* e, portanto, deve passar adiante o "objeto redondo", deve se voltar para o amadurecimento interno de sua personalidade, mesmo que esteja sozinho nessa ação.

Quando Descartes acorda após o sonho, ele é imensamente oprimido pelo pensamento em seus pecados e se sente ameaçado pelo espírito do mal. Apesar de – como ele diz –, "aos olhos dos homens", ele ter vivido uma vida irrepreensível, ele sabe que pecou o suficiente para atrair a ira dos céus sobre sua cabeça como punição. É importante que, como a maioria das pessoas que tentam interpretar seus próprios sonhos, ele ligasse o significado dele à sua vida pessoal e, como bom católico, de início recorresse a uma espécie de autoexame. Ao fazer isso, contudo, ele negligencia o significado mais profundo do sonho – o problema da realidade do mal – e se desvia para o canal de seu pensamento consciente. Além disso, mesmo que ele não tenha entendido o sonho totalmente, esse mitigou o entusiasmo presunçoso dele e permitiu que ele, de algum modo, sentisse o mal em sua nova atitude intelectual; o sonho também deteve o fluxo impetuoso para o exterior dos pensamentos dele e os trouxe de volta para que ele discorresse sobre si e sobre sua própria vida.

Interpretação do segundo sonho

O seguinte "sonho", apesar de assim denominado, não é um sonho de verdade; Descartes ouve uma explosão aguda como uma trovoada e vê – já tendo despertado – centelhas de fogo ardendo no quarto. Segundo a maioria das religiões pagãs, um ressoar de trovão tem importância divina[220]. Na mitologia germânica, isso ocorre quando Thor passeia pelos céus com seu grupo de cabras; a trovoada dos gregos e dos romanos pertence à divindade suprema, Zeus ou Júpiter, que a usa para assustar seus inimigos, os titãs, e seres humanos possuídos pelo *hubris*. No final da Antiguidade existia a chamada "Brontologia", uma ciência que tratava da interpretação do trovão. Júpiter também pode fazer o trovão ressoar em um céu limpo como sinal de sua aprovação e assentimento[221]. Em linguagem comum, "relâmpago" e "trovão" representam acessos violentos de sentimento. Esses frequentemente acompanham a constelação de conteúdos arquetípicos, que também se enquadrariam à experiência de Descartes. Apesar de ele não compreender realmente o primeiro sonho, esse evidentemente "foi relevante" e o tocou no mais íntimo de seu ser.

O próprio Descartes interpretou o *coup de foudre* como a descida do *esprit de la vérité*[222]. O relâmpago, como Jung explica[223], indica uma iluminação repentina e uma mudança de atitude (*mentis sive animi lapsus in alterum mundum* ["rapto da mente

---

220. VIRGÍLIO. *Eneida*, 2, 690-695.
221. Ibid.
222. Cf. SIRVEN, J. *Les anée d'apprentissage de Descartes*. Op. cit., p. 129. Por esse motivo, penso que seja correto, ao contrário de Sirven, chamar isso de uma "crise mística" e de uma experiência religiosa genuína. Maritain fala de um "Pentecostes da razão". Porém, Sirven se põe contra isso: "Então, novamente, já que esse misticismo deveria ser um misticismo secular, *claramente relacionado ao subconsciente*, sua fonte está na inspiração dos poetas. [...]" Psicologicamente, o sonho deveria ser analisado como um fenômeno do inconsciente apenas, sem entrar no problema de se Deus está, em análise final, por trás dele, o que não pode ser estabelecido cientificamente!
223. JUNG, C.G. "A Study in the Process of Individuation". *The Archetypes and the Collective Unconscious*, p. 295s. ["Estudo empírico do processo de individuação". *Os arquétipos e o inconsciente coletivo*. Op. cit.].

ou da alma para outro mundo"], como o léxico alquímico de Rulandus define[224]). Jakob Boehme descreve o Messias e também o "Espírito-Fonte" Mercurius como trovão[225]. "Do mais interno nascimento da alma", Boehme novamente afirma que o corpo bestial alcança "apenas um vislumbre, como se tivesse sido iluminado"[226]. Enredado aos quatro espíritos, o relâmpago, então, coloca-se "no meio, como um coração"[227]. Ou: "Pois, quando alguém esmurra a parte pontuda da pedra [cf. a comparação de Descartes das centelhas no isqueiro], o ferrão amargo da natureza se afia e é tumultuado no mais alto grau. Pois a natureza é dissipada ou *despedaçada* no gume, para que a *Liberdade brilhe como um lampejo*"[228]. O relâmpago é o "nascimento da Luz". Em seu *Vita longa*, Paracelso recomenda uma repetição constante da Destilação do Centro, ou, como explica Jung, um despertar e um desenvolvimento do Si-mesmo[229]. Ao final do processo, um "clarão físico" aparece, e o clarão de Saturno e o do Sol são separados um do outro e, nesse clarão, surge aquilo que cabe "à longa vida"[230]. Descartes não presta atenção ao trovão, que só mais tarde ele menciona e interpreta, mas só ao relâmpago, o choque emocional. O clarão do relâmpago, por outro lado, ele vê como uma multidão de centelhas.

Essas centelhas de fogo lembram a ideia alquímica do *scintillae* ou *oculi piscium* ("olhos de peixe"), que Jung explicou no

---

224. Ibid., 295, n. 7. Cf. tb. JUNG, C.G. *Paracelsica*. Op. cit., p. 118-119.
225. JUNG, C.G. "A Study in the Process of Individuation". Op. cit., p. 296.
226. Ibid.
227. Ibid.
228. Ibid., p. 295.
229. JUNG, C.G. *Paracelsica*. Op. cit., p. 118.
230. Ibid., p. 118-119.

sexto capítulo de seu artigo "Considerações teóricas sobre a natureza do psíquico"[231]. No nível primitivo, ele afirma, a consciência ainda não é uma unidade; em outras palavras, ela ainda não está centrada sobre um complexo do eu firmemente estruturado, mas se encontra tremeluzindo aqui e ali, para onde quer que experiências exteriores ou interiores, instintos e afetos a atraiam[232]. O complexo do eu desenvolvido deveria também ser pensado como se fosse cercado de muitas pequenas luminosidades, que tanto podem ser demonstradas nos sonhos das pessoas da atualidade quanto no simbolismo alquímico. Os alquimistas frequentemente defendiam que a substância transformadora (o inconsciente) continha muitas "pequenas centelhas brancas"[233]. Heinrich Khunrath explica estas como raios ou centelhas da *Anima Catholica*, a alma universal, que é idêntica ao Espírito de Deus[234]. (A mente humana também é uma dessas centelhas[235].) Elas são sementes de luz no Caos[236],

---

231. "The Unconscious as a Multiple Consciousness", seção 6 de *On the Nature of the Psyche*, p. 190s. [*Considerações teóricas sobre a natureza do psíquico*].

232. Ibid., p. 189.

233. *Aurora Consurgens* – 2: Artis Auriferae [...] (1593), 1, 208 (cit. de MORIENUS. Apud JUNG, ibid.. p. 190, n. 54).

234. KHUNRATH, H. *Amphitheatrum* (1604, p. 195, 198): "Variae eius radii atque Scintillae, per totius ingentem, materiei primae massae molem hinc inde dispersae ao dissipatae; inque mundi partibus, disiunctis etiam et loco et corporis mole, necnon circumscriptione, postea separatis [...] unius Animae universalis scintillae nunc etiam inhabitantes". ("Os diversos raios e centelhas da imensa massa de toda a matéria inicial se encontram [agora] dispersos e espalhados nas partes do mundo que foram posteriormente separadas por massa e fronteiras [...] que mesmo hoje constituem as centelhas de *uma* alma universal do mundo" (apud JUNG, ibid., n. 55).

235. *Amphitheatrum*, p. 63 (apud JUNG, ibid., p. 191, n. 57): "Mens humani animi scintilla altior et lueidior". ("A mente do espírito humano é a centelha mais alta e mais lúcida".)

236. Ibid., p. 197.

"centelhas do fogo da alma do mundo como pura *Formae rerum essentiales*" (forma ideal essencial das coisas")[237]. A ideia de *lumen naturale* em Paracelso está baseada em uma concepção semelhante[238], que se origina no *astrum* interior ou "firmamento" do homem, e é uma luz que é guardada no "homem interior"[239]. A luz da natureza é acesa pelo Espírito Santo"[240] e é uma "luz invisível", uma sabedoria invisível que é "aprendida", entre outros modos, por meio dos sonhos[241]. Gerhard Dorn, aluno de Paracelso, também defendia a doutrina dos *scintillae* que são percebidos pelos olhos espirituais, brilhando resplandecentemente[242]. Segundo Paracelso, a luz natural é também inata nos animais[243], ideia essa que ele deve a Agrippa von Nettesheim, que fala de uma *luminositas sensus naturae* (a luz da consciência imanente na natureza instintiva)[244]. Isso é especialmente digno de nota, já que Descartes havia evidentemente lido Agrippa. Como Jung explica, esses *scintillae* alquímicos são descrições dos arquétipos do inconsciente coletivo, que devem correspondentemente possuir certa lu-

---

237. *Von hylealischen Chaos* (1597), p. 216 (apud JUNG, ibid.).

238. PARACELSO. *Philosophia sagax* (cf. JUNG, ibid., p. 191).

239. SUDHOFF, K. & MATTHIESSEN, W. (orgs.). *Paracelsus [...] Sämtliche Werke*. Munique: Otto W. Barth, 1922-1932 (apud JUNG, ibid., p. 193).

240. Apud JUNG, ibid., p. 194, de *Paracelsus [...] Sämtliche Werke*, vol. 13, p. 325.

241. Apud JUNG, ibid., p. 195, de *Paracelsus [...] Sämtliche Werke*, vol. 12, p. 53.

242. "Assim, pouco a pouco, ele vai ver com seus olhos mentais um número de centelhas brilhando dia a dia, cada vez mais, e crescendo até virar uma grande luz [...]" ("De speculativa philosophia". *Theatr. Chem.* [1602], 1, 275. Apud JUNG, ibid., p. 192.)

243. Cf. JUNG, ibid., p. 195.

244. *De occulta philosophia* (Colônia, 1533), p. 48 (apud JUNG, ibid., p. 195). Cf. as pesquisas posteriores de Jung a respeito da história da concepção do *sensus naturae*. Cf. tb. *Paracelsica*, para a história alquímica antiga dessa ideia.

minosidade inerente ou um elemento autônomo latente de consciência[245].

Dentre as muitas centelhas, as luminosidades de caráter seminal dos conteúdos que brilham para fora da escuridão do inconsciente, os autores alquimistas muitas vezes destacavam *uma luz* como sendo a central e de peculiar importância[246]. Em Khunrath isso é designado como Monas ou Sol[247], em Gerhard Dorn como *sol invisibilis* ("sol invisível")[248]. Muitos outros exemplos dessa concepção, aos quais eu gostaria de fazer referência, são citados por Jung a partir de numerosas outras fontes alquímicas e gnósticas[249]. Em conclusão, ele afirma:

> Já que a consciência é caracterizada, desde tempos antigos, por expressões tiradas das manifestações de luz, a hipótese de que as múltiplas luminosidades correspondem a pequenos fenômenos de consciência não é, segundo minha visão, improvável demais. Se a luminosidade aparecer como monadária, como uma estrela solitária, por exemplo, ou como um olho, ela pode facilmente assumir uma formação de mandala e deverá ser interpretada como o Si-mesmo[250].

Eu discorri sobre essas ideias análogas tão longamente porque creio que a concepção de Descartes do *lumen naturale* pode estar ligada a essas noções contemporâneas dela e é, de qualquer

---

245. JUNG, C.G. "The Unconscious as a Multiple Consciousness". Op. cit., p. 191, 192, 195.
246. Ibid., p. 192.
247. Ibid.
248. Ibid., p. 193
249. Ibid., p. 196ss.
250. Ibid., p. 199.

modo, baseada em uma experiência original interior semelhante. Como aponta Stephen Schönenberger em seu artigo "A Dream of Descartes: Reflections on the Unconscious Determinants of the Sciences"[251], as ideias alquímicas frequentemente representavam um papel definido no pensamento de Descartes[252], apesar de, em sua maior parte, ele não compreender bem o simbolismo alquímico, tomando-o em um sentido concreto[253] e, com isso, rejeitando-o. Como, em Paracelso, a "luz natural" também significa a razão humana, então, segundo Descartes, *"la raison"* consiste de múltiplas *"semina scientiae"* ("sementes de ciência"), *"naturael simplices"* (naturezas simples ou seres") ou *"veritates innatae"* ("verdades inatas"). Ele também nomeou as ideias de "ideias primitivas" ou "padrões, sobre os quais nós formamos todo o nosso outro conhecimento" (notions primitives [...] originaux, sur le patron desquels nous formons toutes nos autres connoissances"), mas ele os reduziu à concepção de espaço, número, tempo, e um ou dois outros elementos[254].

---

251. *The International Journal of Psycho-Analysis* 20 (1939): 43s. O artigo de Schönenberger não é mais explorado aqui porque o autor baseia praticamente todas as suas interpretações em citações de escritos de Descartes em vez de se basear nos motivos dos sonhos.

252. Especialmente em *Discours* (A-T, vol. 6, p. 44-45), no qual ele fala da transformação de cinzas em vidro.

253. Cf. SCHÖNENBERGER. "A Dream of Descartes: Reflections on the Unconscious Determinants of the Sciences". Op. cit. • *A-T*, vol. 6, p. 26.

254. Em uma carta a Elisabeth von der Pfalz, em 21 de maio de 1643 (*A-T*, vol. 3, p. 665), Descartes diz: "[...] je considère qu'il y a en nous certaines notions primitives qui sont comme des originaux sur le patron desquels nous formons toutes nos autres connaissances. Et il n'y a que fort peu de telles notions; car après les plus générales de l'être, du nombre, de la durée etc. qui conviennent à tout ce que nous pouvons concevoir; nous n'avons pour le corps en particulier que la notion de l'extension, de laquelle suivera celles de la figure et du mouvement, et pour l'âme nous n'avons que celle de la pensée, en laquelle sont comprises les perceptions de

A imagem do sol central não faltava, também, em Descartes; no *Regulae*[255], ele afirma: "Em sua totalidade, as ciências não são nada além de conhecimento humano (*humana sapientia*), que sempre se mantém o único e o mesmo, não importando quantos objetos sejam aplicados a ele, assim como a luz do sol é única dentre toda a multiplicidade de objetos sobre os quais ela brilha"[256]. Entretanto, enquanto essas formulações moldam o *desenvolvimento intelectual* da experiência original, são as centelhas flamejantes do sonho – ou seja, sua forma primitiva, ou sua manifestação imediata e psíquica – que, em sua autonomia e realidade além do escopo da consciência, apavoravam Descartes mais profundamente[257]. Essas centelhas estão ligadas ao motivo do melão na pri-

---

l'entendement et les inclinations de la volonté, enfin, pour l'âme et le corps ensemble nous n'avons que celle de leur union, de laquelle dépend celle de la force de l'âme de mouvoir le corps, et le corps d'agir sur l'âme, en causant ses sentiments et ses passions". (" [...] Considero que há certas ideias primitivas em nós, que são como os padrões sobre os quais nós formamos todo o nosso conhecimento. E há apenas muito poucas dessas ideias, pois, atrás das ideias mais gerais de ser, número, duração etc., que estão de acordo com tudo que podemos conceber, para o corpo em especial, não temos nada senão a ideia da extensão, a partir da qual se segue a da forma e a do movimento, enquanto que, para a alma, só temos a ideia do pensamento, na qual estão incluídas as percepções da compreensão e as inclinações da vontade; e finalmente, para a alma e para o corpo juntos, temos apenas a ideia da união deles, da qual depende a ideia do poder da alma de mover o corpo, e do corpo de agir sobre a alma, causando seus sentimentos e suas paixões.") É indicativo do tipo de Descartes equiparar sentimentos com reações corporais e vê-los como secundários.

255. Apud E. Cassirer, de DESCARTES, R. *Kritik der mathematischen und naturwissenschaftlichen Erkenntnis.* Marburgo: [s.e.], 1899, p. 3.

256. Cf. BARTH, H. "Descartes Begründung der Erkenntnis". Op. cit., p. 12. Cf. tb. o importante papel representado pela imagem do sol na visão de mundo de Kepler. Cf. tb. Pauli. Op. cit.

257. A doutrina estoica do *igniculi* ou σπινθηρες como os elementos mais simples das reações humanas era conhecida por ele a partir de LIPSIUS, J. *Manuductio ad philos. Stoic.* (Parte 1, livro 2, diss. 2, p. 72, apud GILSON, p. 481, n. 2): "Igniculi isti non aliud quam inclinationes, judicia, et ex iis notiones sunt, a recta

meira parte do sonho; pois, como vimos, o melão era considerado pelos maniqueístas um "receptáculo das sementes de luz". Agora

in nobis Ratione. Scito enim Stoicis placere partem in nobis divini spiritus esse mersam, id est illam ipsam Rationem, quae si in suo loco et luce luceat, tota pura sincera, recta, divina sit; nunc corpore velut carcere clausa, coercetur et opinionibus agitatur aut abducitur, et tamen retinet originis suae *flammulas* et Verum Honestumque per se et sua indole videt. Istae flammulae, sive igniculos mavis dicere Graeci σπινθηρας, ζωπυρα, εναύσματα appellant exserunt se et ostendunt in sensibus, aut judiciis, quae omni hominum generi fere, et optimae cuique naturae eximie sunt insita aut innata. Id Graeci Εννοίας sive Notiones vocant item προληψεις *Anticipationes* et quia passivae atque insitae κοινας και εμφντας communes et ingeneratas agnominarunt". ("Essas centelhas não são nada além de inclinações, julgamentos. A partir delas surgem as noções, por meio do raciocínio correto dentro de nós. Porque os estoicos gostavam de chamar aquela parte abrigada em nós de espírito do divino, ou seja, aquela razão que, quando localizada e brilhando em seu devido lugar, é pura, sincera, plena e justamente divina; agora, no corpo, como se estivesse trancada em uma prisão, ela é coagida, desencaminhada e agitada por opiniões, e ainda assim retém as pequenas chamas de suas origens e vê o verdadeiro e o honesto por si mesma e sua qualidade inata. Essas pequenas chamas – ou você pode preferir chamá-las de pequenos fogos [os gregos as chamam de 'centelhas; centelhas que dão vida'] – desprendem-se e mostram os sentimentos e os julgamentos. Esses são inatos em quase qualquer tipo de humano e estão excelentemente localizados em sua melhor natureza. Esses, os gregos chamam de 'reflexões, concepções ou noções'. Do mesmo modo, eles os chamam de 'preconceitos, antecipações'. E porque eles são passivos e estão localizados lá, são chamados de 'comuns e inatos.'") Como Gilson enfatiza (ibid., n. 3), a frase *bona mens*, de Descartes, provavelmente pode também ser encontrada na mesma obra (*Manuductio*, p. 70-71), onde ele diz: "Ecce Natura bonate Mentis nobis ingenuit *formites et scintillas*, quae in aliis magis minusque elucent". Cf. tb. GIBEUF, P. *De libertate Dei et creaturae* (Paris: [s.e.], 1630, 1,1: "Primae et universalissimae rerum qualitatumque notiones non concinnantur hominum arte et industria, nec ad arbitrium etiam philosophorum effinguntur, sed in mentibus nostris reperiuntur a natura consignatae. Qui autem animo ad tranquillitatem composito naturam audiunt, vel si paulo dignius loqui mavis, qui veritatem intus presidentem et responsa dantem consiliunt [deve ser: 'consulunt'] illas tamquam in alto puteo delitescentes percipiunt". ("As primeiras e mais universais noções das coisas e qualidades não são constituídas pela arte e pelo esforço dos homens. Elas não são moldadas pelo julgamento arbitrário dos filósofos, mas estão fixadas em nossa mente por obra da natureza – elas são descobertas lá. Além disso, quem escutar a natureza com a mente em estado de tranquilidade – ou, para colocar de modo menos digno, quem recorrer à verdade que preside dentro de nós e nos dá respostas – vai vê-las como se elas estivessem escondidas em um poço bem fundo".)

esse aspecto se abre, por assim dizer, e as luminosidades aparecem diretamente perante os olhos de Descartes. Em certo sentido, as centelhas que ocorrem no segundo sonho correspondem aos fantasmas e à tempestade do primeiro e, como o último, simbolizam conteúdos arquetípicos emocionalmente carregados do inconsciente, que não estavam contidos na estrutura da Igreja nem ainda na concepção intelectual do mundo de Descartes.

Descartes cerra e abre os olhos até seu medo e o fenômeno desaparecerem. Ele evidentemente tenta afastá-los por meio da racionalização, assim como ele estava convencido de que todos os chamados fenômenos "milagrosos" da natureza poderiam ser explicados por um meio racional[258]. Isso teve um efeito calmante, que, da mesma forma, é evidente na atmosfera do terceiro sonho, que é bem menos dramático.

Interpretação do terceiro sonho

No terceiro sonho, Descartes vê um livro sobre a mesa, mas não sabe quem o colocou lá; é um dicionário, e ele acha que será muito útil. Mas, de repente, ele descobre que, em vez do dicionário, ele está segurando outro livro, sem saber de onde ele veio; é uma coletânea de poemas, "*Corpus omnium veterum poetarum latinorum etc.*, Lugduni, 1603"[259], um livro que ele provavelmente havia usado em La Flèche.

O modo indubitavelmente mágico pelo qual, por todo o terceiro sonho, livros aparecem sobre a mesa ou desaparecem sugere a influência de fantasmas e, consequentemente, retoma o tema do

---

258. Para mais detalhes, cf. *A-T*, vol. 10, pt. 1, p. 183n. • Cf. STOCK, H. *The Method of Descartes in the Natural Sciences*. Op. cit., p. 60s.

259. Para mais detalhes acerca dessa publicação, cf. *A-T*, vol. 10, p. 183n.

primeiro sonho[260]; mas, desta vez, os fantasmas brincam com os livros, mas não aparecem. Parece ser o propósito do inconsciente deixar claro para Descartes que, assim como as criações de arte não são "feitas" pelo consciente, os conteúdos de todo conhecimento racional humano também não são (o dicionário, sem dúvida, representa isso); ambos *devem sua existência a influências incalculáveis do inconsciente* e a suas atividades criativas. Em certo sentido foi isso que Descartes tentou formular em seu *Cogito ergo sum*, afirmando que, para ele, o estado lúcido de atenção do ato de pensar de uma pessoa, o fato instantâneo de uma pessoa como ser pensante, em resumo, essa consciência da própria pessoa, é o que garante não apenas a existência à própria pessoa, mas também a de Deus, considerando que Deus seja a causa e a fonte originárias de toda a verdade e de toda a realidade[261]. A partir dessa fonte vêm todas aquelas opiniões que são irrefutavelmente convincentes para todos, cuja soma total constitui o *lumen naturale*[262] que se origina da *naturae purae et simplices* ("naturezas puras e simples") – as ideias inatas[263]. Essas últimas, ele compara

---

260. Também vale a pena comentar sobre a ligação com Wotan, que está relacionado à tempestade, aos espíritos dos mortos e à *magia*.
261. Para detalhes cf. STOCK, H. *The Method of Descartes in the Natural Sciences*. Op. cit., p. 11. Deus *não pode* enganar, assim como também não pode a substância pensante que há dentro de nós; no máximo, é a nossa compreensão que nos engana.
262. Ou uma *Sapientia generalis*. Cf. Regulae (*A-T*, vol. 10, p. 360-361).
263. Cf. *A-T*, vol. 10, p. 383: "Notandum 2. paucas esse duntaxat *naturas puras et simplices*, quas primo et per se, non dependenter ab aliis ullis, sed vel in ipsis experimentis *vel lumine quodam in nobis insito* licet intueri [...]" ("O segundo a ser notado: [Tais] naturezas puras e simples não são realmente muitas. Em primeiro lugar, elas só podem ser vistas apenas por meio delas mesmas, ou em experiências, ou por meio de uma certa luz localizada em nós.") E, ibid., p. 419: "Purae intellectuales illae (*scil.* res) sunt, quae per lumen quoddam ingenitum et absque ullius imaginis corporae adiumento ab intellectu cognoscuntur [...]" ("Aquelas coi-

com o *"tableaux ou images"* na alma individual[264]. Elas são armazenadas *"in mentis thesauro"* ("na tesouraria da mente")[265], de onde elas devem ser recobradas. A "luz natural" é o *res cogitans* em nós[266]; ele provém de Deus[267]. Eu considero mais provável que essas premissas fundamentais da filosofia cartesiana tenham sido geradas a partir da experiência da noite de 10/11 de novembro de 1619 – *que elas representem, por assim dizer, a forma pela qual Descartes procurou dominar, com seu pensamento, essa incursão do inconsciente. Porém, ele apenas teve êxito parcial ao fazer justiça aos conteúdos do inconsciente*, pois ele tentou compreendê-los apenas com o pensamento (a função superior dele) e possivelmente com a intuição, e ele não considerou o lado do sentimento e da sensação da experiência[268]. Além disso, o modo irra-

---

sas que são puramente intelectuais e são aprendidas pelo intelecto por meio de uma certa luz inata sem a ajuda de nenhuma forma corpórea.")

264. *Meditation* 3 (*A-T*, vol. 9, p. 33). Por esse motivo, Leibniz (GEHRHARDT, G.L. (org.). *Philosophische Schriften*. Vol. 4. Hildesheim: Olms, 1960, p. 328, 371) critica: "veritatis criterium nihil aliud esse quam visionem" ("o critério da verdade sendo nada além de uma visão"). Cf. LAPORTE, J. *Le racionalisme de Descartes*. Op. cit., p. 21, n. 1.

265. *Meditation* 5. Cf. LAPORTE. Op. cit., p. 116, 117.

266. "Recherche de la vérité par la lumière naturelle" (*A-T*, vol. 10, p. 527; cf. tb. p. 495).

267. Cf. LAPORTE. Op. cit., p. 319: "L'ensemble des idées distinctes dont se compose notre raison est littéralment non pas une 'vision en Dieu' (Descartes ne dit rien de tel mais une *revélation naturelle que Dieu nous fait)*". ("A harmonia das ideias separadas das quais a nossa razão é composta é bastante literalmente não uma 'visão de Deus' [Descartes não diz nada do gênero, mas uma revelação natural que Deus nos concede].") Cf. tb. LÖWITH, K. "Das Verhältnis von Gott, Mensch und Welt in der Metaphysik von Descartes und Kant". *Sitzungsberichte der Heidelberger Akad. der Wiss., Phil.-hist. Klasse* (1964), tratado 3 [s.n.t.].

268. Goethe se revoltou com paixão contra essa unilateralidade: "Ele [Descartes] faz uso dos símiles sensoriais mais rudimentares para explicar o impalpável, na verdade, o inconcebível. Seus vários exemplos materiais, seus vórtices, seus fusos, ganchos e curvas intencionais, rebaixam o espírito. Quando ideias desse tipo

cional pelo qual os livros surgem e desaparecem – que não pode ser explicado causalmente[269] – contradiz o argumento dele de que a substância original do nosso pensamento só pode ser clara e lúcida, e só pode operar segundo a razão. Descartes era indubitável e seriamente preocupado com a questão da ilusão da realidade, como vivenciada em sonhos, e com a possibilidade de que um espírito astuto do mal armasse "arapucas" para nossos pensamentos, levando-nos a ilusões e conclusões equivocadas[270]; mas certas verdades, acima de toda a percepção da própria pessoa como um sujeito pensante, são deixadas de fora de algum modo. O ato de reflexão – em seu sentido literal, o pensamento que se volta para si próprio – é, para ele, a base máxima da realidade da existência humana e leva à descoberta de nossa consciência de Deus[271], que se encontra acima da existência do homem e a abarca. *Porém, qual é a fonte das ilusões, Descartes nunca investigou mais de perto*; sem dúvida, na opinião dele, são as *passiones animae* ("emoções")[272] e as percepções de sentido que levam as pessoas a con-

---

são aceitas com aprovação, isso mostra que apenas as visões mais rudes e canhestras se harmonizam com a visão geral" (Apud FLECKENSTEIN, J.O. "Cartesische Erkenntnis und mathematische Physik des 17. Jahrhunderts". Op. cit., p. 124).

269. Wisdom (p. 14) afirma que Descartes deixou essas compreensões de lado e, então, as retomou novamente. Porém, no sonho, *não* é Descartes que faz isso. "Algo" faz os livros desaparecerem e reaparecem em outro lugar.

270. Para material sobre isso, cf. STOCK, H. *The Method of Descartes in the Natural Sciences.* Op. cit., p. 10.

271. Deus é *"intelligentia pura"* ("pura inteligência"). Cf. *Cogitationes privatae* (*A-T*, vol. 10, p. 218).

272. Cf. VON BROCKDORFF, C. *Descartes und die Fortbildung der Kartesischen Lehre.* Op. cit., p. 36. • *Regulae* (*A-T*, vol. 10, p. 368): "Per intuitum interlligo no *fluctuantem sensuum fidem* vel male componentis imaginationis iudicium fallax; sed mentis purae et attentae tam facilem distinctumque conceptum, ut de eo, quod intelligimus nulla prorsus dubitatio relinquatur". ("Por intuição, eu não tenciono mencionar nossa confiança hesitante em nossos sentidos nem o julgamento falível de uma imaginação desordenada, mas as distinções fáceis e claras

clusões erradas, mas quem ou o que as engendra, ele não questiona. Por conseguinte, é significativo, como comenta Felsch[273], que essa aplicação do princípio da causalidade seja, especialmente em todas as conexões psicológicas, sombria e ilógica. Ele projeta o mistério da conexão entre psique e corpo sobre a glândula pineal[274], que ostensivamente regula os "espíritos da vida" nos ventrículos do cérebro. Algo contínuo deve existir entre a *res extensa* e a *res cogitans*, mas Descartes é incapaz de definir isso mais detalhadamente[275]. A mesma falta de clareza prevalece em relação à definição dele de imaginação – que, para ele, é um fenômeno psicofísico[276] – e as "paixões da alma" (*passiones*), que são alegadamente causadas ora pelos "espíritos da vida", ora pela "*actio animae*" ("atividade da alma"), e então novamente pelas impressões que afetam o cérebro ("*impressiones quae casu occurrunt in cerebro*" ["impressões que ocorrem no cérebro por acaso"]), ou então por objetos sensoriais[277].

A inibição inconsciente que impediu Descartes de investigar esse complexo de problemas mais profundamente deve, na análise final, ter sido a adesão dele à definição cristã de mal como um mero *privatio boni*[278], uma questão que eu, em princípio, remete-

---

de uma mente purificada e atenta de que não há mais dúvida sobre o que compreendemos.") A respeito da doutrina dele de percepção sensorial por meio de "*phantasmata*" (cf. GILSON, p. 470s.).

273. FELSCH, C. *Der Kausalitätsbegriff bei Descartes*. Op. cit., p. 19, e esp. p. 44s., 49.

274. Ibid., p. 49.

275. Ibid., p. 50.

276. Ibid., p. 50-51.

277. Ibid., p. 53.

278. Para comprovação, cf. SIRVEN, J. *Les anée d'apprentissage de Descartes*. Op. cit., p. 146s.

ria à exposição de Jung em *Aion*[279]. Em seu *Cogitationes privatae*[280], Descartes afirma que Deus é *"intelligentia pura"* ("pura inteligência") e que, quando Ele separou a luz da escuridão, Ele separou os anjos bons dos maus. Como o *"privatio"* não podia ser separado do *habitus* ("comportamento habitual"), os anjos da escuridão e do mal são apenas um *privatio* e sua forma de existência. Como aponta Sirven[281], ele está citando, palavra por palavra, o *De Genesi ad litteram liber imperfectus*[282] e o *De Genesi contra Manichaeos*[283] de Santo Agostinho. Na época do sonho dele, Descartes estava pensando em escrever um comentário sobre o Gênesis e andava lendo esses livros de Agostinho[284]. Podemos supor que ele tomou o *privatio boni* de Santo Agostinho[285] e meio inconscientemente, por assim dizer, misturou-o com sua declaração de que Deus é *"intelligentia pura"* e, portanto, completamente verídico e incapaz de ser enganado[286].

Com essa visão, descartes se mantém preso ao preconceito cristão; é como se o sistema trinitário devesse ser aplicado à reali-

---

279. *Aion* – Estudo sobre o simbolismo do si-mesmo. Op. cit., parte II.
280. Cf. *A-T*, vol. 10, p. 218.
281. Cf. ibid., p. 146.
282. MIGNE. *Patr. Lat.*, 34, col. 229.
283. Ibid., col. 176, e 41, cols. 332-333.
284. SIRVEN, J. *Les anée d'apprentissage de Descartes*. Op. cit., p. 147-148.
285. Cf. ibid., p. 149.
286. Cf. LAPORTE, p. 171, em que ele mostra que Descartes deduz a veracidade de Deus do fato de que Deus não pode introduzir qualquer não existência à existência dele: "Mais le mot 'tromper' n'a pas de sens où il signifie le substituition du faux au vrai. En faisant de la tromperie un bien Dieu introduirait en soi du non-être: ce qui reviendrait à s'ôter un peu de son être. [...]" ("Porém, a palavra 'enganar' não tem sentido algum quando significa a substituição do falso pelo verdadeiro. Ao cometer uma enganação, um bom 'Deus' introduziria nele mesmo alguma não existência: o que consistiria em retirar um pouco dele mesmo. [...].")

dade da matéria e do cosmo, mas, de novo, sem o questionamento acerca do Quarto, da Totalidade. Maritain está consequentemente correto ao afirmar que a filosofia de Descartes aparece como um *air d'héroisme géomètre et chrétien* – medindo a terra e encontrando de cara Deus na alma[287]. Ele enfatiza ainda (cf. Gilson para evidências corroborantes) que a filosofia cartesiana "se divide em duas partes contrastantes, que são definidas como existências separadas que nunca mais serão capazes de ser reunidas naquelas mais altas conciliações que a escolástica havia criado entre as grandes antinomias da realidade"[288]. Eu acredito que essa divisão em duas da visão escolástica do mundo pode ser vista como um *dobramento* do mesmo, em outras palavras, como um entendimento inconsciente de sua correspondência "inferior". Como Jung explica[289], a Trindade divina tem sua contraparte em uma tríade ctônica inferior[290], que "representa um princípio que, devido a seu simbolismo, trai as afinidades com o mal, apesar de não ser certo que ela expresse nada além do mal". Esse elemento inferior tem a relação de *correspondencia* ("correspondência") com o superior, mas, em contradistinção com os símbolos quaternários, os triádicos não são simbólicos da totalidade. Jung continua: "Se imaginarmos que a quaternidade como um quadrado dividido em

---

287. MARITAIN. Op. cit., p. 41: "mesurant la terre et trouvant tout droit Dieu dans l'âme".

288. Ibid., p. 55: "brise [...] en deux morceaux contrastant, qu'elle affirme chacun à part sans pouvoir désormais les réunir, les conciliations supérieures, en lesquelle la scolastique resolvait les grandes antinomies de réel [...]".

289. "The Phenomenology of the Spirit in Fairy Tales". *The Archetypes and the Collective Unconscious*. Op. cit., p. 234-235.

290. O satã de três cabeças e assim por diante. No folclore, uma tríade semelhante também aparece frequentemente, pois a satã são dadas uma "avó" e uma linda filha com sentimentos "humanos".

duas metades por uma diagonal, vamos ter dois triângulos cujos ápices apontam para direções opostas. Poderíamos, portanto, dizer metaforicamente que, como o todo simbolizado pela quaternidade é dividido em metades iguais, ele produz duas tríades que se opõem". O triângulo inferior representa um "espírito do mal", que é, na verdade, a causa das catástrofes coletivas atuais, mas que, quando bem compreendido, pode também se tornar a *causa instrumentalis* do processo de individuação[291]. *Esse* espírito que se apoderou de Descartes é, do ponto de vista da Igreja, um *malin génie* ("espírito do mal"); mas também é um *spiritus familiaris* ("espírito familiar") que incita a conquista da totalidade. Como Pauli explica em seu artigo sobre Kepler, o esquema de espaço tridimensional do último depende da ideia cristã da Trindade; e, similarmente, o mecanicismo de Descartes, uma compreensão puramente causal da natureza, com base nas simples leis do movimento, está fundado sobre a imagem cristã de Deus. Portanto, torna-se evidente que o materialismo, assim chamado, entre cujos fundadores Descartes deve ser incluído, realmente tem suas raízes, como observa Brunschvicg[292], em uma forma extrema de espi-

---

291. "The Phenomenology of the Spirit in Fairy Tales". *The Archetypes and the Collective Unconscious.* Op. cit., p. 251-252.
292. BRUNSCHVICG, L. *Descartes et Pascal*: lecteurs de Montaigne. Op. cit., p. 117-118: "Une physique où le mécanisme est pratiqué avec autant de rigueur et dans une semblable extension ne risque-t-elle pas de frayer la voie à la renaissance du matérialisme épicurien? [...] mais tout au contraire, parce que la manière dont il introduit et justifie la vérité d'un mécanisme intégral, immanent en quelque sorte à lui-même, *plonge ses racines dans une métaphysique dont on ne doit pas dire seulement, qu'elle est radicalement spiritualiste, mais qui renouvelle, en la portant à un degré de pureté jusqu'alors insoupçonné, la notion de spiritualité*". ("Uma física em que o mecanismo é praticado com tanto rigor e em tal grau se arrisca a abrir caminho para um renascimento do materialismo epicurista? [...] Mas pelo contrário! Devido à maneira com que ela introduz e justifica a verdade do mecanismo integral, imanente de algum modo nela mesma, *ela finca*

ritualidade. Em consequência, basicamente, Descartes "desmaterializou" completamente a matéria, em comparação com o modo com que ele a descreveu na nova física, pois, por definição, ele apenas concede a ela uma dimensão geometricamente compreensível do espaço em três parâmetros, mas não densidade, massa ou qualidades de energia[293]. Isso está ligado ao fato de que ele negou qualquer movimento de luz acontecendo no tempo. Ele acreditava em uma difusão instantânea da luz, um ponto contra o qual Beeckman, contemporâneo dele, já estava levantando objeções[294]. A aceitação não crítica da definição de mal como um *privatio boni* e a identificação dos métodos de Deus com eventos lógicos, racionais e causalmente explicáveis tornou impossível para ele, na esfera das pesquisas dele em ciência natural, pensar mais profundamente em uma descrição acausal de ocorrências. Por esse motivo, o inconsciente enfatiza a realidade de tais fenômenos de uma forma compensatória e exibe um efeito espectral autônomo.

A própria associação de Descartes ao dicionário é que ele representa a soma total de todas as ciências (cujo princípio básico ele acreditava ter acabado de descobrir matematicamente); a coleção de poemas, por outro lado, representa a sabedoria, o entusiasmo, a inspiração divina e a semente da sabedoria (que vai ser en-

---

suas raízes em uma metafísica da qual não podemos dizer que é radicalmente espiritual, mas que ela até renova, levando-a a um grau de pureza insuspeito até agora, a noção de espiritualidade.") Essa "abstração" está fundamentada na estrutura geométrica da física de Descartes. Cf. GAGNEBIN, S. "La réforme cartésienne et son fondement géometrique". Op. cit., p. 117.

293. Cf. STOCK, H. *The Method of Descartes in the Natural Sciences.* Op. cit., p. 75ss. Descartes reifica o espaço como absolutamente existente. Cf. GAGNEBIN, S. "La réforme cartésienne et son fondement géometrique". Op. cit., p. 116: "la géométrie de Descartes est déjà une physique" ("a geometria de Descartes já é uma física").

294. Cf. STOCK. Op. cit., p. 49. • GAGNEBIN. Op. cit., p. 116.

contrada na alma do homem, como centelhas em uma pedra de isqueiro). Por mais satisfatório que esse pensamento possa ser à primeira vista, não se pode deixar de se surpreender que os dois poemas do poeta gaulês Ausônio (quarto século A.D.) representassem esse mundo de sabedoria e inspiração; pois os poemas desse "poeta" cético, que escrevia em um estilo puramente retórico e meramente adotava o cristianismo de modo convencional (!), contêm, sob nosso ponto de vista, muito pouca inspiração poética. Por outro lado, os dois idílios que aparecem no sonho são confissões de um possivelmente engenhoso, mas meramente cético, *Weltanschauung*[295], de um homem que está cansado da vida e até se opõe a ela. De início, os olhos de Descartes recaem sobre o Idílio XV ("Ex Graeco Pythagoricum de ambiguitate eligendae vitae"), que começa com as palavras: "Quod vitae sectabor iter? Si *plena tumultu / sunto fora*; si curis domus anxia: si *peregrinus / Cura domus sesequitur*, [...]". Essas primeiras linhas se encaixam na própria situação de Descartes de forma impressionante – a saber, a do *peregrinus* ("estranho na terra, errante") no coração da Alemanha, então sob o perigo da guerra. O poema então procede a afirmar que nem o trabalho, nem o casamento, nem as riquezas, nem a juventude, nem a idade, nem mesmo a vida eterna, nem a mortalidade podem trazer felicidade ao homem, e termina com as palavras: "Optima Graiorum sententia: Quippe homini aiunt / nos nasci esse bonum, natum aut cito morte potiri"[296].

---

295. A respeito do "sceptique chrétienne" de Descartes, cf. Adam, p. 57. Talvez seja mais importante enfatizar que Descartes realmente só pensava em uma solução intelectual para o problema moral e não via a moralidade como uma preocupação da função sentimento.

296. "O provérbio dos gregos é o melhor: dizem que é melhor para o homem não nascer ou morrer logo".

De certo modo, a pergunta na frase introdutória do poema segue a mesma linha do simbolismo do primeiro sonho, que mostrava que, "pego" pela tempestade intensa, Descartes corria o perigo de negligenciar o crescimento e o amadurecimento de sua própria personalidade. Aqui, também, a questão chama a atenção dele de volta, por assim dizer, ao problema moral e pessoal[297] do sentimento dele, à escolha ou à decisão em favor da vida pessoal. Mas, novamente, outro homem aparece, desta vez um homem desconhecido, que chama a atenção dele para ainda outro idílio. *Essa pessoa desconhecida pode ser a figura do "trickster"* [298], *agora tornada visível*, que deu sumiço aos livros de modo tão fantástico. De qualquer modo, ele representa uma parte desconhecida e inconsciente da personalidade de Descartes, que talvez seja um paralelo do Sr. N do primeiro sonho, apesar de o Sr. N ter sido meramente negligenciado por Descartes, enquanto que esse novo visitante é completamente desconhecido dele. O estranho recomenda a ele um idílio de Ausônio, cujo começo é *Est et Non* ("Sim e Não")[299]. Idílio 12 = Ναι και Πυθαγόρικόν ("O sim e o não dos pitagóricos"). O tema do poema é que essas duas palavrinhas, "sim" e "não" governam toda a vida humana e criam a oposição entre os homens, e que tudo pode ser afirmado e negado, tanto que muitos prefeririam ficar completamente em silêncio.

---

297. O próprio Descartes chama isso de "le bon conseil d'une personne sage ou même la Théologie Morale" ("o bom conselho de uma pessoa sábia ou até de Teologia Moral").

298. Na história da religião, esse é o nome especialmente dado às figuras salvadoras divinas em muitas tribos de índios americanos, porque eles são particularmente mencionados por seus truques estranhos e traquinas. O Espírito Mercurius alquímico tem semelhante gosto por aparecer como um *trickster*.

299. Para o texto e a tradução desse poema, cf. abaixo, p. 198s.

Se o poema "Quod vitae sectabor iter" tentava levantar a dúvida e a insegurança em termos dos valores da vida, esse último poema incita a dúvida em relação à confiabilidade de todas as afirmações humanas; o "sim" e o "não" são inteiramente relativos. *O homem desconhecido parece estar inclinado a minar a crença de Descartes na possibilidade de provas absolutamente válidas* e a convencê-lo do caráter paradoxal de toda afirmação psicologicamente verdadeira de fato – presumivelmente com a intenção de, com isso, separá-lo, como previamente, por meio do primeiro poema, da função pensamento dele, que estava ficando cada vez mais absoluta, e de direcioná-lo para o problema de seu próprio ser. Ao mesmo tempo, os dois poemas *espelham o sentimento inconsciente dele*[300]: ele não tem mais fé alguma na vida, nem em si mesmo, nem em qualquer outra pessoa. Nos retratos dele, não podemos deixar de nos espantar com a expressão desesperançada, cética, tímida e sem vida dele. Sem dúvida, foi o fato de a mãe dele ter morrido cedo que lhe furtou qualquer gosto pela vida, e qualquer fé na vida e em seu próprio sentimento, tanto que ele se fechou na atividade solitária do pensamento. Também me parece que essa aparente falta de caráter é melhor explicada como uma certa deficiência desse tipo de substância vital do que como uma falha na natureza dele.

No sonho, Descartes aceita a sugestão do estranho, parece estar bastante *au fait* e quer mostrar ao estranho o poema no livro dele, mas não consegue achar. O jogo do *trickster* começa; o estranho pergunta onde ele obteve o livro. Ele evidentemente quer deixar claro para Descartes – como já comentamos – que todas as

---

300. Wisdom (p. 14) também ressalta esse ponto: "[...] a antologia significava o conhecimento do que é real na vida do ser vivo".

ideias e inspirações repentinas dele, o pensamento e o sentimento dele, que ele acredita firmemente estarem sob o seu controle, convencido de que *ele* é quem faz tudo ("Je *pense donc* je *suis*"), são, na verdade, inteiramente dependentes da bondade do inconsciente – na decisão dele de fornecê-los ou não. É por isso que o dicionário aparece de novo. No entanto, ele não está mais completo: partes dele foram perdidas, já que surgiu o problema do sentimento. Descartes, então, encontra o idílio de Ausônio na antologia, mas não o poema "Est et Non", e ele quer recomendar o outro ("Quod vitae sectabor") ao estranho, no lugar do primeiro. Ele tenta se afastar do problema da natureza duvidosa de todas as afirmações intelectuais e, ao mesmo tempo, aceitar conscientemente seu lado emocional cético, que é hostil à vida. Mas, novamente, o inesperado ocorre: ele encontra pequenos retratos coloridos, gravuras em placas de cobre, que não figuram na edição verdadeira. O fato de abordar o problema do sentimento, a quarta função, tem o efeito de suscitar a ideia da personalidade individual[301] e do interesse no valor individual e na realidade de cada ser humano único. Aquele era o período dos grandes retratistas italianos e holandeses, e esse interesse na personalidade individual corresponde a uma tendência da época. Há uma multiplicidade de retratos que sugere um estado inicial dos fragmentos ainda dissociados da personalidade de Descartes. Como as muitas sementes do melão, essas são, por assim dizer, os componentes herdados dos ancestrais, a partir dos quais a "personalidade unida" é gradualmente composta.

---

301. Em "Recherche de lá vérité" (*A-T*, vol. 10, p. 507) Descartes fala das decepções dos sentidos como sendo quadros inferiores, pintados por artistas aprendizes, nos quais o mestre (Razão) dá os retoques finais. Porém, segundo Descartes, o melhor para o mestre seria começar do início novamente.

No primeiro sonho, o símbolo do Si-mesmo consiste de um objeto circular – as Monas. É dada ênfase à unidade. Nos dois sonhos seguintes, por outro lado, o novo conteúdo do Si-mesmo é descrito como uma pluralidade de centelhas ou retratos. Ele aparece em formas múltiplas, por assim dizer. Isso aponta para o fato de que, por meio do primeiro encontro com o centro, o Si-mesmo (que não é a mesma coisa que o eu), uma duplicação da personalidade ocorre. A unidade da consciência (e o próprio Descartes certamente viu o *âme pensante*, o eu pensante, como a única realidade psíquica) está rompida. O sonho mostra que, interiormente, o homem é, na realidade, múltiplo e inextricavelmente atrelado a muitos. O ideal, ligado ao monoteísmo cristão, da unidade da consciência e vontade, que era especialmente buscado pelos jesuítas, é aqui questionado. Pois o Si-mesmo, como Jung afirma, compreende não apenas o homem sozinho, mas também muitos outros. "É paradoxalmente a quintessência do indivíduo e, ao mesmo tempo, uma coletividade"[302].

Considerando que a própria interpretação de Descartes do sonho é, no todo, de certo modo lânguida e otimista, no motivo final dos retratos, ele perde a noção completamente: ele acha que isso é uma previsão da visita de um pintor italiano, que realmente foi vê-lo no dia seguinte[303]. Pelo menos ele vê que pode ser que haja um valor profético, um *valeur prophétique*, no sonho dele e se sente confirmado ao ver a intervenção de Deus nisso. Sendo

---

302. JUNG, C.G. *Paracelsica*. Op. cit., p. 116. A respeito do *Multiplicatio*, cf. JUNG, C.G. "The Psychology of the Transference". *The Practice of Psychotherapy*, p. 304ss. (CW 16) ["A psicologia da transferência". *A prática da psicoterapia*. Petrópolis: Vozes, 2011 (OC 16/1)], p. 304s. Para o Si-mesmo como a condição de ligação, cf. ibid., p. 233ss.
303. *A-T*, vol. 10, p. 185. • SIRVEN, J. *Les anée d'apprentissage de Descartes*. Op. cit., p. 129.

assim, ele afirma que "a mente humana não teve papel algum naquilo" ("l'esprit humain n'y avoit aucune part"). Apesar de o incidente ter sido projetado para enfatizar a importância dos retratos, Descartes não parece ter captado que eles poderiam estar conectados com o lado sentimento dele. O desenvolvimento posterior do pensamento dele realmente estabeleceu uma distância cada vez maior entre ele e os "retratos". Em seus primeiros escritos e estudos sobre o fenômeno da memória, ele deu um valor bem maior ao símbolo dos retratos e à imaginação, como "sombras" ou imagens de uma verdade mais elevada, por assim dizer; mas, posteriormente, ele se dissociou dessas concepções[304]. Talvez essa tenha sido a razão pela qual o sonho se refere com tanta intensidade emocional a esse aspecto particular do espírito. Em relação a isso, a visita do pintor no dia seguinte deveria ser considerado um evento sincronístico, que intensificou a importância do sonho. É impressionante como a afirmação sobre o *"valeur prophétique"* do sonho apareceu como uma "explicação" satisfatória para Descartes, que normalmente repudiava o pensamento de uma ligação acausal de eventos. As implicações do comentário dele parecem tê-lo iludido. Subsequentemente, no entanto, ele instintivamente fez algo pelo lado sentimento dele, que, no caso dele, estava, sem dúvida, ligado à sua falecida mãe: ele prometeu ir em uma peregrinação até a Madona de Loretto, para pedir orientação interior na sua *recherche de la verité*, pois, após o sonho, ele sentiu um profundo arrependimento enquanto pecador. O sentimento de arrependimento (de ser tomado pelo remorso) foi bem provavelmente causado por uma substituição ilegítima do sentimento de inferio-

---

304. Cf. GOUHIER, J.H. "Le refus du symbolisme dans l'humanisme cartésien". *Umanismo e simbolismo*: Atti del VI convegno internat. di studi umanistici. Pádua: [s.e.], 1958, p. 67. • Cf. ROSSI, P. *Clavis Universalis*. Op. cit., p. 154s.

ridade dele por certos pecados do passado[305]; a verdadeira sensação de inferioridade dele era, sem dúvida, baseada no fato de que o sonho havia esbarrado no problema discrepante do sentimento dele e do problema religioso do mal.

O que torna esses sonhos tão impressionantes para mim – além de tudo o que eles nos contam sobre Descartes – é o fato de que eles já esboçam laconicamente o problema do homem da nossa época, o herdeiro daquela época do racionalismo do século XVIII, na alvorada do qual se encontra Descartes, e, por meio dos símbolos do melão e dos retratos dos indivíduos, eles apontam para o processo de individuação como uma possível lise. Mesmo que seja evidente, não apenas a partir das conclusões que o próprio Descartes tirou dos sonhos, mas a partir da tendência posterior da vida dele, que ele tenha, em alguns aspectos, fracassado em seguir o caminho indicado pelo inconsciente, ele ainda tem o mérito de ter trabalhado com uma devoção tão apaixonada pela "purificação" da mente e pela *"recherche de la verité"*[306]. Esse é indubitavelmente o motivo pelo qual ela recebeu essa importante manifestação do inconsciente.

---

305. Esse é um fenômeno típico, ou seja, as pessoas que sofrem de sentimentos de inferioridade não os ligam ao lado inferior delas, mas os transferem para um lado em que elas não precisam se sentir tão inferiores.

306. Cf. *A-T*, vol. 10, p. 180, onde Baillet comenta, a respeito da condição dele antes do sonho: "Avec toutes ces dispositios il n'eut pas moins à souffrir que s'il eût été question de se dépouiller de soy-même. il crût pourtant en être venu à bout. Et à dire vrai, c'étoit assez que son imagination *lui representât son esprit tout nud*, pour lui faire croire qu'il l'avoit mis effectivement en cet état. Il ne lui restoit que l'amour de la vérité dont la poursuite devoit faire dorénavant l'occupation de sa vie". ("Com todas essas preparações, ele não sofreu menos do que se tivesse sido um caso de ele se despir de si mesmo. Ele pensou, no entanto, que havia chegado ao fim. E, verdade seja dita, bastou que sua imaginação lhe mostrasse sua mente totalmente nua para que ele acreditasse que tinha, de fato, reduzido-a a essa condição. Nada restou para ele exceto o amor pela verdade, cuja busca seria a ocupação da vida dele dali em diante.")

Conclusão

Minha interpretação dos sonhos pode parecer bastante crítica e depreciativa da personalidade de Descartes, mas essa não é de modo algum a minha intenção. Minha crítica está direcionada ao racionalismo cartesiano, que ainda influencia o homem hoje. Em outras palavras, eu busquei demonstrar a impropriedade de uma visão puramente racional do mundo, que era uma reação historicamente condicionada contra certas tendências não críticas do pensamento medieval. A partir do ponto de vista oposto, Rittmeister deu mais proeminência ao mérito de Descartes de ter estabelecido uma força e uma liberdade do eu em sua obra, por meio da qual o desenvolvimento da ciência moderna foi possível de início[307]. Isso é indubitavelmente muito relevante. Hoje, no entanto, o racionalismo da ciência se tornou tão rigidamente estabelecido que ele descarta e até tenta destruir o sentimento e, com ele, nossa alma inteira. Parece interessante, contudo, que, já no sonho de Descartes (que ocorreu no começo desse desenvolvimento recente), esse perigo tivesse sido simbolicamente indicado. O próprio sonho mostra que o inconsciente não critica o sonhador; ele não comete ofensa alguma nele, exceto ter deixado de cumprimentar o Sr. N. No entanto, o inconsciente não sublinha a confusão relativa de Descartes em uma estranha situação superpessoal, que ocorreu como resultado da preocupação intensa dele com os problemas da verdade espiritual. Ele estava certamente profundamente tocado e mexido com as imagens do sonho, apesar de o pensamento racional dele ter extraído delas apenas um *insight* parcial. Porém, observando o simbolismo em retrospecto e a partir do nosso ponto de vista moderno, podemos ver como, por meio dele, o arquétipo do si-mesmo estava procurando se tornar integrado, não apenas nos pensamentos recentes dele, mas nele como ser humano no todo, uma tarefa que ainda aguarda os cientistas da atualidade.

---

307. *Confinia psychiatrica*, 4 1961, passim.

Glossário

Alquimia – A química da pré-história até o século XVII, na qual os experimentos de laboratório eram combinados com experiências intuitivas, pictóricas e parcialmente religiosas acerca da natureza e do homem. Muitos símbolos que reconhecemos hoje como conteúdos do inconsciente foram projetados sobre a matéria, sobre a *prima materia* (q.v.). O alquimista buscava o "segredo de Deus" no material primário e, ao fazer isso, desenvolvia métodos e processos que se assemelham àqueles da psicologia profunda moderna.

Alter ego (latim) – O outro aspecto de uma pessoa, um segundo eu; também, o *doppelgänger* da pessoa.

Amplificação – Expansão do conteúdo do sonho por meio de associações pessoais e da comparação das imagens do sonho com imagens da mitologia, da religião e assim por diante, que se assemelham aos conteúdos do sonho.

Anima – Personificação da natureza feminina no inconsciente de um homem; a imagem contrassexual da alma, a imagem *do* feminino que está internalizada na psique masculina.

Animus – Personificação da natureza masculina no inconsciente de uma mulher. O *animus* é normalmente reconhecido na projeção em autoridades espirituais; desse modo, a imagem interior da masculinidade em uma mulher encontra expressão.

Apócrifos – Obras bíblicas que não foram reconhecidas como parte do cânone (q.v.), mas que são semelhantes em forma e conteúdo aos textos bíblicos aceitos.

Arquétipos – Elementos estruturais ou dominantes na psique que são eles próprios indescritíveis, mas que se expressam como imagens de sonho e fantasia, e como motivos de fantasia no consciente; imagens primordiais.

Behaviorismo – Escola de psicologia que se limita ao objetivamente observável e ao comportamento mensurável, dispensando qualquer descrição dos conteúdos do consciente que emergem apenas por meio da introspecção.

Cânone – Textos bíblicos oficialmente aceitos por uma igreja como autênticos e imutáveis.

Compensação – Contrapeso; no sentido psicológico, o surgimento de uma atitude oposta em um comportamento que é unilateral em demasia.

Complementaridade – Completamento; psicologicamente, a assimilação de um elemento que estava em falta previamente e por meio do qual a totalidade é alcançada.

Coniunctio (latim) – União, ligação por meio do amor.

Constelação – Um agrupamento de eventos ligados temporalmente.

Daimon – Originalmente, sem valor, força propulsora, uma energia espiritual que leva à formação criativa da individualidade; para Sócrates, um espírito inspirador e guia.

Demiurgo (grego/latim) – O artífice do universo, criador de todos os mundos (especialmente em Platão e nos gnósticos).

Djinn – Espírito sobrenatural, termo em árabe para "demônio".

Extroversão, extrovertido – Direcionado para o exterior. Uma atitude psíquica, caracterizada por uma concentração de interesse em objetos; facilmente suscetível a influências externas.

Função inferior – Na tipologia de Jung, é a função, dentre as quatro funções de comportamento (pensamento, sentimento, sensação, intuição) que ainda não foi desenvolvida e, portanto, permaneceu inferior. É oposta à função mais forte ou superior (por exemplo, com uma personalidade pensamento, o sentimento normalmente é menos desenvolvido).

Herege (grego-latim) – Pessoa que se desvia do dogma oficial da Igreja.

Inconsciente coletivo – Os níveis mais profundos do inconsciente, que Jung reconhece conterem a totalidade de todos os arquétipos que refletem experiências comuns a todos os homens. As formas das estruturas arquetípicas (não o conteúdo delas) são hereditárias e são comparáveis aos padrões de comportamento inatos dos animais, como a construção de ninhos, a dança das abelhas, a corte e assim por diante.

Individuação – "Individuação significa se tornar um 'in-divíduo,' e, à medida que a 'individualidade' abarca nossa singularidade mais interna, última e incomparável, isso também implica se tornar si mesmo". – C.G. Jung, *Two Essays on Analytical Psychology*, par. 266.

Inflação – Uma superexpansão da personalidade por meio da identificação com um arquétipo ou, em casos patológicos, com uma figura histórica ou religiosa, que excede as limitações individuais.

Introversão, introvertido – Direcionado para o interior; uma concentração de energia em processos psíquicos interiores, orientado para uma avaliação interior da vivência.

Katoche (grego) – Confinamento, aprisionamento; também estar sob o poder de um deus, ou possessão.

Libido (latim, "desejo", "amor") – Na terminologia de Jung, a energia psíquica que está por trás de todas as manifestações psíquicas (impulsos, aspirações etc.).

Logos (grego/latim) – Termo significativo, decisão ou julgamento lógicos, intelecto humano; razão divina, razão do mundo, a Palavra de Deus como a força que criou o mundo; revelação.

Lise (grego) – Na teoria dos sonhos, os eventos de resolução ou encerramento do sonho.

Mandala (sânscrito) – Literalmente, "círculo"; uma imagem inserida em um círculo ou polígono que facilita a meditação e tem a intenção de representar certas dinâmicas espirituais. Mandalas são muito difundidos na maioria das tradições religiosas. Na psicologia de Jung, eles são reconhecidos como conteúdos do inconsciente que emergem para o consciente espontaneamente e servem de símbolos da totalidade da personalidade ou do Si-mesmo.

Nível objetivo – Um tipo de interpretação de sonhos na qual pessoas e objetos que aparecem no sonho são compreendidos como tendo significado objetivo. Em tal interpretação, a preocupação é com a relação entre o sonhador e o ambiente. (Cf. tb. *Nível subjetivo*.)

Nível subjetivo – Um método específico de interpretação de sonhos no qual figuras e situações que aparecem no sonho são interpretadas como aspectos parciais do próprio sonhador. O nível subjetivo de interpretação se preocupa com a relação do sonhador com seu mundo interior. (Cf. tb. *Nível objetivo*.)

Participação mística – Uma condição psicológica na qual vários objetos inanimados e pessoas participam uns com os outros de maneira mística, estão ligados uns com os outros além da superfície da consciência. O filósofo e sociólogo francês Lucien Lévy-Bruhl cunhou essa expressão para a característica de uma possível identificação de todas as coisas umas com as outras, especialmente observável em crianças e nos primitivos.

Pneuma (grego) – Respiração. Uma substância tal qual o ar que se acredita ser um princípio dinâmico.

Prima materia – Na alquimia, a matéria primária que ainda não foi transformada.

Privatio boni (latim) – Literalmente, "ausência de bem". Uma doutrina da Igreja Católica Romana (Basílio, o Grande; Dionísio, o Areopagita; Santo Agostinho), segundo a qual, o mal é meramente um "bem subtraído" e não existe por si só.

Psicoide – Semelhante à psique, ou quase psíquico. Para Jung, característico da camada profunda inobservável do inconsciente coletivo e de seus conteúdos.

Psicopompo (grego, *pompos*, companhia, acompanhante, mensageiro) – Na mitologia, um guia que conduz almas mortas ao submundo; na psicologia, o "guia da alma".

Si-mesmo – Centro e circunferência da psique total, ou seja, a personalidade consciente e inconsciente do homem.

Sincronicidade – um conceito cunhado por Jung. Denota uma coincidência ou uma correspondência significativa de dois ou mais eventos exteriores e interiores. Ela representa a concomitância significativa de um evento físico e um psíquico que estão ligados não causalmente, mas pelo significado.

Sombra – Na psicologia analítica, as qualidades negligenciadas da personalidade no processo consciente de integração, consistindo de traços parcialmente reprimidos e parcialmente não vividos que, por motivos sociais, éticos, educacionais ou outros, foram excluídos da experiência consciente e, consequentemente, caíram no inconsciente. A sombra está em uma relação compensatória com o consciente; ela pode, portanto, funcionar positivamente e também negativamente.

Tao (chinês) – Frequentemente traduzido como "caminho", "significado universal", "Solo do Mundo". Aquele que mantém o mundo significativamente unido em suas partes mais íntimas.

Teriomórfico (grego) – Com forma de animal.

Tipologia – Um modelo de classificação baseado na predominância de atividade psíquica de certos modos distintos de compreensão e percepção; para Jung, está ligada a duas atitudes, a saber: extroversão e introversão, e às quatro funções: pensamento, sentimento, sensação e intuição. Por exemplo, um tipo pensamento vivencia o mundo e tenta entendê-lo por meio de sua função pensamento, que é mais altamente desenvolvida do que suas outras funções. Cf. C.G. Jung, *Psychological Types* (*Tipos psicológicos*).

Conecte-se conosco:

- **f** facebook.com/editoravozes
- 📷 @editoravozes
- 𝕏 @editora_vozes
- ▶ youtube.com/editoravozes
- 🟢 +55 24 2233-9033

www.vozes.com.br

Conheça nossas lojas:

www.livrariavozes.com.br

Belo Horizonte – Brasília – Campinas – Cuiabá – Curitiba
Fortaleza – Juiz de Fora – Petrópolis – Recife – São Paulo

  Vozes de Bolso

EDITORA VOZES LTDA.
Rua Frei Luís, 100 – Centro – Cep 25689-900 – Petrópolis, RJ
Tel.: (24) 2233-9000 – E-mail: vendas@vozes.com.br